SIGRID DRAGE

Permakultur

Dein Garten. Deine Revolution.

SIGRID DRAGE

Permakultur

Dein Garten. Deine Revolution.

Ein essbares Ökosystem gestalten,
das ganze Jahr ernten und selbstbestimmt leben!

löwenzahn

Inhalt

Probier's mit Permakultur – & dein Leben wird bunter!

〜〜〜〜〜〜〜〜

PERMAKULTURELL BEWIRTSCHAFTETE ORTE – VOM BALKONGARTEN BIS ZUR LANDWIRTSCHAFT – SIND MULTITALENTE:

Sie beherbergen ideale und dauerhafte Lebensräume für Wildtiere und -pflanzen und geben der Natur Raum sich zu entfalten.

Ihre hohe Selbstregulierungsfähigkeit, die sie durch naturnahe Gestaltung und schonende Bewirtschaftung erlangen, macht sie robust – als Lebensraum und Ort der Lebensmittelproduktion.

Und sie bleiben nicht allein: Als Teil eines Netzwerkes vieler zukunftsfähiger, ökologisch bewegter Initiativen stehen sie für faires Miteinander, schonenden Ressourcenverbrauch und Klimaschutz.

Permakulturelles Gärtnern bietet Anknüpfungspunkte für verschiedene persönliche Interessen und Bedürfnisse und schafft faszinierende erweiterte Wohnräume: Der Garten wird zum bunten Lebensraum, der Naturbezug bietet und in dem es immer etwas zu ernten und zu entdecken gibt.

Die Natur als beste Lehrmeisterin, die man sich vorstellen kann, zeigt uns mit Einfallsreichtum, Vielfalt und Flexibilität genialen und vor allem effizienten Einsatz von Ressourcen und Energie vor. Und der Permakulturgarten macht's ihr nach: Indem die verschiedenen Gartenelemente gut ausgewählt sind und miteinander in nützlichen, harmonischen Beziehungen stehen, nutzen sie Ressourcen ebenfalls wirtschaftlicher – egal ob Materialien, Zeit oder Energie.

Also blick deinem Garten tief in die Augen und lass dir einfach Zeit dabei:

Beim permakulturellen Gärtnern geht es nicht darum, viele schnelle, einfache Tipps zusammenzutragen, sondern Schritt für Schritt zum „Insider" im eigenen Garten zu werden. Denn diese haben eine gute Beobachtungsgabe und können sinnvolle, effektive Entscheidungen bei der Gestaltung und Bewirtschaftung treffen, sie sind also in der Lage selbst über das Was, Wie, Warum, Wo und Wann zu entscheiden – eine Fähigkeit, die kein schneller, noch so guter Garten-Tipp ersetzen kann.

Natürlich ist noch kein „Insider" vom Himmel gefallen, so wie es die sogenannten „Profis" manchmal tun, und das macht auch nichts: Faszination und Interesse für die Natur, etwas Geduld und Kreativität sind die wichtigsten Eigenschaften, um den eigenen Zugang zum permakulturellen Gärtnern zu finden. Permakulturgärten, ob groß oder klein, sind deshalb zutiefst individuell und haben trotzdem eines gemeinsam: das Miteinander auf Augenhöhe zwischen Mensch und Natur.

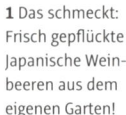

1 Das schmeckt: Frisch gepflückte Japanische Weinbeeren aus dem eigenen Garten!

2 Was wächst denn hier? Puffbohnen bereit zur Saatguternte

3 In und mit der Natur

4 Bunte Vielfalt zum Naschen, Einkochen, Tauschen & Verschenken!

MITEINANDER WACHSEN

Ein Permakulturist kommt selten allein! Nicht nur, weil wir umzingelt sind von wuchernden Himbeerstauden, Marienkäfern und unzählbaren Bodenorganismen in der Aussaaterde, sondern auch, weil gemeinsames Tun, Tauschen und Schenken von Ernten, Wissen, Zeit und anderen Ressourcen das Leben erst richtig schön machen. Wenn Holundersirup, Zucchini, Kompostwürmer (aus des Nachbars Komposthaufen – gibt es ein besseres Geschenk für angehende GärtnerInnen als dieses?) und Co. über die Grundstücksgrenzen wandern, zeigt sich wieder einmal, dass Kooperationen immer noch besser schmecken und mehr Freude machen als jeder Supermarktbesuch.

Bill Mollison und David Holmgren waren es, die die Permakultur Mitte der 1970er Jahre begründeten. Beide stammen aus Australien und haben intensiv daran gearbeitet, möglichst robuste, sich selbst regulierende landwirtschaftliche Systeme zu entwickeln, die eine Vielzahl an für den Menschen nützliche Pflanzen und Tieren beherbergen. Die Ergebnisse ihrer Forschungen haben sie in den Werken „Permaculture One" und „Permaculture Two" zum ersten Mal veröffentlicht. Danach arbeiteten sie intensiv weiter, spezialisierten sich auf unterschiedliche Teilgebiete und verfassten jeweils ein Buch, die nun beide als anerkannte Hauptwerke der Permakultur gelten und auch in deutscher Übersetzung verfügbar sind: Das „Handbuch der Permakulturgestaltung" von Bill Mollison und „Permakultur. Gestaltungsprinzipien für zukunftsfähige Lebensweisen" von David Holmgren.

Auf Basis dieser Hauptwerke und den in ihnen beschriebenen Gestaltungsgrundsätzen wird die Permakultur heute auch weltweit gelehrt.

Die von Bill Mollison und David Holmgren formulierte Permakultur-Ethik, die dem Gestaltungskonzept zugrunde liegt, beschreibt das faire Miteinander und die gemeinsame Verantwortung unserem Planeten gegenüber:

Für die Erde sorgen – den Artenreichtum an Pflanzen, Tieren, Mikroorganismen und ihre Lebensräume erhalten sowie Ressourcen wie Wasser, Boden und Energie achtsam nutzen.

Lebensräume schaffen – für alle Bewohner

Für die Menschen sorgen – gerechter und bewusster Umgang miteinander und mit unseren (Grund)-Bedürfnissen; dieser beginnt in der eigenen Familie und reicht durch unsere Konsum- und Gestaltungsentscheidungen bis ans andere Ende der Welt.

Überschüsse an Zeit, Geld, Energie und anderen Ressourcen gerecht teilen – ist die Lösung!

11

Über mich

Ich bin leidenschaftliche Gärtnerin und Permakulturistin, und das ist einfach so passiert. Aufgewachsen bin ich in einer ländlichen Gemeinde in der Steiermark, in meiner Jugend bin ich viel gereist und habe an der Uni Wien mein Ökologiestudium absolviert. Irgendwann hatte ich keine Lust mehr einen Großteil meiner Zeit in Innenräumen zu verbringen und so bin ich einfach draußen im Garten geblieben. Durch einen Permakultur-Grundkurs der PIA (Permakultur-Akademie im Alpenraum) bin ich auf den Geschmack gekommen, mich mit angewandter Ökologie zu beschäftigen, zuerst in eigenen und fremden Gärten und dann auch in der Landwirtschaft.

Heute bewirtschafte ich mit meinem Partner und unseren MitarbeiterInnen den Bio-Betrieb „Sonnentor Frei-Hof" – natürlich im Sinne der Permakultur, wirke im Team der PIA mit, betreibe mit einer kleinen engagierten Gruppe den Permakulturverein Una cum terra und lebe in einem Gemeinschaftswohnprojekt mit großem Permakulturgarten.

Das Ziel der Reise ist meiner Meinung nach eine zukunftsfähige, klimaschonende Landschaftsgestaltung und Landnutzung im großen Stil: 100 % biologische Bewirtschaftung, die Wiederbelebung der Böden, die Renaturierung der Gewässer und vor allem die Anreicherung der Kulturlandschaft mit naturnahen Lebensräumen sowie der Schutz bestehender Naturräume. Ein wesentlicher Schlüssel für diesen Wandel ist auch die Entwicklung eines Bewusstseins für eine gerechtere Welt, in der alle Menschen, egal welcher Herkunft, ein Recht auf ein selbstbestimmtes Leben haben und in der wir unsere Verantwortung für die Erde – die unser aller Lebensraum ist und dringend unsere Aufmerksamkeit braucht – gemeinsam tragen.

Permakultur ist ein Teil der Lösung! Aber damit tatsächlich etwas geschieht, braucht es Menschen, die wirklich etwas tun wollen. Vor allem auch solche, die – genau jetzt – aus verschiedensten Wissensgebieten und im Rahmen ihrer Möglichkeiten zu diesem Wandel beitragen!

Die Handlungsspielräume der Menschen sind höchst unterschiedlich, je nachdem wo und in welchem Land und Umfeld man geboren und sozialisiert wird, welche Bildung man erfährt, welche Ressourcen zur Verfügung stehen, welche Regierungen uns welche Rahmenbedingungen vorlegen, welche Freiheiten wir uns nehmen und welche Risiken wir eingehen. Um für die Erde und die Menschen zu sorgen, wie es die der Permakultur zugrunde liegende Ethik beschreibt, ist die Bereitschaft zum Handeln eine Grundvoraussetzung und das Ausloten und Ausweiten der persönlichen Handlungsspielräume ein Mittel zum Zweck.

Permakulturelles Denken kann im Garten beginnen, muss es aber auch nicht. Denn Permakultur beginnt für alle eben dort, wo Umdenken aufkeimt: im Büro, auf dem Fahrrad, auf Reisen, in der Werkstatt, in der Ordination, auf dem Acker, in einem afrikanischen Dorf, in einem Gemeinschaftsprojekt in einer europäischen Großstadt oder eben … im eigenen Garten.

Und deshalb ist das ein Gartenbuch – ein Buch über einen vielversprechenden und immer zahlreicher werdenden Gartentyp, der großen Beitrag zu einer lebenswerten Zukunft leisten kann – den Permakulturgarten.

Viel Freude beim Lesen, Träumen und Umsetzen!

Sigrid Drage

Dieses Buch

Ein Garten funktioniert nur aufgrund der vielen nützlichen Beziehungen zwischen seinen BewohnerInnen und Elementen und der natürlichen Prozesse, die dahinter stehen (wie z.B. Nährstoff- und Wasserkreisläufe und Anpassungen an Umwelteinflüsse). Der Fokus dieses Buches liegt deshalb auf dem Wechselspiel der Beziehungen zwischen Natur, Garten und Mensch und vermittelt neben Anleitungen für die Planung und Praxis auch die wichtigsten ökologischen Grundlagen, um dahin zu gelangen, was Permakultur bedeutet. Es ist insbesondere denjenigen gewidmet, denen die Natur am Herzen liegt und die mithilfe naturnaher Gartengestaltung einen wertvollen Beitrag zur biologischen Vielfalt und Gesundheit unserer Siedlungsräume leisten möchten. Die beschriebenen Beispiele und Methoden beziehen sich auf kleine bis größere Grundstücke, beginnend mit dem Balkon- und Terrassengarten über den Hausgarten bis hin zum Gemeinschaftsgarten.

Die Gestaltungselemente aus den Praxisbeispielen können mit lokal verfügbaren Recyclingmaterialien gebaut bzw. angelegt werden. Sie sind deshalb ressourcenschonend, preisgünstig und individuell. Für die Anlage und Pflege kommen „low tech"-Lösungen zum Einsatz, die keine speziellen, teuren, oder energiebedürftigen Maschinen benötigen.

ABER WAS HAT EIN GARTEN MIT REVOLUTION ZU TUN?

Revolution ist ein starkes Wort. Manchmal wird es zwar auch für Alltagssituationen verwendet, bezeichnet aber eigentlich eine tiefgreifende Wandlung eines bestehenden Systems in eine neue Ordnung. Gärten werden üblicherweise ganz und gar nicht mit Revolution assoziiert, sind sie doch meist private, geschützte Orte, in denen „kleine Welten" aufgebaut werden – einerseits blickdicht abgeschottet, andererseits vielleicht mit einigen Vorzeigeobjekten auf einer öffentlich sichtbaren Seite.

„Revolutionär" kann dein Garten dann werden, wenn du weit über den Gartenzaun blickst, denn zu deinem Permakultursystem gehören alle Orte, Lebensräume, Menschen, Tiere, Pflanzen, die zu deiner Versorgung, deiner Gesundheit und deinem Wohlbefinden beitragen und die du mit deinem Handeln beeinflusst.

Permakultur ist keine besondere Art zu gärtnern, sondern ein Gestaltungskonzept, das auf dem fairen und achtsamen Umgang mit allen Lebewesen und Lebensräumen unseres Planeten basiert. Zentral sind die Gestaltung, die Nutzung und der Schutz der Landschaft, die uns nur dann vielfältige und produktive Lebensräume zur Verfügung stellen kann, wenn wir ihre natürlichen Kreisläufe erhalten oder, wenn diese bereits gestört sind, wieder ermöglichen.

Die Revolution im Garten meint, sich zu öffnen. Weg von den privaten, ganz persönlichen Bedürfnissen hin zum Verständnis zu gelangen, dass es um uns alle geht und durch eine Summe an ökologisch zukunftsfähig bewirtschafteten Gärten, Grünräumen und landwirtschaftlichen Flächen das faire Zusammenleben auf unserem Planeten möglich wird.

Natur Natur sein lassen und sie so nutzen

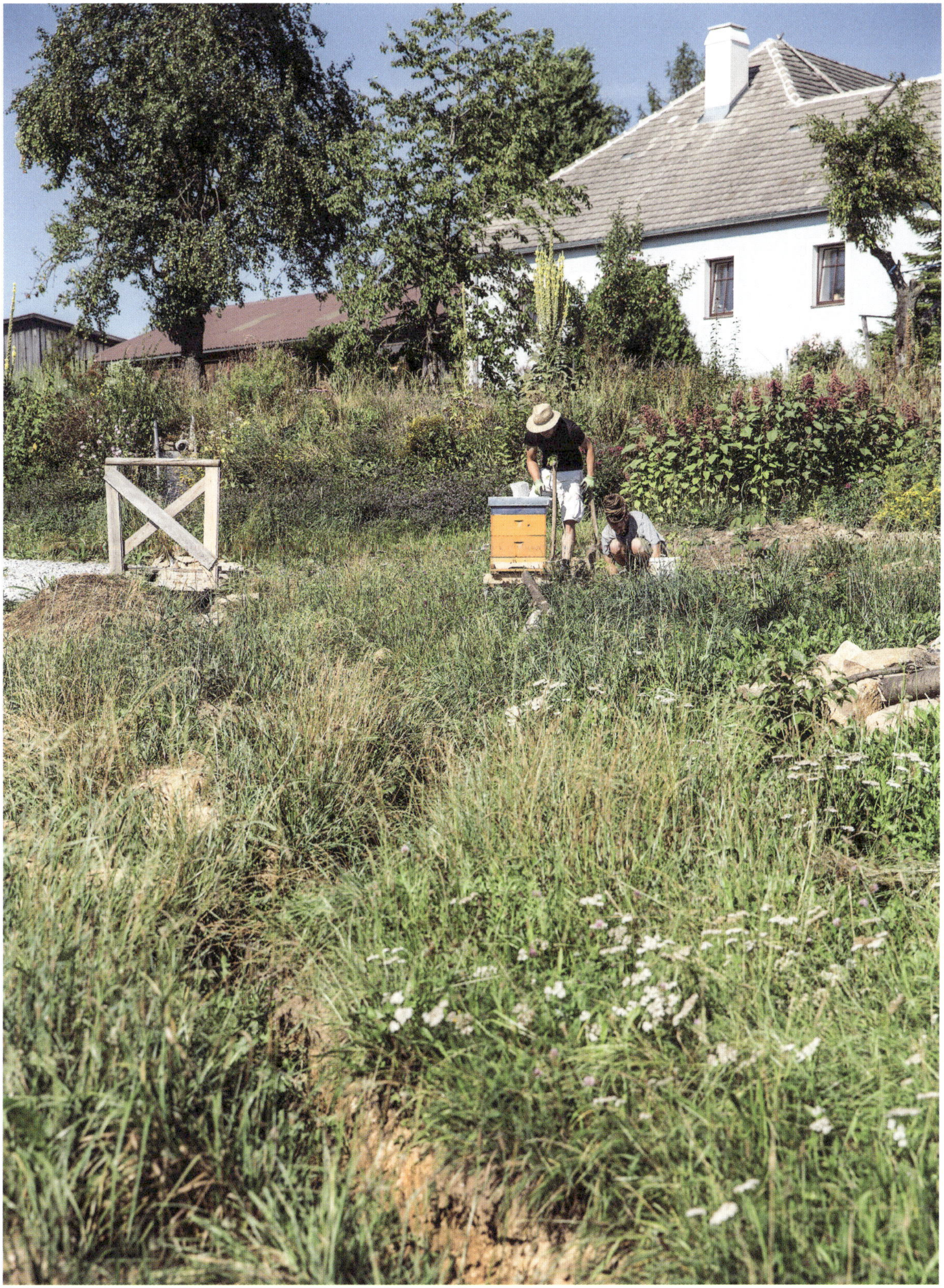

GO WILD:
Vier Miniprojekte, mit denen du Permakultur sofort in deinen Garten und/oder deine Gedanken holen kannst.

1 „Wo seid ihr denn?" Die perfekte Spielwiese

2 Beobachten und Faszinierendes entdecken!

3 Kleine Wildnis im Topf – und alles andere als zahm

4 Gemeinsam macht planen noch mehr Spaß!

Permakultur ist ein großes Miteinander: Beziehungen, Netzwerke, Systeme, Kooperationen, „das Leben, das Universum und der ganze Rest" (laut Douglas Adams, dem Autor des gleichnamigen Fantasy-Romans) sozusagen. So manche dieser Zusammenhänge werden im Laufe des Buches erklärt und dargestellt. Und für diejenigen unter euch, die jetzt schon der Tatendrang gepackt hat: vier Miniprojekte, die leicht umsetzbar sind und sich dann, wenn euch das Permakultur-Fieber ereilt hat, in das große Ganze einfügen lassen:

„Adiós Rasen" für mutige GartenbesitzerInnen:

In der Wiese spielt sich's ab, und erst wenn's richtig zirpt und summt, zeigt der Garten sein wahres Gesicht. Lass den Rasenmäher einfach nicht mehr in ausgewählte Bereiche deines Gartens vordringen und mähe dort nur einmal im Jahr mit der Sense (eigentlich hat kurzes Gras ja nur auf Pfaden und Aufenthaltsplätzen Sinn) und du wirst staunen, dass du plötzlich auch zu den Glücklichen gehörst, die einerseits mehr Freizeit haben und andererseits einen richtig lebendigen Garten. Mehr über Wiesen gibt's auf Seite 180 und 185.

„Wissen ist Nacht"

Nachts im Garten an einem gemütlichen Platz verweilen und eventuell mit Stirnlampe und einem Notizbuch bewaffnet Geräuschen lauschen und Beobachtungen (und Notizen) machen ... Nicht nur Tiere, auch so manche Pflanze zeigt sich nachts von einer anderen Seite, hinzukommen die langsamen Veränderungen von Temperatur, Lichtverhältnissen, Feuchtigkeit ... Wer wird da nicht zur/m leidenschaftlichen ForscherIn?

Große Wildnis ganz klein

Warum nicht mit einer vorsichtigen Einladung an die Wildnis beginnen? Und keine Angst, aus einem Trog können Pflanzen nicht ganz so schnell entwischen und uns mit Haut und Haaren überwachsen!
Befülle einen größeren Topf oder Trog mit magerer Erde (am besten normalen Gartenboden mit etwas Sand vermischen, auch kleinere Steine stören nicht), stelle ihn an einen sonnigen Standort und bepflanze ihn mit Wildkräutern, wie z.B. Johanniskraut, Schafgarbe, Echtem Labkraut, Spitzwegerich, Dost. Die Bodenoberfläche mit Ästchen und Steinen mulchen. Resultat: Schaut hübsch aus, lockt Insekten an, und schon beginnt das wilde Leben – wohlgemerkt nur im Topf.

Keine „reine Kopfsache"

Wenn du nach der Arbeit zu müde bist, um noch im Garten zu werken, dann probiere es doch einfach einmal mit einem Bleistift und zeichne eine grobe Skizze deines Grundstückes oder Balkons. Nimm dir dazu nicht zu viel vor, sondern zeichne, solange es Spaß macht, und beginne mit den groben Strukturen wie Gebäuden und Grenzen. Zeichne dann Elemente ein, die bereits da sind (Bäume, Sträucher, Wege ...) und notiere Dinge, die dir auffallen (wie z.B. sonnige, schattige oder besonders windgeschützte Plätze oder z.B. Pflanzen, die du nicht kennst). Gehe dazu deinen Garten ab und besuche weniger bekannte Winkel oder suche dir ungewohnte Beobachtungspunkte. Du wirst staunen, wie viel es im eigenen Garten noch zu entdecken gibt! Wahrscheinlich kommst du dabei auch auf die eine oder andere Gestaltungsidee oder stellst vielleicht gedanklich bereits alles auf den Kopf? Tob dich aus und lass deiner Phantasie freien Lauf. Das Schöne daran ist, dass du deinen Garten so immer und immer wieder umgestalten kannst und die angefertigte Skizze für eine spätere permakulturelle Planung sehr nützlich ist. Denn beim aufmerksamen Beobachten, Zeichnen und Nachmessen beginnt auch schon die Entdeckungsreise ... Mehr dazu im Planungskapitel (siehe dazu ab Seite 33).

TAUCH EIN IN DIE WELT DER PERMAKULTUR!

Warum Permakultur Sinn macht und was die Besonderheiten von Permakulturgärten sind, darum geht's in diesem Kapitel. Natürliche Ökosysteme werden als Vorbilder für die Gestaltung von Permakultursystemen vorgestellt. 100 % bio, vielfältig, ressourcenschonend und energieeffizient sind die Eigenschaften, die wir uns besonders abschauen können. Ganz nebenbei entstehen aber auch noch Gartenparadiese, die als erweiterter Wohnraum zum Verweilen und Genießen einladen.

PERMAKULTUR SCHÖN UND GUT, ABER WARUM?

... es macht einfach Sinn!

Ein permakulturell gestalteter und bewirtschafteter Garten lebt und funktioniert als ganzheitliches System, als sogenanntes „Permakultursystem", in dem alle Elemente und Lebewesen in möglichst vielen nützlichen Beziehungen zueinander stehen und sich dadurch gegenseitig unterstützen. PermakulturgärtnerInnen sind Teil dieses Gesamt-Organismus und interagieren auf achtsame Weise mit den Wechselbeziehungen zwischen den Lebewesen und den diese prägenden Umweltfaktoren. Ökologische Zusammenhänge werden durch aufmerksame Beobachtung immer besser erlebbar und ins Zentrum gärtnerischer und betrieblicher Entscheidungen gestellt. Neben den mannigfaltigen Erträgen, die der Permakulturgarten für uns Menschen liefert, ist er vor allem Lebensraum für eine Vielzahl von Arten, die nicht vorrangig unserer Ernährung dienen.

Ein grundlegendes Ziel der Permakultur ist die zunehmende Selbstversorgung mit Gemüse, Obst, Kräutern und Co. im nahen Umfeld unserer Siedlungen, in Haus- und Gemeinschaftsgärten sowie auf Bio-Landwirtschaften. Sinnvoll und energieeffizient geplant und bewirtschaftet, kann sich so der Platz- und Ressourcenverbrauch für unsere Selbstversorgung stark reduzieren. So können wir einerseits der Natur Raum für ihre „eigenen Projekte", wie z.B. unverbaute Flusstäler, Auwäl-

der und Moore, zurückgeben. Andererseits können wir dadurch langsam (oder besser schnell) damit aufhören, auf Kosten der Lebensgrundlage von Menschen in nahen und fernen Ländern zu leben, die schlecht bezahlt qualitativ minderwertige Billignahrungsmittel für unsere Supermarktregale produzieren.

Das klingt natürlich nach einer großen Aufgabe und viel Verantwortung, die uns wieder bewusst werden soll. Die gute Nachricht ist aber, dass jede/r einzelne auf persönliche Weise etwas dazu beitragen kann. Deine Permakulturwelt kann ganz einfach im Garten oder auch auf dem Balkon beginnen und sich mittels Kooperationen mit lokalen und regionalen ProduzentInnen und Initiativen zu einem langlebigen und tragfähigen Netzwerk entwickeln.

Also, los geht's!

> **„Permakultur ist das bewusste Gestalten und Erhalten landwirtschaftlich produktiver Ökosysteme, die die Vielfalt, die Dauerhaftigkeit und die Selbstregulierungsfähigkeit natürlicher Ökosysteme aufweisen."**
>
> *Bill Mollison, Handbuch der Permakulturgestaltung*

... und die Permakultur steht dazu.

Die Begründer Bill Mollison und David Holmgren haben das permakulturelle Gestaltungskonzept auf Basis einer Ethik aufgebaut, die die Erde und all ihre Bewohner als zusammengehörenden Organismus versteht und die die zukunftsfähige, also „enkeltaugliche" Nutzung und Gestaltung unserer Lebensräume zum Ziel hat. Der Begriff Permakultur kommt von „**perma**nent agri**culture**",

1 Artenvielfalt ist der Schlüssel zum Gleichgewicht!

2 Und meine Gedanken kreisen schon um einen frisch duftenden Kuchen ...

3 Es gibt keine besseren Eier als die der eigenen Hühner

der sich auf die dauerhafte, vielfältige Gestaltung der Lebensräume nach dem Vorbild der Natur bezieht.
1981 wurde Bill Mollison für die Entwicklung des Permakulturkonzepts der sogenannte Alternative Nobelpreis (Right Livelihood Award) verliehen, und die Permakultur hat sich seither durch die Begeisterung unzähliger Menschen in vielen Facetten und unterschiedlichsten Permakulturprojekten auf der ganzen Welt verbreitet.

Die Gestaltung von sogenannten Permakultursystemen, die mit einer umfassenden Planung beginnt, basiert auf Naturbeobachtung und dem Wissen altbewährter landwirtschaftlicher und handwerklicher Systeme sowie auf modernen wissenschaftlichen und technischen Erkenntnissen.

Wesentlich ist also immer, über den eigenen Tellerrand zu blicken, denn dort lauern die spannenden Zusammenhänge und unkonventionellen Lösungen, und wir erkennen, dass wir viel weniger hilflos sind, als wir denken.
„Think global – act local!" Und lass dich ruhig aus der gewohnten Ordnung reißen!

... außerdem macht's Spaß!
Durch die Vielzahl an Gestaltungsmöglichkeiten, Entdeckungen und kleinen Wundern, die einem begegnen, werden deine eigenen Ideen in Hülle und Fülle sprießen. Die ganzheitlichen Planungswerkzeuge und Gestaltungsgrundsätze der Permakultur erleichtern die schrittweise Umsetzung dieser. Die Bewirtschaftung wird durch die Zusammenarbeit mit biologischen Mitarbeitern – also Pflanzen, Tieren und Mikroorganismen – optimiert, und die wachsende Inspiration lässt uns so manches neue Hobby entdecken: eigene Jungpflanzen ziehen, Geflügel oder Bienen beherbergen, Chilisorten sammeln, Wildpflanzen kennenlernen, Wiesenblumen und Wildtiere fotografieren, Saatgutpolitik machen, Gemeinschaftsgärten gründen, Alternativwährungen einführen ...

Wenn du diese 4 Behauptungen mit Ja beantwortest, ist Permakultur nichts für dich.*

Deine größte Sorge ist es, von der Wildnis in deinem Garten verschluckt zu werden. Ob Ameise, Mücke oder hohes Gras – der Angstschweiß steht dir auf der Stirn.

Glyphosat ist für dich ein wichtiger Nachweis deiner Naturverbundenheit. Schließlich werden damit die bösen Unkräuter bekämpft, die deinen Pflänzchen den Platz wegnehmen.

Ohne umfassende Beschilderung findest du dich nicht zurecht, ausgetretene Pfade sind für dich nämlich der einzig mögliche Weg.

Planung fällt dir schwer (Ha! Keine Sorge – Planung fällt des Öfteren schwer, aber das ist normal). Aber für dich ist Planung wirklich nichts. Schon gar nicht, wenn andere GartennutzerInnen und die Natur auch noch mitreden wollen.

*Aber keine Sorge:
Die Hoffnung stirbt zuletzt, und aufgegeben wird bei einer Revolution sowieso eher selten.

Beobachten und lernen

Jede Pflanze trägt das Ihre zum Kreislauf bei!

DIE NATUR MACHT'S VOR!

Natürliche Ökosysteme managen sich selbst

Natürliche Ökosysteme wie z.B. Wälder sind die Vorbilder für das Gestaltungskonzept der Permakultur. Sie sind langlebig, vielfältig und sich selbst erhaltend und regulierend – eine Idealvorstellung für GärtnerInnen und LandwirtInnen und ganz gegenteilig zu den vorherrschenden arbeits- und energieaufwändigen Gärten und Grünlandflächen, die im Vergleich zum investierten Aufwand nur sehr wenig Erträge liefern.

Bewässern, düngen, Humus aufbauen, aussäen, anpflanzen, ernten und damit eine große Anzahl an Lebewesen versorgen – das können natürliche Ökosysteme ganz ohne unser Zutun und ohne Produktion von Abfall und Verschmutzungen. Aber wie?

Kein Abfall durch effektive Kreisläufe

Ökosysteme bestehen aus Elementen, die eng miteinander in Beziehung stehen. Ein Urwald besteht z.B. aus mehreren, der Höhe nach geordneten Baumschichten, Sträuchern und krautigen Pflanzen, seinem Boden mit unzähligen kleineren und größeren Akteuren und natürlich aus einem Artenreichtum an Tieren und Mikroorganismen. Sie alle stehen miteinander in ständigem Austausch durch Materie, Wasser, Energie und Informationen – alles Ressourcen, die in Kreisläufen geführt werden.

Ausschlaggebend für das dauerhafte Überleben des Ökosystems ist, dass kein „Müll" entsteht, da so gut wie alles, was irgendwo als Abfall anfällt, von anderen Lebewesen als Ressource genutzt werden kann. Zusätzlich werden lebenswichtige Stoffe wie

Ein Teich als Wasserspeicher – und viel mehr als das

Beim Bau eines Beetes kommen viele verschiedene Materialien zum Einsatz.

Wasser äußerst effektiv eingesetzt – gesammelt, gespeichert, genutzt und gefiltert.

Müll und Verschmutzungen, wie sie Menschen produzieren, entstehen dann, wenn Ressourcen nicht verwendet werden, und sind ein Resultat schlecht eingesetzter Arbeit. So erklärt es Bill Mollison in seinem „Handbuch der Permakultur-Gestaltung", und er trifft damit einen wunden Punkt: Viele sogenannte Abfälle (vom Verpackungsmaterial bis zum Rasenschnitt) werden mit viel Energie- und Zeitaufwand produziert, um sie sofort oder nach kurzer Nutzung zu entsorgen. So gestalten wir Mülldeponien als sichtbare oder unsichtbare Sinnbilder unserer verschwendeten Arbeitszeit und Energie und verschmutzen zu allem Übel damit auch noch unsere Wasserressourcen in Flüssen, Meeren und im Boden …

Da haben wir uns wohl ein Ei gelegt, und leider kein besonders schmackhaftes. Aber für ein Umdenken ist es noch nicht zu spät, und die Natur lässt sich glücklicherweise über die Schulter schauen und gibt uns Informationen zu effektivem Energieeinsatz und der Speicherung und sinnvollen Nutzung von Ressourcen.

Die Vielfalt der nützlichen Beziehungen macht's aus
Die Vielfalt an Lebensräumen, Arten und individuellen Unterschieden innerhalb einer Art, ist ein Schlüsselprinzip von natürlichen und „kultivierten Ökosystemen", wie Permakultursysteme auch genannt werden. Die Diversität wirkt sich wesentlich auf die Langlebigkeit und Selbstregulierungsfähigkeit dieser aus.

Hier einige Beispiele aus dem Permakulturgarten:
Pflanzenvielfalt, in Mischkulturen angebaut, erhöht die Pflanzengesundheit durch die Auswahl guter Nachbarschaften und die Anlockung verschiedenster Nützlinge. Zusätzlich werden Wasser, Nährstoffe und Platzangebot optimaler ausgenutzt als in Monokulturen.

Eine möglichst große Vielfalt an Ernteprodukten reduziert das Risiko größerer Ausfälle – wechselnde Wetterbedingungen führen dazu, dass sich in jedem Anbaujahr und an jedem Standort andere Kulturen als besonders reich tragend erweisen und unsere Speisekammern füllen. Durch den Tausch von Überschüssen finden sich

Ein Hühnerstall zwischen Obstbäumen und Wiese

die verschiedensten Lebensmittel in der Küche ein und machen das Auswählen später noch spannender.

Verschiedenste natürliche Materialien wie Steine, Totholz, recycelte Ziegelsteine, Sand usw., die bei der Gestaltung zum Einsatz kommen, schaffen unterschiedlichste Lebensräume, die wiederum Nützlinge und viele Wildpflanzen und -tiere beherbergen können. So wird der Garten zum Paradies.

Und die möglichen Produkte müssen nicht immer essbar sein: ob Weidenruten für Körbe und Gartenelemente, Wildholz für Möbel, Kompostwürmer für neu angelegte Kompostanlagen, Teichpflanzen für Gartenteiche im Freundeskreis, Mulch, Ton oder selbstgebraute Pflanzenstärkungsmittel – Vielfalt überall!

100 % biologisch ist logisch

Biologischer Anbau ist Grundvoraussetzung für die Permakultur. Es geht beim Bio-Gärtnern und in der Bio-Landwirtschaft nicht darum, auf chemische Behandlungen mit Herbiziden und Pestiziden sowie auf den Einsatz von Mineraldünger zu verzichten – vor dem Hintergrund, dass das Wort „verzichten" hier vollkommen unangebracht ist. Das Wort „Verzicht" suggeriert, dass etwas Nötiges bzw. etwas, nach dem Verlangen besteht,

nicht zum Einsatz kommt. Chemische Pflanzenschutzmittel und Kunstdünger sind allerdings nichts, auf was wir angewiesen sind. Im Gegenteil – sie haben zusammen mit Praktiken intensiver Bodenbearbeitung dem Bodenleben und dem gesunden Pflanzenwachstum seit ihrem vermehrten Einsatz ab den 1960er Jahren stark geschadet und vielen Bauern und Bäuerinnen, vor allem im globalen Süden, ihre wirtschaftliche Existenz gekostet, dafür aber einige wenige Großkonzerne sehr reich gemacht. Die kurzfristig erzielten höheren Erträge werden mit toten Böden und Erosion, verschmutztem Grundwasser, Wüstenbildung und kontaminierten Nahrungsmitteln ausgeglichen – kein besonders toller Erfolg, oder?

Die Natur kann es besser, und die mit der Natur gärtnernden und Landwirtschaft betreibenden Menschen ernten eine größere Vielfalt und auch höhere Erträge, wenn der Einsatz von Ressourcen und Energie ehrlich miteingerechnet wird. Also vergessen wir all die Mittelchen, die angeblich für teures Geld gekauft werden müssen, und schauen uns das Gärtnern von der Natur ab, sie hat eindeutig fundierte und langjährige Erfahrung damit!

Natur pur:

Kleiner Nützling:
die Schwebfliege

Die Permakultur orientiert sich an den Regeln der Natur. Und damit ist sie nicht allein. Wer entdeckt, wie genial die Natur ist, muss sich förmlich etwas von ihr abschauen. Doch was können wir alles von der Natur lernen?

Die Leitungsbahnen eines Blattes zeichnen ein intelligentes Wegenetz: Jede einzelne Zelle wird gemäß ihren Bedürfnissen versorgt und leitet ihrerseits Wasser, Nährstoffe und Informationen weiter. Flexibel, schnell und ohne leere Kilometer. Das wäre auch etwas für den eigenen Garten!

In der Natur werden auftretende Überschüsse über kurz oder lang von verschiedenen Systemelementen (wie Tiere oder Pflanzen) verwertet und genutzt. Gibt es in einem Jahr viele Pflanzenläuse, vermehren sich auch ihre natürlichen Gegenspieler, wie Marienkäfer, Schwebfliegen und Co., stärker und sorgen so für die Aufrechterhaltung eines ausgewogenen Gleichgewichts. Ein Überschuss an Nacktschnecken im Garten kann z.B. gut mit der Haltung eines Laufentengrüppchens kompensiert werden – und es ist schön zu beobachten, welch ein Jubel unter den Enten ausbricht, wenn eine von ihnen eine Schnecke entdeckt und verspeist.

DIE BESONDERHEITEN DES PERMAKULTUR–GARTENS: AUF EINEN BLICK VERSTEHEN, WAS ANDERS GÄRTNERN HEISST.

1 Nektarreiche Blütenvielfalt, soweit das Auge reicht

2 Reiche Ernte: Diese ausgewachsenen Zucchini sind viele Monate lagerfähig.

3 Obstäume wie diese Mirabelle bereichern jeden Garten

Permakulturgärten fallen auf!

Auf einen Blick oder auch mit deinen anderen Sinnen wahrgenommen, könntest du sie an folgenden Merkmalen erkennen:

» Obstbäume, Beerensträucher, Kräuter- und Gemüsebeete und Wiesenflächen sind harmonisch ineinander verflochten.

~~~

» Die meisten Beete sind gemulcht.

~~~

» Es summt, zirpt, quakt, brummt, fleucht und tiriliert (oft kräht und schnattert es auch).

~~~

» Es duftet nach Blüten bei Tag und Nacht.

~~~

» Hohes Gras und Blumenwiesen sind keine Seltenheit.

~~~

» Regentonne gesichtet? Regenwasser wird gesammelt, gespeichert und genutzt.

~~~

» Ein oder mehrere Kompostplätze sind das Herz des Nährstoffkreislaufs und an zentralen Orten angelegt.

~~~

» Abfälle werden als Ressource betrachtet (ob als Pflanzennahrung oder Baumaterial) und so werden Zeit und Gedanken für die Entsorgung gespart.

~~~

» Die Eigenheiten eines Grundstücks werden genutzt, statt mühsam ausgebügelt: ob steile Böschungen, nasse Senken, schattige Winkel und sonnenüberhitzte Bereiche – alle Besonderheiten werden sinnvoll in die Gestaltung miteinbezogen.

~~~

» Die ökologischen Ziele sind offensichtlich und zeigen sich an der Vielfalt an Lebensräumen für Wildpflanzen und -tiere.

~~~

» Es gibt immer etwas zu ernten, selbst wenn es frischer Wurmhumus oder Wiesenkräuter sind. Dadurch steigt der Selbstversorgungsgrad der GartennutzerInnen.

~~~

» Alle Gartenelemente erfüllen wichtige Funktionen, die einerseits naturnahe Lebensräume bieten und uns vielfältige Ernten schenken. Elemente, die der reinen „Zier" dienen, werden daher schlichtweg ersetzt.

» Vor Ort werden vorhandene Ressourcen genutzt, statt vorgefertigte Bilder zu bedienen. So werden z.B. Beetbegrenzungen, Treppen, Pergolen usw. aus vor Ort recycelten, gesammelten oder getauschten Materialien wie Steinen, Wildholz usw. hergestellt, statt neue Baustoffe zu kaufen und Gebrauchtes zu entsorgen.

~~~

» Die Natur hat einen Überraschungsbonus: statt vorschnell „Wildwuchs" zu entfernen, bleibt im Permakulturgarten Raum für selbstaussäende Pflanzen. In Gemüse- und Kräuterbeeten, zwischen Pflasterritzen auf Wegen und Sitzplätzen finden manche dieser durchaus nützlichen Pflanzen oft ideale Wachstumsbedingungen. Wenn es der Platz erlaubt, dürfen sie stehen bleiben, denn sie machen weniger Arbeit als die von uns geplanten Pflanzen und sind genauso gut beerntbar.

~~~

» Irgendwo sind meist PermakulturgärtnerInnen versteckt – beim Ernten, Mulchen, Beobachten oder in der Hängematte.

~~~

» Des Öfteren kommt es auch zu diversen Feierlichkeiten, denn fürs gemeinsame Gestalten, Ernten, Kochen, Schmausen, Tauschen und Genießen ist der Permakulturgarten doch der beste Ort.

Und Permakulturgärten sind politisch!

Saatgutpolitik, Zugang zu und Umgang mit Land, bewusste Entscheidungen beim Einkauf, Klimaschutz, Kooperation statt Konkurrenz, fairer Umgang miteinander, teilen-tauschen-schenken, wiederverwerten statt neu kaufen, vielfältig nutzen statt wegwerfen usw.

Beziehungskiller?
So hältst du deinen
Permakulturgarten
bei Laune!

Das Verhältnis zwischen GärtnerInnen und Garten ist ein bisschen wie eine Beziehung. Man braucht Zeit, aber auch mal Abstand. Zu viel des Guten kann den (Garten-)Partner erdrücken, zu wenig lässt ihn vereinsamen. Wenn du also Angst hast, dass sich dein Permakulturgarten gerade in eine andere Richtung entwickelt, als dir lieb ist, solltest du auf diese Tipps hören:

Wohin unser Blick geht?

Da hin!

Nehmt euch eine gemeinsame Auszeit: ein ganzer Tag im Garten ohne Gartenwerkzeug und neue Pläne, was/wann/wo als nächstes zu tun ist. Ob in der Hängematte, direkt in der Wiese oder gemütlich rund ums Lagerfeuer – genieße, was da ist, und lass einfach Gras darüberwachsen.

Jäte nichts aus, das du nicht kennst, denn wer weiß, was dir dein Garten damit erzählen will!

Licht aus! Da läuft nichts bei übermäßiger nächtlicher Gartenbeleuchtung. Erstens werden Insekten in die Irre geführt und außerdem hat auch dein Garten ein Privatleben.

Gibt es genug Nützlingsbiotope in deinem Garten?
Dreh eine Runde und überlege, ob dein Garten und du an alles Nötige gedacht habt. Brutplätze, Unterschlupf und Nahrung für Vögel, Insekten, Amphibien, Reptilien und kleine Säugetiere wie Fledermäuse sind besonders gefragt.

8 Anzeichen dafür, dass du der Permakultur verfallen bist:

1.
Du siehst überall Ressourcen.

2.
Du spazierst bei Regen durch den Garten und beobachtest die Wege des Wassers.

3.
Du freust dich überschwänglich über den sich selbst ausgesäten Salat zwischen den Pflasterritzen.

4.
Du empfindest Schmerzen beim Anblick ungemulchter Beete in fremden Gärten und möchtest am liebsten gleich (den Pflanzen helfend) eingreifen.

5.
Du sammelst Samen von Wildpflanzen am Wegrand.

6.
Rasenmäher sind dir fremd.

7.
Regen- und Kompost-würmer sind dir heilig.

8.
Im Kompost zu wühlen, zählt zu den ganz besonderen Momenten deines Daseins.

Gärtnern in und mit der Natur: Gestalte dir deinen eigenen Permakulturgarten!

Wie wird aus vielen Ideen, Wünschen, einem verfügbaren Grundstück und der Motivation selbst Hand anzulegen ein Permakulturgarten oder ein permakulturell bewirtschafteter Balkon oder eine ebensolche Terrasse?

Die Planung macht's aus! Nimm dir die Zeit zu beobachten, Informationen einzuholen, und Gestaltungsentscheidungen basierend auf diesen Erkenntnissen zu treffen. Im Folgenden werden der permakulturelle Planungsprozess und die Gestaltungsgrundsätze vorgestellt, wie sie insbesondere von den berühmten Permakulturisten Bill Mollison, David Holmgren und Patrick Whitefield entwickelt wurden. Sie begleiten das Entstehen und Wachsen des Permakultursystems von der ersten Idee über die Planung und Umsetzung bis zum für Optimierung offenen „Normalbetrieb".

„Ein Hoch auf die Planung" oder „Liebe deine Fehler"

Spontan sein: Die Hollywoodschaukel auf die Wiese zu tragen, war eine der Ideen, die nach spontaner Ausführung im ersten Moment eher verrückt erschien und vielleicht nicht der Mühe wert. Die Aussicht von da oben ist aber nach wie vor unschlagbar.

Verplant! Oder überhaupt ganz planlos? Bei wem trifft das nicht zu in manchen Situationen? Und den Plan beim nächsten Mal besser zu machen, ist ein unerreichter Wunsch, denn ist nicht Plan B oft der realistischere, der ungeahnte (bessere) Ergebnisse liefert?

Jaja, zwischen Intuition und Masterplan liegt ein weites Feld an Möglichkeiten. Auf diesem bemühen wir uns auf vielgestaltige Weise um die sinnvolle Ordnung der Dinge, der Zeit usw. Und eigentlich lernen wir nirgends so viel wie aus den eigenen Fehlern. Wenn man viel Arbeit in eine neue Idee steckt, mühsam ein Beet pflegt oder tagelang den Garten gestaltet und dann läuft etwas schief, dann kann man sich sicher sein, in der Zukunft nicht mehr über denselben Fehler zu stolpern. Ab und zu nutzt einem aber auch das Scheitern anderer Leute (und darf uns noch dazu ein kleines Lächeln abringen):

» wenn das Gemüse-Hochbeet mitten im Vollschatten des Hauses zu stehen kommt.

» wenn die Haupterntezeit der Tomaten mit den Urlaubswochen zusammenfällt.

» wenn die Laufenten die Kohlrabis und den Mangold fressen und die Hühner über die Zäune fliegen.

» wenn die Vögel alle Grassamen aus der zukünftigen Wiese fressen.

» wenn sich der Ort des Kartoffelschichtmulchbeetes eigentlich doch als zukünftiger Gartenteich entpuppt.

» und wenn die Liste mit neuen Aufgaben schneller wächst, als Gartenschaufel und Co. es schaffen …

Planung hilft vielleicht nicht immer sofort, aber Planung als begleitenden Prozess zu verstehen und zu nutzen, kann viel Mühsal ersparen …

Wie du deinen Permakulturgarten planst – von der ersten Idee bis zur Umsetzung!

Hier erfährst du, warum planen Sinn macht, wie die Planungsschritte im Überblick ablaufen, und lernst Leitgedanken für eine permakulturelle Herangehensweise an dein Vorhaben kennen.

WARUM EIGENTLICH PLANEN?

Während konventionelle Gärten und Landwirtschaften zum größten Teil sehr energie-, zeit-, arbeits- und abfallintensiv betrieben werden (begonnen beim großflächigen Maschineneinsatz und CO_2-Ausstoß bei der Lebensmittelproduktion bis hin zum einfachen Rasenmähen ohne daraus entstandenen Nutzen) setzt die Permakultur auf eine planungs- und gestaltungsorientierte Herangehensweise, um damit langlebige, produktive, vielfältige, ressourcenschonende und -anreichernde kultivierte Ökosysteme aufzubauen. Grundlage der Planung sind Beobachtungen, Informationen und vorhandene Daten über das Grundstück und die naturräumlichen Gegebenheiten, wie z.B. über das Mikroklima, die Artenvielfalt oder die frühere Bewirtschaftung, sowie die Bedürfnisse der zukünftigen NutzerInnen. Basierend auf diesen Erkenntnissen entsteht in der Planungsphase ein Gesamtentwurf des Systems, das, wenn einmal errichtet, mit wenig Energie, Zeit und Ressourceneinsatz betrieben werden kann, widerstandsfähig und robust gegenüber Störungen wie Trockenheit und Starkniederschlägen ist, durch seine Vielfalt an nützlichen Beziehungen und funktionierenden Kreisläufen immer eine Ernte bringt und einer Reihe von Wildpflanzen und Tieren einen dauerhaften Lebensraum bietet. Um so ein enkeltaugliches System zu gestalten, ist Planung unerlässlich, denn es geht darum, alle Einflussfaktoren so gut wie möglich zu beobachten, zu begreifen, in den Gestaltungsprozess zu integrieren und mit ihnen zu interagieren. Es ist ein großes Miteinander, das durch aufmerksame und sorgfältige Planung entstehen soll.

Und es geht hier natürlich nicht nur um die Gestaltung von Gärten, Balkonen, Terrassen und sonstigen Grünflächen allein: auch Wohnhäuser und Bauernhöfe mit ihrem Umland, Siedlungen und ganze Stadtteile mit all ihren Material-, Energie- und Informationskreisläufen können durch permakulturelle Planung zu zukunftsfähigen Systemen gestaltet werden. Wer also die Möglichkeit dazu hat, sollte mit der Gartenplanung nicht erst beginnen, wenn die Gebäude fertig sind. Grünflächen, Gebäude, Versorgungseinrichtungen und Infrastruktur können als produktive, robuste, dauerhafte Gesamtheit fungieren, wenn sie bereits während der Planung entsprechend berücksichtigt werden.

DIE PLANUNGSPHASEN

Die Gestaltung eines Permakulturgartens beginnt entweder mit dem Veränderungswunsch eines bestehenden Grundstückes oder mit dem Gestaltungswunsch eines neu verfügbaren Ortes. Ganz am Beginn steht die Gärungsphase, in der verschiedenste Ideen aufkommen, Wünsche und Bedürfnisse geäußert werden und der Phantasie keine Grenzen gesetzt sind. Wird der Veränderungs- bzw. Gestaltungswunsch konkreter und soll in die Tat umgesetzt werden, ist es an der Zeit gemeinsam mit allen Beteiligten die Ideen, Wünsche und Bedürfnisse zu bündeln und sie mit der sogenannten „Realität" abzustimmen. Das Sammeln von Daten und Informationen kann jetzt beginnen. Das Grundstück, egal ob groß oder klein, wird mittels einer Ortsanalyse (Seite 40) genau beschrieben, sie ist eine unerlässliche Grundlage für alle weiteren Planungsschritte. Mithilfe einer Bedürfnisanalyse (Seite 45), in der sich alles um die zukünftigen NutzerInnen, BewirtschafterInnen und sonstigen Beteiligten dreht, wird ermittelt, welche Wünsche, Möglichkeiten, Ressourcen (Wissen, Zeit, Materialien, Geld usw.) vorhanden sind bzw. gebraucht werden und welche Grenzen oder Einschränkungen es gibt. Nach der **Auswertung** dieser Informationen kann eine erste gemeinsame **Vision** des zukünftigen Permakultursystems formuliert werden. Die Vision bildet das übergeordnete Ziel des angestrebten Projekts ab und beschreibt die wichtigsten Funktionen, enthält aber noch keine Details. Zusätzlich können jetzt bereits ein **erster Gestaltungsvorschlag** und eine **erste Wunschliste an Gartenelementen** angelegt werden. Um aus diesem ersten Gestaltungsvorschlag aber einen guten Entwurf für einen Permakulturgarten zu machen, kommen nun die **Permakultur-Gestaltungsgrundsätze und Leitgedanken von Bill Mollison und David Holmgren (Seite 38 und 52)** zum Einsatz. Sie helfen unter anderem dabei, eine möglichst sinnvolle und nützliche Auswahl und räumliche Anordnung von Gartenelementen vorzunehmen, die sich harmonisch aneinanderfügen und durch Material-, Energie- und Wasserkreisläufe sowie durch praktische Wegeführung miteinander verbunden sind.

Ziel des Planungsvorganges ist ein brauchbarer **Entwurf** des zukünftigen Permakultursystems – entweder digital, als handgezeichnete Skizze oder vielleicht sogar als Miniaturmodell. Er enthält auch die detaillierten Planungen der einzelnen Elemente, die Beschreibung der Vorgehensweise bei der Umsetzung (Was? Wer? Wann? Wo? Womit? Wie?) und einen groben Zeitplan.

Je nach Umfang und Aufwand des geplanten Systems nimmt der Planungsprozess mehr oder weniger Zeit in Anspruch. Je komplexer ein Projekt ist und je mehr Beteiligte es gibt, desto ausführlicher sollte die Ausarbeitung des Entwurfes sein. Es gibt hier also keine fixen Empfehlungen, nur die Aufforderung durchzuhalten! Planung ist wertvoll und erspart so manche Enttäuschung und mühsame Ausbesserung im Nachhinein.

Ist der Entwurf gelungen und von allen Beteiligten angenommen, kann die **Umsetzung** beginnen. Es macht Sinn, sich zu überlegen, mit welchen Elementen begonnen werden soll und wie die Umsetzung mehrerer Elemente sinnvoll kombiniert werden kann, um Weg, Zeit und Energie zu sparen.

Nach abgeschlossener Umsetzung werden alle Baustellen abgebaut, Restmaterialien und Werkzeuge übersichtlich gelagert, zurückgegeben oder eingetauscht und das erreichte Ziel entsprechend gefeiert – das nennt sich „**Rückführungsphase**". Danach wird das neu geschaffene Permakultursystem im **Normalbetrieb** geführt, das heißt, die Beete werden bewirtschaftet und alle Elemente so betreut, dass sie funktionieren und in gutem Zustand bleiben. Es gehört dazu und ist sehr erwünscht, dass durch Beobachtungen und Rückkoppelungen z.B. mit Wasserverhältnissen und der Pflanzenauswahl immer wieder **Anpassungen und Optimierungen** durchgeführt werden. Durch diese wird unser System Schritt für Schritt noch robuster, produktiver und ressourcenschonender.

Nachdenken, bis die Ideen geflogen kommen, hilft.

ACHTUNG, DETAIL!
Nonsens oder Wunderwerk?

Jedes Gartenelement auf der Wunschliste braucht detaillierte Planung, um sich gut ins Gesamtsystem einzufügen und um die gewünschten Funktionen zu erfüllen. Wichtig ist es aber, sich am Beginn des Planungsprozesses nicht in Details zu verlieren, die zu diesem Zeitpunkt irrelevant sind, weil die nötigen Informationen entweder noch nicht eingeholt oder noch nicht einbezogen wurden. Es ist Zeitverschwendung sich mit langen Diskussionen über Details vom Gesamtbild abzulenken. Aber keine Sorge, Detailverliebtheit ist eine gute Voraussetzung für eine gelungene Planung, nur der Zeitpunkt muss stimmen. Am besten also die Detailideen skizzieren, niederschreiben und für den passenden Moment aufbewahren – dann zeigt sich auch ihr wahres Gesicht!

Die Zugänge zur Planung sind individuell – beginnend bei „schon mal gehört, aber für nicht nötig befunden" über die ersten Versuche, mehr Struktur in die Gestaltung zu bringen, bis hin zum ins Detail durchdachten partizipativen Planungsansatz, der bemüht ist individuelle Ansprüche und lokale Gegebenheiten sinnvoll einzubeziehen. Die permakulturelle Herangehensweise an die Planung und Gestaltung kann gut durch einige Leitgedanken beschrieben werden, die von David Holmgren, einem der beiden Begründer der Permakultur, formuliert wurden. Sie klingen einfach und logisch und stehen eigenartigerweise trotzdem im Gegensatz zum üblichen Zugang in unserer Zeit, indem auf Planung oft ganz verzichtet und damit das Scheitern in Kauf genommen oder auch einkalkuliert wird oder wo vor Beginn einer Planung am Ort des Geschehens alle bestehenden Strukturen und Pflanzen entfernt werden – tabula rasa sozusagen – und so viele bereits vorhandene Ressourcen, ohne ihren Nutzen wahrzunehmen, mit Energieeinsatz verlorengehen.

David Holmgrens Gestaltungsgrundsätze im Buch „Permakultur. Gestaltungsprinzipien für zukunftsfähige Lebensweise " reagieren darauf, hier eine Auswahl:

„Beobachte und interagiere"

Denn gute Gestaltung gelingt nur durch eine stetig aufmerksame Interaktion zwischen den GestalterInnen und dem gestalteten System. Jede Änderung, die ich bewirke, hat auch unerwartete Einflüsse auf Elemente und Vorgänge. Sie zu bemerken und darauf zu reagieren, ist der Schlüssel zum Verstehen und angepassten Nutzen. Wichtig! Interaktion kann auch bedeuten, Bereiche ganz unberührt zu lassen und aktiv als „Wildniszone" zu schützen, wenn die Beobachtung ergeben hat, dass ein Bereich wertvoll für Wildtiere und -pflanzen ist und menschliche Eingriffe diesen Lebensraum zerstören würden. Deshalb ist es ganz wichtig, zuerst Augen und Ohren zu öffnen und zu beobachten, bevor die erste Aktion gesetzt wird.

„Lass die Natur regulieren und lerne aus Feedback"

Feedback, oder auch Rückkoppelung genannt, kann im Garten als Reaktion der kultivierten, sich befreienden Natur auf eine menschliche Aktion bzw. andere Beeinflussung verstanden werden – erst dadurch wird unsere Planung lebendig und tragfähig. Feedbacks zeigen uns die Grenzen des Wachstums oder auch die Grenzen der Anreicherbarkeit einer Ressource an und setzen Material- und Energieflüsse ohne unser Zutun in Gang oder stoppen sie – that's life!

„Nutze Veränderung und reagiere kreativ darauf"

Veränderungen, ob großräumige klimatische oder kleinräumige private, die sich auf den Garten auswirken, sind oftmals schwer vorhersehbar. Was es braucht, um schnell reagieren zu können, um sozusagen eine gewisse Risikominimierung zu erreichen, ist Flexibilität und Kreativität. Im Garten bedeutet das, sich von eingebrannten Bildern (wie z.B. großen Rasenflächen, einem Monokultur-Beet oder auch einem anderen erwünscht eng umgrenzten Erscheinungsbild) zu lösen und stattdessen die Vorschläge der Natur ernster zu nehmen.
Warum nicht den Salat dort wachsen lassen, wo er von selbst keimt und keine Pflege braucht, als ihn immer wieder in ein bestimmtes Beet zurückzuverbannen?
Warum den Rasen düngen und wässern, statt ihn sich langsam ohne beides zu einer Blumenwiese entwickeln lassen?
Warum nicht den Sandkasten, wenn die Kinder groß sind, zum Kräuterbeet umgestalten, statt ihn abzubauen (viele Kräuter und Heilpflanzen lieben sandigen Boden)?

„Bevorzuge kleine und langsame Lösungen"

Einfache Lösungen liegen manchmal direkt vor der Tür und müssen nur bemerkt werden. Dafür ist es wichtig, auch dort nachzuschauen, statt im Netz nach verkaufsfertigen Lösungen zu suchen. Je geringer der Energie-, Zeit- und Ressourcenaufwand ist, um den gewünschten Effekt zu erzielen, desto besser. Ein Beispiel aus dem Garten bezieht sich auf die Frage einer künstlichen Bewässerung. Vor allem bei kleinen Gärten kann es viel einfacher sein, Regenwasser zu sammeln, Beete zu mulchen und nur bei Bedarf mit der Gießkanne zu wässern, als sich für eine komplexe Bewässerungsanlage zu entscheiden, deren Betrieb und Wartung oft viel Geduld und Ressourcen braucht, und auch Zeit, die wir einfach entspannt im Garten verbringen könnten.

„Integriere mehr, als du trennst" bzw. „Gestalte erst das Muster, dann die Details"

Der Fokus auf Details lässt uns oft vergessen, dass der Schlüssel zum Funktionieren des Gesamtsystems nicht in den einzelnen Elementen liegt, sondern in ihren Beziehungen zueinander. Die Gestaltung sollte ausgehend vom generellen Muster erfolgen, Details werden erst ausgearbeitet, wenn die Beziehungen bekannt sind und in die räumliche Anordnung eingeflossen sind. Z.B. ist es wichtiger, dass die Kompostanlage an der passenden Stelle im Garten angelegt ist, als aus welchem Holz sie gefertigt ist. Oder, dass der Wasserkreislauf in einem Garten möglichst viele Elemente sinnvoll verbindet, als dass jeder Wasserspeicher hübsch anzusehen ist.
Integrieren statt Trennen ermöglicht auch eine gewisse Selbstorganisation von Prozessen und Zusammenhängen, die uns als GestalterInnen bei der Planung noch gar nicht bewusst sind. Plötzlich entpuppt sich z.B. der Schotterweg als ideales Keimbeet für Kräuter und Blumen und wird deshalb auch als solches genutzt:

Wie funktionierst du? Wie funktioniere ich? Und was können wir zusammen sein?

Sämlinge werden entnommen und getopft oder umgepflanzt, statt gejätet und niedergetrampelt.

„Sammle, speichere und nutze vorhandene Energie"

Energie ist die treibende Kraft aller lebendigen Systeme und kann in vielfältigen Formen gespeichert werden. Unsere Nahrung z.B. ist der Brennstoff für unseren Körper und die Haltbarmachung saisonaler Ernteüberschüsse ist damit auch eine Art Energiespeicher. Lebendiger Boden, gespeichertes Wasser und Biomasse in Bäumen sind ebenfalls Energiespeicher und -quellen, die unsere Grundstücke bereichern und ihren Wert in Bezug auf Fruchtbarkeit und Widerstandsfähigkeit erhöhen.
Weiter gedacht kann die Nutzung von vorhandenen Energien auch bedeuten, interessierte und motivierte Menschen in Projekte einzubeziehen, die gerade kräftige MithelferInnen brauchen ... Aber auch so manche destruktive Energie kann in gestalterische Kraft umgewandelt werden, wenn das Handlungsumfeld es zulässt. So mancher Ärger oder auch eine richtige Wut im Bauch haben sich schon als Antriebskraft für Arbeiten im Garten erwiesen, lösen sich dabei schnell in Luft auf oder kommen vielleicht nach getaner Arbeit als „klarere Sicht auf die Dinge" wieder zum Vorschein.

Mein Grundstück und ich –
was haben wir, was brauchen wir,
was wollen wir zusammen sein?

Jetzt geht's ums Zuhören!
Möglichst unvoreingenommenes Zuhören und Beobachten ist der erste Schritt, um in den permakulturellen Gestaltungsprozess einzutauchen.

Hier ist das Sammeln von Informationen über das Grundstück und seine Eigenheiten genauso wichtig, wie das über Besonderheiten und Bedürfnisse der zukünftigen NutzerInnen und BewohnerInnen. Analysiert wird erst im nächsten Schritt!

Zuhören ist manchmal gar nicht so einfach. Die Schwierigkeit liegt oft in der Ungeduld und im Drang sich sofort praktisch zu betätigen, spontane Ideen „loswerden" zu wollen oder darin, für Planung einfach keine Zeit zu haben (was aber fast immer insgesamt mehr Zeit kostet). Ein häufiger „AnfängerInnenfehler" ist es, das Grundstück gleich bei der ersten Begehung mit fiktiven neuen Elementen auszustatten, noch bevor man sich überhaupt mit dem Ort vertraut gemacht hat und alle Beteiligten zu Wort gekommen sind. Dabei ist in dieser ersten Phase der Planung die Analyse des Status quo ganz wesentlich, denn von ihr können wir erfahren, was es bereits gibt, wie die bereits vorhandenen Elemente zusammenspielen und auf welchen Gegebenheiten die Veränderungswünsche basieren. Bei einem zu frühen Wechsel in die aktive Gestaltungsphase bleibt uns dieser intensive Zugang verwehrt, wir werden nicht zu Insidern im eigenen Garten, sondern eher zu Outsidern, die sich wundern, warum etwas nicht so läuft wie gewünscht.
Der Landschaft zuhören – so wie es der Permakultur-Gestalter Patrick Whitefield beschrieben hat – meint, immer aufmerksam zu sein, was die Landschaft uns zu sagen hat, und nicht abzudriften in Überlegungen, was wir mit ihr machen könnten.

Und ums unvoreingenommene Zuhören geht's auch bei den Menschen, mit denen wir gemeinsam planen, gestalten und im entstehenden Permakultursystem leben wollen. Egal ob man jemanden seit Langem kennt oder sich in einer neuen Gruppe eingefunden hat – Raum für Äußerungen von Bedürfnissen und Wünschen jedes Beteiligten ist essentiell, um für das gemeinsame Gestaltungsprojekt das nötige Vertrauen zu schaffen.

ORTSANALYSE

Ob Fensterbrett, Balkon, Terrasse, Hausgarten oder Gemeinschaftsacker: Es lohnt sich, jeden Ort, der zum Garten werden will, einer genauen Beobachtung zu unterziehen, bevor die Planung und Umgestaltung beginnen kann.

Unser Garten liegt z.B. an einem steilen Südhang, war schon beim Einzug im unteren Bereich mit alten Obstbäumen bestanden und der obere Gartenabschnitt war eine Weide, die Nachbars Schafe regelmäßig abfraßen. In vielen Stunden, in denen wir den Garten erkundeten, bestimmten wir die verschiedenen Obstbäume und Wildblumen, entdeckten viele vom früheren Nutzer zurückgelassene Baumaterialien und fanden heraus, dass der Boden großteils sehr tonig und verdichtet war. Auch die Wasserverhältnisse beobachteten wir. Der Südhang war, speziell im oberen Bereich, sehr exponiert und windig und es gab kein Wasser in unmittelbarer Nähe. Das Wohnhaus am unteren Ende des Grundstückes hat aber eine große Dachfläche und eignet sich seither gut um Wasser zu sammeln usw.

Die Ortsanalyse besteht einerseits aus der Anfertigung eines Grundstücksplans, der alle bestehenden Elemente beinhaltet, und andererseits aus der Beschreibung der örtlichen Gegebenheiten und Besonderheiten, der sogenannten Grundstücksanalyse.

Wozu sind diese genauen Informationen über das Grundstück, den Balkon etc. gut?

Schauen, was bereits da ist, ist der erste Schritt!

Eine Grundstücksskizze per Hand gezeichnet

Die Ortsanalyse bietet eine wertvolle Grundlage für die Planung und Gestaltung,

» um Besonderheiten und Eigenheiten eines Ortes kennenzulernen,

» um auf bereits Vorhandenes aufmerksam zu werden,

» um Möglichkeiten und Herausforderungen zu erkennen,

» um die persönliche Wunschliste für den Garten, den Balkon etc. aufgrund dieser Beobachtungen zu adaptieren/optimieren,

» um eine unpraktische oder fehlerhafte Auswahl und Platzierung von Elementen vorzubeugen.

Für die Ortsanalyse kann es hilfreich sein, eine Person mit guter Artenkenntnis (Pflanzen, Tiere und ihre Lebensräume) und ökologischem Wissen (Boden- und Wasserverhältnisse) zu Rate zu ziehen, wenn keine/r der Beteiligten hier ausreichende Kenntnisse hat. Als zukünftige PermakulturgärtnerInnen werden wir zwar hoffentlich bald selbst zu SpezialistInnen, aber gerade am Anfang tut Unterstützung gut.

Für die Planung und alle zukünftigen Umgestaltungen sind klimatische, geologische und topographische Grundinfos zur Lage des ausgewählten Grundstückes interessant, die meist nicht für den konkreten Ort, dafür aber für die gesamte Region zu finden sind. Dazu gehören:

 die Lage in großräumigen Landschaftsregionen (wie z.B. Alpenvorland, pannonische Tiefebene, Zentralalpen usw.)

 die Lage in lokalen Landschaftsräumen (wie z.B. Flusstal, Hochebene, Innenstadt, Vorstadt usw.)

 Seehöhe

 mittlerer Jahresniederschlag und Temperaturmittel, sonstige Klimadaten der Region

 geologisches Ausgangsgestein

Praktisch: der
Blick von oben

Grundstücksplan

Fertige eine Skizze des Grundstücks, des Balkons etc. an und zeichne alle Elemente ein, die bereits vorhanden sind. Bei größeren Flächen kann ein Katasterplan oder Satellitenfoto als Basis für die Skizze dienlich sein, da die Umrisse und groben Strukturen bereits vorhanden sind. Wichtig ist es auch, alles maßstabsgetreu wiederzugeben. Beginne mit den groben Strukturen und gehe zuerst nur so weit ins Detail, wie es zu diesem Zeitpunkt für die spätere Gestaltung sinnvoll ist. Später können jederzeit noch Detailskizzen zu wichtigen Bereichen angefertigt werden, vorerst geht es aber darum, einen Überblick zu bekommen.

Hier eine Checkliste für die wichtigsten Daten im Grundstücksplan, wie sie besonders umfassend im Hauptwerk des britischen Permakulturisten Patrick Whitefield („The Earth Care Manual" bzw. die Übersetzung „Was wir für die Erde tun können") nachzulesen sind:

Grenzen, Zugänge und Ausblick
Hecken, Mauern, Zäune, Zufahrten, Wege, Tore und Aus-, Ein- und Überblicke auf andere Grundstücke

Gebäude
Wohngebäude, andere Gebäude, überdachte Bereiche, Terrassen, Balkone, Türen und Fenster

Pflanzen
Bäume, Sträucher, Wiesen, vorhandene Beete

Wasser
Teiche, Wasserspeicher, Regenrinnen, Regenwassersickerbecken

Geländeformen
Böschungen, Ebenen, Kuppen sowie deren Exposition und Neigung

Der Plan sollte außerdem unbedingt noch folgende Infos enthalten:
Ort, Datum, VerfasserIn, Maßstab (also die notwendige Angabe für die tatsächliche Grundstücksgröße) und der Nordpfeil für die Ausweisung der Himmelsrichtungen.
Der Grundstücksplan muss kein Kunstwerk sein, wichtig ist nur, dass er klar verständlich ist.

Bei größeren Projekten werden die Wünsche und Bedürfnisse am besten in mehreren Schritten gesammelt, da sich vieles noch ändert, wenn neue Informationen dazukommen.

Und es macht immer Sinn, zu Beginn eines Gestaltungsprozesses das gesamte Grundstück zu analysieren, auch wenn sich der Veränderungswunsch vielleicht nur auf einen Bereich bezieht. Erst die Einbeziehung der größeren Zusammenhänge ermöglicht uns die Optimierung einzelner Teile.

Grundstücksanalyse

Im nächsten Schritt werden die Informationen auf dem Plan durch weitere Daten über das Grundstück ergänzt. Es ist hilfreich, diese als Zusatzinfos in den Plan einzufügen, ohne ihn zu sehr zu überladen. Deshalb empfiehlt sich z.B. die Verwendung von mehreren Lagen Transparentpapier, auf denen dann themensortiert Zusatzinfos eingezeichnet werden können, oder auch, wer das bevorzugt, eine digitale Ausführung der Grundstücksskizze.
Auch hier gibt es eine Checkliste, die im Detail bei Patrick Whitefield nachgelesen werden kann, im Folgenden sind die wichtigsten Punkte zusammengefasst. Nicht all diese Informationen sind für jede Planung nötig, da man aber zu Beginn manchmal noch nicht weiß, wohin die Reise geht, schadet es nicht, so viel wie möglich zu erfassen.

Bodeneigenschaften an unterschiedlichen Stellen
Bodenart, erosionsgefährdete Stellen, staunasse Bereiche

Mikroklima
Hauptwindrichtung, Windschneisen, windstille Orte, Schattenwurf, sonnenexponierte Stellen, Frostsenken, erster und letzter Frost (am besten AnrainerInnen dazu befragen)

43

Hände (und Füße) auf den Tisch: Sind wir wirklich einer Meinung?

Wasser
Wasserwege bei Regen, Brunnen, Leitungen, Speicher

Artenvielfalt
Pflanzenarten, Tierarten, Zeigerpflanzen (Hinweise auf Nährstoffgehalt im Boden) – welche Lebensräume gibt es bereits, die unbedingt erhalten und geschützt werden sollten?

vorhandene Ressourcen
Steine, Holzreste, Sand, Schotter, Energiepotential (Solar, Wind) usw.

Infrastruktur
öffentliche Anbindung, Zufahrten, Materialtransportmöglichkeiten, Lagerplätze, NahversorgerInnen

sonstige Beobachtungen
Pflanzen/Tiere, die besonders häufig sind, technische Installationen (wie z.B. Strom- und Gasleitungen, Kanalanschlüsse, Senkgruben ...), Zustand von Gebäuden (z.B. Baufälligkeit)

Risiken und Einschränkungen
Überschwemmungsgefahr, Erosionsgefahr, Einflüsse, die von angrenzenden Elementen ausgehen (z.B. stark befahrene Straße)

Meist ist es ein guter Tipp, auch mit Menschen zu sprechen, die diesen Ort schon länger kennen (frühere BesitzerInnen, NachbarInnen). Sie haben viel zu berichten, wissen oft so manche spannende Geschichte über frühere Nutzungen des Grundstücks und seine Umgebung und kennen vielleicht Erklärungen für geheimnisvolle Strukturen.

Diese genaue Betrachtung des Ortes kann je nach seiner Größe und Vielfalt zwischen Stunden und Tagen dauern, in jedem Fall ist es diese Zeit wert. Die Informationen, Hinweise, Geheimnisse, Verstecke, Besonderheiten, die du entdecken kannst, steigern deine Fähigkeiten als GestalterIn dieses Ortes enorm, weil du durch sie zum Insider wirst.

Und wer wirklich Zeit hat oder sie sich einfach nimmt, probiert die 12-Monate-Regel von Patrick Whitefield aus, der die Ortsanalyse über einen ganzen Jahreszyklus hinweg vornimmt und in dieser Zeit noch keine dauerhaften Umgestaltungen unternimmt. Denn das Grundstück hat zu jeder Jahreszeit seine eigenen Geheimnisse, wie Lichtverhältnisse, Schattenwürfe, Blütenmeere (aus Frühlingsblühern z.B.) und Früchte oder tierische Besucher. Und erst wenn man sie kennt, ist man wirklich informiert.

Insbesondere der Schattenwurf von Gebäuden und Bäumen spielt später bei der Verortung von Gartenbeeten eine große Rolle, er sollte also jedenfalls über einen längeren Zeitraum beobachtet oder auch berechnet werden (z.B. mit dem Werkzeug von Aranja im Buch „Permaculture Design. A step-by-step guide"). Übrigens entspricht der Schattenwurf zu Herbstbeginn genau jenem zu Frühlingsbeginn, was die Schätzung der Sonnenstunden eines Bereiches erleichtert.

BEDÜRFNISANALYSE

In der Bedürfnisanalyse, von Patrick Whitefield auch „Gestaltungsfragebogen" genannt, geht es darum herauszufinden, was sich jede/r Beteiligte vom Grundstück und dem zukünftigen Permakulturgarten wünscht, welche Bedürfnisse dieser erfüllen soll und welche persönlichen Ressourcen er für die Realisierung mitbringt.

Als Beispiel sind hier häufig geäußerte, übergeordnete Bedürfnisse für die Gestaltung und Bewirtschaftung eines Permakulturgartens genannt, die wir aus eigenen Projekten gesammelt haben:

» (teilweise) Selbstversorgung mit Gemüse, Kräutern, Obst, Beeren, Pilzen etc.

» Ernte von gesunden, frischen, biologischen Lebensmitteln, die sehr ressourcenschonend produziert wurden und dadurch einen Beitrag zur Gesundheit und Reduzierung des ökologischen Fußabdrucks leisten

» sinnvolle Nutzung von Ressourcen (Material, Zeit, Energie) im Garten

» Beschäftigung im Freien, Beziehung zur Natur aufbauen

» Naturerlebnis, Spiel und Erholung in gesunder Umgebung

» der Natur etwas zurückgeben: Lebensraum, Nahrung und Brutplätze für Wildtiere schaffen und diese dadurch auch öfter beobachten

» Wild- und Heilpflanzen zur Nutzung anbauen

Häufig formulierte Hürden für die Gestaltung und Bewirtschaftung eines Permakulturgartens lauten:

» Mangel an Zeit und Geduld

» Konflikte zwischen verschiedenen Interessen

» die zur Verfügung stehende Fläche ist zu gering oder entspricht nicht den Vorstellungen

» Wissen und Fertigkeiten sind unzureichend

Zu Beginn geht es in der Bedürfnisanalyse um das unvoreingenommene Zuhören, für das ein Fragebogen sehr unterstützend sein kann. Hier eine Checkliste mit Fragen, wieder einmal nach Patrick Whitefield, die von jeder/m Beteiligten beantwortet werden sollten:

» Welche finanzielle Investition kann ich mir für die Umsetzung/Bewirtschaftung vorstellen?

» Welche Fachkenntnisse habe ich/haben wir, die für Umsetzung und Bewirtschaftung gebraucht werden?

» Was ist meine grundlegende Vision für dieses Grundstück?

» Was möchte ich gern mit dem Grundstück tun? Für welche Aktivitäten soll es Platz bieten? Welche meiner Bedürfnisse soll es erfüllen? Was sind meine Vorlieben und was tue ich am liebsten auf dem Grundstück?

» Welcher Zeitplan schwebt mir für die Umsetzung vor – also bis wann wünsche ich mir, dass die Elemente fertig gestellt sind?

» Welche Zeitressourcen bringe ich für die regelmäßige Bewirtschaftung und Erhaltungsarbeiten mit?

» Welche Produkte möchte ich gern ernten und in welchen Mengen?

Welche Bedürfnisse haben die bisherigen Bewohner
aus der Tier- und Pflanzenwelt?

» Welche der genannten Produkte, Teilprojekte, Bedürfnisse sind für mich prioritär?

» Was gefällt mir an dem bestehenden Grundstück besonders gut? Was soll unbedingt erhalten bleiben?

» Was mag ich an dem Grundstück nicht so gern bzw. welche Abläufe, Aktivitäten laufen nicht gut?

» Will ich aus einem Teil der Ernte auch ein Einkommen lukrieren oder mein Grundstück anderweitig für öffentliche Aktivitäten nutzen? Wenn ja, welche?

» Welche Ausrüstung, Geräte und Materialien sind vorhanden?

» Welche Ressourcen kann ich vielleicht aus meinem Umfeld einbringen (z.B. Mithilfe, Maschinen ausborgen, Materialien zum Bauen oder auch Pflanzen, finanzielle Unterstützung)

» Gibt es meinerseits Einschränkungen für die Umsetzung/Bewirtschaftung (z.B. gesundheitliche Einschränkungen, gesetzliche Vorgaben, zwischenmenschliche Herausforderungen usw.)?

Um den Rahmen des Gestaltungsprojekts klar abzustecken und die Antworten zusammenzufassen, helfen dir auch die folgenden 8 W-Fragen, die auch aus dem Projektmanagement bekannt sind und allgemein häufig Verwendung finden (diese und weitere Planungshilfen sind auch nachzulesen im Arbeitsbehelf der PIA „Permakultur-Projekte gestalten"):

WARUM?	Aus welchem Grund möchtest du den Ort umgestalten oder neu gestalten?
WOZU?	Was ist das Ziel deines Vorhabens?
WAS?	Was soll gemacht werden? Aus welchen Inhalten/Aktionen besteht dein Projekt?

WER?	Wer sind die zukünftigen NutzerInnen des Projekts? Wer ist sonst noch am Projekt beteiligt bzw. wer wird durch die Veränderungen beeinflusst?
WO?	Wo wird dein Vorhaben umgesetzt und welchen Wirkungsbereich/Einflussbereich erwartest du bzw. strebst du an?
WOMIT?	Welche Ressourcen stehen dir zur Verfügung bzw. müssen noch besorgt werden? Hier geht es um Wissen, Zeit, MithelferInnen, Materialien, Geld usw. für die Planung, Umsetzung und spätere Bewirtschaftung
WANN?	Für welche Zeitspanne/Lebensdauer ist dein Permakultursystem geplant? Wie ist der Zeitplan für die Umsetzung?
WIE?	Wie willst du vorgehen? Arbeitsmethoden und Arbeitsstil von der Planung bis zur Umsetzung und Bewirtschaftung?

Die Beantwortung dieser oder ähnlicher, ev. auch ergänzender Fragen kann z.B. schriftlich von jeder Person erfolgen, oder es gibt eine außenstehende Person, die die Befragung durchführt.

Die Zusammenschau und Analyse der gesammelten Informationen ist der nächste Schritt. In größeren Personengruppen empfiehlt sich hier die Anwendung partizipativer Besprechungs- und Entscheidungsmethoden, bei Planungen zu zweit oder auch allein ist die Vorgehensweise natürlich einfacher.

Im Großen und Ganzen ist es wichtig zu klären, ob bei den zukünftigen NutzerInnen ein gemeinsames übergeordnetes Ziel (Vision) erkennbar ist, in das sich die persönlichen Vorlieben jedes einzelnen sinnvoll einbinden lassen oder ob die Vorstellungen so stark auseinandergehen, dass gemeinsames Gestalten und Bewirtschaften zum ständigen Streitpunkt wird. Gärtnern ist sehr emotional, handelt es sich doch oft um einen privaten Freiraum, der viele Sehnsüchte stillen kann und unseren Vorstellungen entsprechen soll.

Außerdem muss natürlich geklärt werden, inwieweit die Vorstellungen und Wünsche mit den Gegebenheiten und Möglichkeiten des Grundstücks und der Beteiligten vereinbar und erfüllbar sind. Natürlich können durch geschickte Gestaltung z.B. mikroklimatische Veränderungen am Grundstück vorgenommen werden, um mehr wärmeliebende Kulturen anzubauen, aber es gibt hier naturräumliche Grenzen, auf die in jedem Fall geachtet werden muss, um nicht übermäßig Ressourcen und Energie zu verwenden – die Möglichkeiten, die das Grundstück von vornherein bietet, sollten zuerst in Betracht gezogen werden.

Nicht zuletzt kommt in der Permakulturgestaltung noch ein wesentlicher Faktor dazu, der beteiligt sein muss, damit wir überhaupt von einem Permakultursystem sprechen dürfen: die Natur. Nämlich die Bedürfnisse von Wildtieren und -pflanzen in ihren Bedürfnissen entsprechenden Lebensräumen sowie der rücksichtsvolle Umgang mit Boden, Wasser und anderen Ressourcen und die sie verbindenden Kreisläufe.

Versuche also auch die „Bedürfnisse" der Natur zu lesen und zu berücksichtigen, z.B.: Welche Unterschlupfmöglichkeiten und Nahrung haben Wildtiere wie Vögel, Amphibien, Insekten usw. auf dem Grundstück?

Zunehmende Selbstversorgung ist das Ziel jedes/r Permakulturgärtners/in.

Alle reden von Selbstversorgung! – die Selbstversorgungspyramide hilft bei der Einschätzung, was möglich ist

„Selbstversorgung" ist das Schlagwort in vielen Planungsgesprächen, und es ist ein komplexes Thema, das genauerer Betrachtung bedarf. Womit wollen und können wir uns selbstversorgen – mit Gemüse, Obst, Kräutern, tierischen Produkten wie Milch, Eier, Wolle, Fisch? Wie viel Platz, wie viele Pflanzen, Beete, Lagerflächen,

Wasserspeicher, Arbeitsstunden usw. braucht es, um eine vollständige Selbstversorgung zu erreichen und auch unsere gewünschten Nutztiere mit eigenen Produkten zu versorgen? Oder reden wir doch eher von einer teilweisen Selbstversorgung?

Es gibt große Unterschiede im Platzbedarf, Ertrag, Bewirtschaftungsaufwand und auch im eigenen Bedarf von einzelnen Kulturen, die natürlich auch stark von den lokalen und mikroklimatischen Gegebenheiten des Grundstückes und den persönlichen Vorlieben abhängen. Die Selbstversorgungspyramide zeigt grob, womit wir uns eher leicht bzw. nur mit großem Aufwand selbstversorgen können. Sie berücksichtigt, stark vereinfacht, Platzbedarf, Arbeitszeit, Ressourceneinsatz und den durchschnittlichen Bedarf der einzelnen Gruppen.

Natürlich gibt es zu jeder dieser Gruppen eine Reihe von Informationen. Für den Anfang ist es aber von Vorteil, sich bei der Ausarbeitung des Entwurfs bewusst zu machen, wie aufwändig die einzelnen Gruppen in der Produktgewinnung sind. Die Auflistung beginnt bei der Kategorie, mit der wir uns üblicherweise am einfachsten selbstversorgen können und endet dort, wo meist nur mit viel Platz, Zeit und teilweise auch maschinellem Einsatz eine vollständige Selbstversorgung erreicht werden kann. Die Reihenfolge ist im Einzelfall diskutierbar, da natürlich die Besonderheiten eines Grundstücks und seiner BewirtschafterInnen dazukommen:

Die Kräuter stehen deshalb am Anfang, weil mit wenig Fläche und Zeitaufwand ein Jahresvorrat produziert werden kann. Sie eignen sich also sehr gut zum Einstieg in die Selbstversorgung. Auch Obst, Nüsse und Beerenpflanzen sind, wenn Bäume und Sträucher einmal Früchte tragen, relativ pflegeleicht und schon wenige davon können große Erträge liefern. Ein oder zwei Bienenstöcke im Garten können bereits einen Jahresvorrat an Honig einbringen, was aber Know-how braucht. Wer gern Pilze isst, kann Holzstämme und andere Substrate im Garten und Haus mit Pilzmyzel impfen und mit etwas Geduld regelmäßig Speisepilze ernten. Beim Gemüse gibt es große Unterschiede im Platz- und Arbeitsaufwand. Es ist z.B. relativ einfach sich mit Zucchini, Kürbis und Mangold selbst zu versorgen, bei den Küchenklassikern Karotten, Zwiebeln und Knoblauch braucht ein Jahresvorrat aber bereits relativ viel Platz. Wenn genug Platz für den Anbau und die Lagerung vorhanden ist, ist die Selbstversorgung mit Kartoffeln gut möglich, da diese im besten Fall viel Ertrag pro Fläche bringen. Sie sind deshalb ideal für unsere Kohlenhydratversorgung, vor allem wenn man sie mit Getreidearten vergleicht, die für vergleichbare Mengen ca. das 10-fache des Platzes brauchen und zusätzlich noch einen gewissen Ernte- und Aufarbeitungsaufwand haben. Die Legetätigkeit bei Hühnern und Enten ist jahreszeitlich gestaffelt, wenn wir ohne energieaufwändige Wärmelampen auskommen wollen (hoch im Frühjahr und Frühsommer, gering bis ausgesetzt im Herbst und Winter). Hühner und Enten brauchen rund ums Jahr artgerechtes, im Idealfall selbst produziertes Futter, reichlich geeigneten Auslauf und natürlich muss man Zeit und Liebe für die Geflügelhaltung haben. Wenn das Grundstück, das man bewirtschaftet, die geeigneten Möglichkeiten bietet, kann man natürlich neben Geflügel auch Fisch für die Selbstversorgung halten – und hier ist ebenfalls Sorgfalt und Wissen nötig, um einen artgerechten Lebensraum zur Verfügung zu stellen. Schlussendlich kommen wir bei den Dingen an, die wirklich viel Platz, Aufwand, Ausstattung, Knowhow und/oder Zeit brauchen, um sich mit ihnen selbstversorgen zu können und auch um alle Rohstoffe, die für ihre Produktion nötig sind, zu produzieren. Ölfrüchte, Faserpflanzen, Fleisch und Baumaterialien gehören in diese Kategorie. Hier sind Kooperationen mit lokalen, darauf spezialisierten ProduzentInnen meist die einfachere und sinnvollere Variante.

Insgesamt ist es wichtig, nicht nur die persönliche Selbstversorgung mit selbst produzierten Produkten zu sehen und anzuvisieren. Es geht in der Permakultur vor allem auch um lokale und regionale Kooperationen. Meiner Meinung nach ist es viel wichtiger, in guten Beziehungen zueinander zu stehen und Lebensmittel und andere Güter unter fairen Bedingungen zu tauschen und zu teilen, als alles selbst zu produzieren, da das entweder kaum möglich oder sehr aufwändig ist und zu Abschottung führt.

SELBSTVERSORGUNGSPYRAMIDE

Aufwand (Zeit, Platz, Wissen, Energie)

Ölfrüchte – pflanzliche & tierische Fasern – Baumaterialien – Fleisch & Milch von größeren Tieren

Fisch, Geflügelfleisch

Getreide

Eier

Gemüse & Kartoffeln

Honig & Pilze

Beeren, Obst & Nüsse

Küchen-, Tee- & Heilkräuter

Von der Analyse zum Entwurf: Dein Weg zur Revolution.

Im nächsten Planungsschritt wird nun ausgewertet, analysiert und mittels der Anwendung der Permakultur-Gestaltungsgrundsätze ein Entwurf des Permakultur-Systems entstehen.

Für die Auswertung werden nun die eingeholten Informationen über den Ort und die Menschen gesichtet, verglichen, geordnet und zusammengefasst:
Versuche mit deinen gesammelten Informationen diese Fragen zu beantworten:

Welche Bedürfnisse sollen durch die
Um- oder Neugestaltung erfüllt werden?

Was ist für die einzelnen Personen vorrangig?

Wie gut sind die genannten Wünsche
miteinander vereinbar?

Wie können die Eigenschaften des
Grundstücks zusammengefasst werden?

Was ist besonders prägend?

Welche Ressourcen/Strukturen
sind bereits vorhanden?

Mit dieser Auswertung kann im Idealfall eine gemeinsame Vision formuliert werden, die auch schon eine Wunschliste an Elementen und eine Skizze enthält.

Die Vision für einen kleineren Familien-Stadtgarten könnte zum Beispiel so aussehen (oder auch ganz anders ...):

„Unser Stadtgärtchen bietet auf kleinstem Raum eine Oase voller Leben, in der es immer etwas zu ernten und zu beobachten gibt. Wir nutzen vorhandene oder getauschte Ressourcen wie Regenwasser, Baumaterialien, Saatgut, organische Abfälle und Mulch, um unseren Garten zu versorgen, dafür gibt er uns frisches biologisches Obst und Gemüse sowie auch diverse Kräuter in kleineren und manchmal auch größeren Mengen. Wir nutzen unseren Garten als erweiterten Wohnraum, genießen die Zeit im Freien und freuen uns über die Früchte unserer Arbeit. Und wir sind nicht die einzigen, die sich hier wohlfühlen, denn es summt, surrt, zirpt, zwitschert und quakt ... und wir lernen immer mehr, unsere nicht menschlichen Mitbewohner beim Namen zu nennen."

Die dafür nötigen Gartenelemente könnten sein: Gemüsebeet, Regenwasserspeicher, Obstwiese, Kräuterbeet, Sitzplatz mit Außenküche, Naturspielplatz, Gartenteich, Kompostanlage, Wildniszone. Diese können auch bereits in einer ersten Skizze eingezeichnet werden.

Mit dieser Fülle an Informationen, an Gestaltungsideen und deiner Vision bist du nun bereit im nächsten Schritt dein Permakultursystem zu entwerfen!
Die Anwendung der Permakultur-Gestaltungsgrundsätze hilft dir dabei, ein langlebiges, gesundes, vielfältiges und faszinierendes Permakulturparadies entstehen zu lassen.

Wecke den/die Architekten/in in dir.

Planen, planen, planen. Ein tolles Gefühl. Und wer träumt nicht davon, einmal selbst ein ganzes Wohnhaus zu skizzieren und dann auch noch zu bauen? So richtig von Grund auf, sozusagen. Weil man jedoch oft schon ein Zuhause hat und Häuser bauen ein zeit- und ressourcenaufwändiges Projekt ist, könnte man seine/ihre ArchitektInnenträume für jemanden anderes nutzen: z.B. für Insekten, Igel oder Vögel? Die lieben es nämlich, wenn sie in unseren Gärten ein Plätzchen für sich bekommen. Die Miete gibt's dann in Form von fleißiger Mitarbeit im Garten.

Ein letzter Schliff und die Igelburg ist bald bezugsfertig

Eine Igelbehausung zum Beispiel dient als Schlafplatz während des Tages und als trockener, geschützter Ort während des Winterschlafs. Igel verkriechen sich zu diesem Zweck gern in trockenen, dunklen Nischen und bleiben am liebsten unbemerkt. Ein Holzstapel oder Totholzhaufen, unter dem sich eine ausreichend große Höhle auf Bodenniveau mit kleinem Eingang birgt, in der sich kein Wasser sammeln kann und die vielleicht sogar mit Laub oder Heu ausgepolstert ist, wird von Igeln gern angenommen. Für die nötige Trockenheit ist gesorgt, wenn man eine leichte Senke gräbt, diese mit Schotter oder grobem Sand füllt und danach mit Ästen und Laub aufschichtet. Auch eine Konstruktion aus Ästen und Laub ist denkbar, wenn auch nicht so lange haltbar wie die aus stärkerem Holz. Wichtig für den Igel ist auch die angrenzende Infrastruktur: Er bevorzugt eine Hecke als Korridor zum Wandern und einen vielfältigen Garten, wo er genug Nahrung wie z.B. Schnecken, Insekten, Mäuse, Frösche usw. zum Abendessen findet. Wasser trinkt er gern aus Blumenuntersetzern oder an Teichufern. Wichtig ist, dass alle größeren Wasserstellen auch eine Ausstiegshilfe haben, damit kein Igel ertrinkt. Igel sind nachtaktiv und haben ein fixes Revier, mit etwas Glück trifft man sie abends immer an einer ähnlichen Stelle ihres nächtlichen Rundgangs an. Sie lassen sich meist von unserer Anwesenheit nicht stören, sondern suchen schmatzend nach Nahrung.

Gestalte deinen Permakulturgarten mit diesen 12 Gestaltungsgrundsätzen!

Bill Mollison und David Holmgren haben im Laufe ihrer permakulturellen Projekterfahrungen eine Reihe von Gestaltungsgrundsätzen formuliert. Einige von David Holmgren wurden oben bereits als permakulturelle Herangehensweise präsentiert (Seite 38). 12 weitere, auf Bill Mollisons „Handbuch der Permakulturgestaltung" basierende werden nun vorgestellt (ausführlich im Arbeitsbehelf „Permakultur-Projekte gestalten" von der Permakultur-Akademie im Alpenraum nachzulesen). Sie eignen sich besonders gut für die Planung von Gärten, Landwirtschaften und sonstigen Grünflächen, begleiten die Planung und Gestaltung von Permakultursystemen durch alle Phasen, dienen als Planungswerkzeug am Beginn und unterstützen beim Umgestalten und Optimieren bestehender Systeme. In Permakulturgärten sind all diese Gestaltungsgrundsätze in einer zum Garten und dessen NutzerInnen passenden Form umgesetzt. Sie erleichtern den effektiven Einsatz von Energie, Ressourcen und Zeit, fördern das harmonische Miteinander der Systemelemente und all ihrer BewohnerInnen und sorgen außerdem dafür, dass auch die Natur ihren verdienten Platz bekommt.

#1 Erfasse die verschiedenen Sektoren deines Grundstücks und nutze diese räumlichen Gegebenheiten möglichst effektiv:

Nimm deinen Grundstücksplan und ergänze die bereits vorhandenen Strukturen um die äußeren Einflussfaktoren: Angaben zur Exposition (also die Ausrichtung deines Grundstückes oder Teilen davon in eine oder mehrere Himmelsrichtungen), Hangneigungen, Bereiche die besonders sonnig, schattig, trocken oder feucht sind, die Hauptwindrichtung, besonders windexponierte Kuppen, windgeschützte Senken, Wasserwege, Frostsenken, aber auch Nährstoffquellen, Straßenstaub, Lärmquellen und besonders gute oder schlechte Aussichten bzw. Sichtachsen. All diese Einflüsse ermöglichen die Einteilung deines Grundstücks in mehrere räumliche

Sektoren, die dir dabei helfen die Energieflüsse und Eigenheiten möglichst effektiv zu nutzen. Die Sektoren helfen bei der Auswahl und Verortung der passenden Gestaltungselemente: Ein Kräuterbeet und ein Hochbeet brauchen einen sonnigen Standort, eine Laufentenschar einen großen, teilweise schattigen Auslauf mit Wasserzugang usw.

#2 Teile dein Grundstück in 5 Zonen unterschiedlicher Nutzungsintensität ein und spare so Zeit, Energie und Ressourcen:

Die Einteilung in 5 Zonen unterschiedlicher Nutzungs- und Bewirtschaftungsintensität, in die die Gartenelemente eingefügt werden, hilft durch die so entstehenden möglichst kurzen, sinnvollen Wege deine Arbeitskraft, Zeit und den sonstigen Ressourceneinsatz zu reduzieren. Die 5 Zonen sind:

Zone 1 – die täglichen Wege rund ums Haus. Hier sind alle Elemente zu finden, die entweder täglich Pflege brauchen oder täglich genutzt werden oder uns einfach Freude bereiten, wie z.B. ein Frisch-Gemüsebeet (mit Gemüse, das wir gern direkt vor dem Verkochen ernten möchten wie z.B. Spinat, Mangold, Radieschen usw.), eine Kompostanlage für Küchenabfälle, ein Regenwasserspeicher, eine Terrasse mit Sitzgelegenheiten, ein Hühner- oder Entenstall usw.

Zone 2 – regelmäßig besuchte Elemente, die schon etwas selbstständiger sind. Hier könnten Gemüsebeete mit Kulturen zu finden sein, die nicht täglich besucht und beerntet werden müssen, z.B. Beete mit Kohl, Kürbissen, Karotten, Zwiebeln & Co., aber auch Nasch-Beerenhecken, ein Gartenteich, eine Mulchwiese und der Auslauf der Enten oder Hühner.

Zone 3 – wenig intensiv genutzte Bereiche, die sehr selbstständig sind und nur zu bestimmten Zeiten im

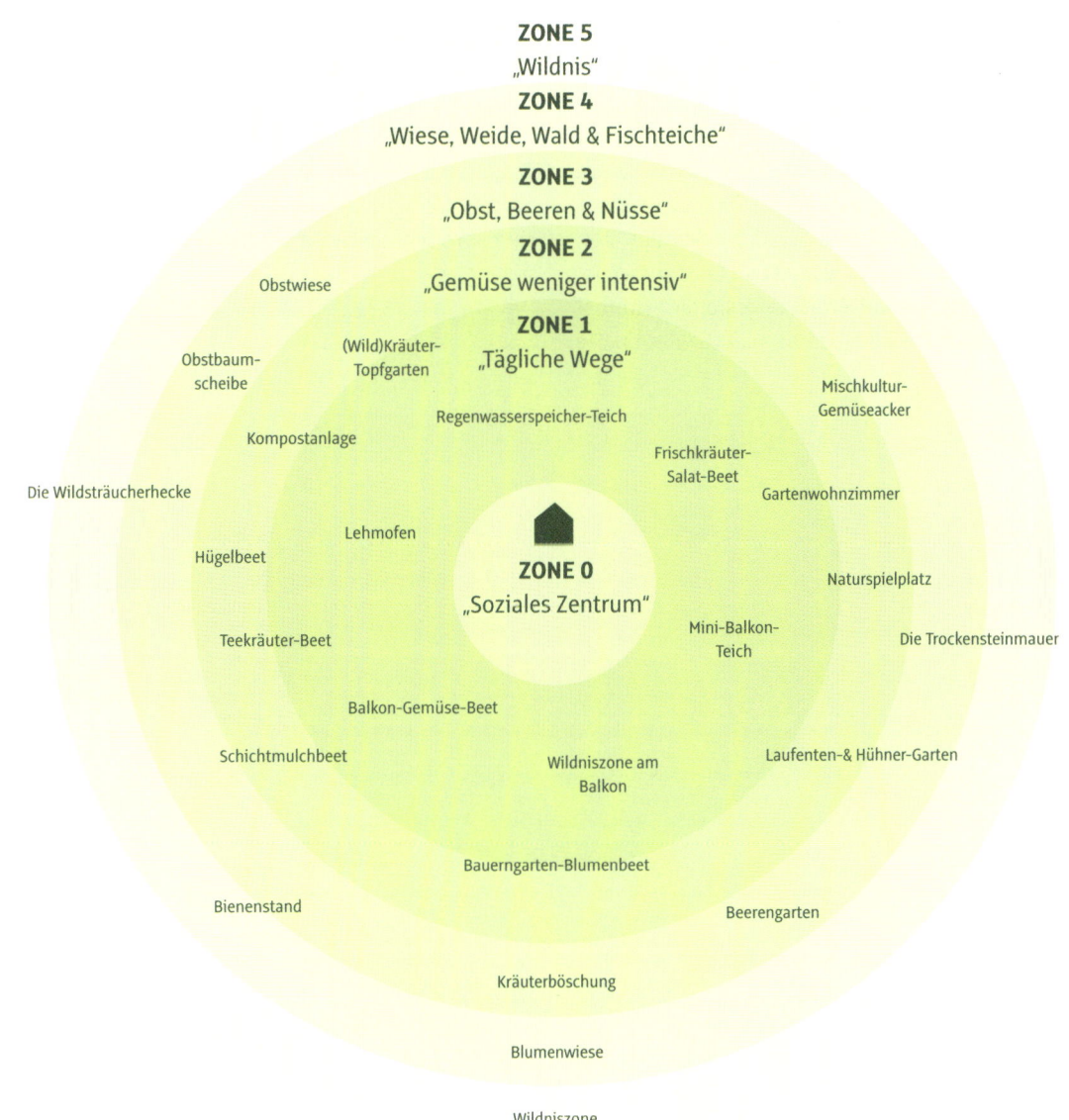

ZONE 5
„Wildnis"
ZONE 4
„Wiese, Weide, Wald & Fischteiche"
ZONE 3
„Obst, Beeren & Nüsse"
ZONE 2
„Gemüse weniger intensiv"
ZONE 1
„Tägliche Wege"

ZONE 0
„Soziales Zentrum"

Obstwiese

Obstbaum-scheibe

(Wild)Kräuter-Topfgarten

Mischkultur-Gemüseacker

Regenwasserspeicher-Teich

Kompostanlage

Frischkräuter-Salat-Beet

Gartenwohnzimmer

Die Wildsträucherhecke

Lehmofen

Hügelbeet

Naturspielplatz

Teekräuter-Beet

Mini-Balkon-Teich

Die Trockensteinmauer

Balkon-Gemüse-Beet

Schichtmulchbeet

Wildniszone am Balkon

Laufenten-& Hühner-Garten

Bauerngarten-Blumenbeet

Bienenstand

Beerengarten

Kräuterböschung

Blumenwiese

Wildniszone

Jahr unsere verstärkte Aufmerksamkeit brauchen. Hierzu zählen Obstbäume und Beerensträucher, die v.a. zur Erntezeit und zum Schnitt öfter aufgesucht werden, Äcker, auf denen z.B. Kartoffeln angebaut werden, und Blumen-/Wiesenflächen, die nur einmal im Jahr gemäht werden.

Zone 4 – hier wird's wirklich extensiv. In diesem Bereich ist z.B. eine Wildsträucherhecke, ein größerer Teich und eine Baumgruppe zu finden, die nur selten genutzt werden, oder eine magere Blumenwiese, die nur einmal im Jahr zur Mulch- oder Kräuterheugewinnung gemäht wird. In der Zone 4 haben Wildtiere und -pflanzen schon mehr das Sagen als wir.

Zone 5 – die Wildniszone (siehe Seite 233). Die Natur hat hier alleiniges Nutzungsrecht und wir überlassen ihr einen Bereich, der zumindest 1/5 der verfügbaren Fläche ausmacht. Jedes Permakultursystem, ob groß oder klein, hat diese 5. Zone – sie ist zentral für die Idee der Permakultur. Im Idealfall liegt die Wildniszone möglichst weit weg vom Haus und unserem Aktionsbereich, sodass wir gar nicht auf die Idee kommen, sie uns wieder anzueignen. Nicht betreten und nicht nutzen heißt aber nicht „nicht hinschauen"! – Aussichtspunkte für Naturbeobachtung bieten sich an der Grenze zur benachbarten Zone besonders an und sind auch wunderbar um die Ruhe und das Vogelgezwitscher zu genießen.

Die Größe der Zonen 1 bis 4 hängt sehr stark von den persönlichen Vorlieben und den Eigenschaften des Grundstücks ab. Bei kleineren Grundstücks können die Zonen 2 bis 4 auch zusammengefasst werden. Um die Wildniszone führt kein Weg herum, hier geben wir der Natur einen Teil ihres Raumes zurück.

#3 Entdecke die nützlichen Beziehungen zwischen Gartenelementen und bedenke dahingehend ihre räumliche Anordnung

Hier geht's um das Erkennen und Einbeziehen der nützlichen Beziehungen zwischen Gartenelementen. Sie ermöglichen es dir, die gewünschten Elemente sinnvoll im Rahmen der Sektoren und Zonen deines Grundstückes anzuordnen. Jedes Element hat einerseits Bedürfnisse, um gut funktionieren zu können, und liefert andererseits Produkte, die für andere Elemente und Lebewesen wertvoll sind. Je intensiver die positive Wechselwirkung zwischen zwei Elementen ist, desto wichtiger ist es, sie räumlich zu verbinden. Es gibt allerdings auch Elemente, deren Produkte und Bedürfnisse in keiner Übereinstimmung zueinanderstehen, sie sollten also keinesfalls nebeneinander sein. Mit der sogenannten Funktionsanalyse kannst du das komplexe Beziehungsgeflecht unter den Elementen sichtbar zu machen:

DIE PRODUKTE DES EINEN ELEMENTS STILLEN DIE BEDÜRFNISSE DES ANDEREN ELEMENTS

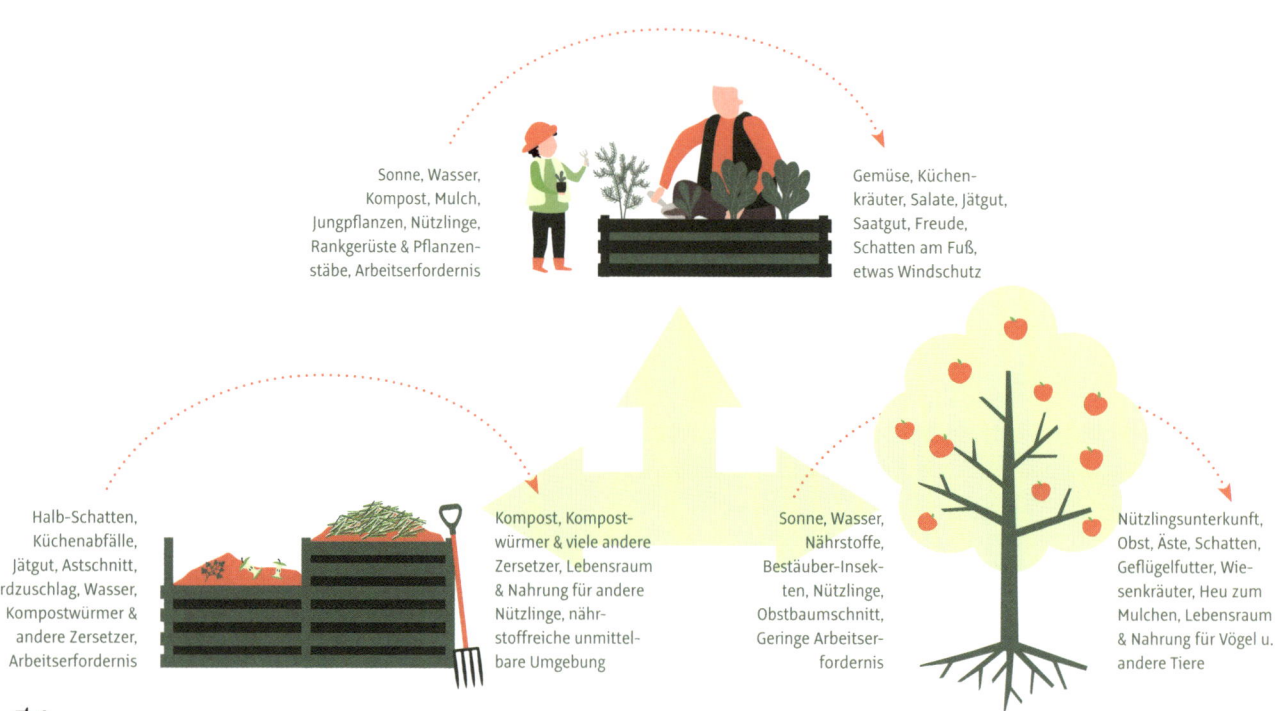

Sonne, Wasser, Kompost, Mulch, Jungpflanzen, Nützlinge, Rankgerüste & Pflanzenstäbe, Arbeitserfordernis

Gemüse, Küchenkräuter, Salate, Jätgut, Saatgut, Freude, Schatten am Fuß, etwas Windschutz

Halb-Schatten, Küchenabfälle, Jätgut, Astschnitt, Erdzuschlag, Wasser, Kompostwürmer & andere Zersetzer, Arbeitserfordernis

Kompost, Kompostwürmer & viele andere Zersetzer, Lebensraum & Nahrung für andere Nützlinge, nährstoffreiche unmittelbare Umgebung

Sonne, Wasser, Nährstoffe, Bestäuber-Insekten, Nützlinge, Obstbaumschnitt, Geringe Arbeitserfordernis

Nützlingsunterkunft, Obst, Äste, Schatten, Geflügelfutter, Wiesenkräuter, Heu zum Mulchen, Lebensraum & Nahrung für Vögel u. andere Tiere

Nützliche Beziehungen zwischen den Elementen sind das Um und Auf!

organische Abfälle aus der Küche → Verwertung auf der Kompostanlage zu Komposterde → z.B. für Jungpflanzen im Glashaus → braucht einen sonnigen, geschützten Standort an einer überdachten Hauswand → am Hausdach wird Regenwasser gesammelt → Gießwasser für Beete

Erstelle eine Liste deiner gewünschten Gartenelemente und benenne ihre jeweiligen Bedürfnisse und Produkte, soweit du sie abschätzen kannst. Stelle die Gartenelemente dann einander gegenüber und gleiche ab, welche Bedürfnisse durch die Produkte anderer Elemente erfüllt werden können. Ziel ist es, keinen unverwerteten Abfall und keine ungestillten Bedürfnisse entstehen zu lassen. Deshalb ist jetzt auch der richtige Zeitpunkt, um auf Elemente zu verzichten, die zu wenige nützliche Beziehungen aufweisen, oder um neue einzuplanen, die sinnvolle Beziehungen entstehen lassen.

Beispiele für Elemente, die sich nicht miteinander vertragen, sind:

» magere Blumenwiesen und nährstoffreiche Böden, z.B. in Beeten oder im Umfeld einer Kompostanlage -> die Magerwiese wird durch zu viele Nährstoffe zerstört

» Laufenten bzw. Hühner und Magerwiesen, Blumenbeete mit Nützlingsunterkünften, Gemüsebeete -> diese Geflügelarten sind Insekten- und Salatliebhaber und lassen kein Häppchen aus, während sie fleißig den Boden düngen.

4# Multitasking ist gefragt – jedes Element erfüllt mehrere Funktionen und jede wichtige Funktion wird von mehreren Elementen erfüllt

Jedes Element im Permakulturgarten muss mehrere wichtige Funktionen erfüllen, um einen Platz im System zu bekommen. Eine wertvolle Wildsträucherhecke liefert zum Beispiel nicht nur Sichtschutz, Windschutz und Schatten, sondern auch Blüten für Insekten, Früchte und Nüsse für Vögel und Menschen, bietet Brutplätze, Stecklinge, Bastelmaterial und Brennholz – ein wahres Multifunktionselement also!

Außerdem muss jede wichtige Funktion von mehreren Elementen erfüllt werden. Frisches Obst und Gemüse kommt etwa aus der Streuobstwiese, dem Gemüsebeet, dem Hochbeet, dem Glashaus usw. Regenwasser wird z.B. in mehreren Speichern gesammelt wie in Zisternen, Teichen, Tonnen, aber auch in lebendigem, humusreichen Boden unter der Mulchschicht.

#5 Beschäftige biologische MitarbeiterInnen und kümmere dich gut um sie

Viele Tiere und Pflanzen unterstützen mit ihren Lebensweisen die Gartenarbeit. Ihnen ein dauerhaftes Zuhause zu bieten, ist deshalb eine Win-win-Situation. Durch ihren Einsatz können wir viel Energie und Arbeitskraft sparen und gleichzeitig die Vielfalt der nützlichen Beziehungen im System erhöhen.

Hier einige Beispiele, wobei diese unendlich erweiterbar sind:

» Regenwürmer lockern den Boden auf, was wichtig für die Belüftung und den Wasserabfluss ist, außerdem erzeugen sie wertvollen Dauerhumus.

» Gründüngungspflanzen begrünen den Boden in Zeiten, wo Flächen nicht für Erntekulturen genutzt werden (z.B. über den Winter). Sie lockern mit ihren Wurzeln die Erde auf, verhindern Bodenabschwemmung, halten Wasser und Nährstoffe im Boden und unterstützen den Humusaufbau.

» Laufenten fressen unter anderem Nacktschnecken. Hühner lieben Insekten und halten damit im Obstgarten die Entwicklung von Apfelwickler und Co. in Schach. Beide fressen außerdem gerne Beikräutersamen und produzieren Dünger.

» Marienkäfer und ihre Larven, Schwebfliegenlarven, Florfliegenlarven und Ohrwürmer lieben Pflanzenläuse, sie halten deshalb ihre Populationen unter Kontrolle.

» Mikroorganismen im Mulch und Kompost arbeiten fleißig am Abbau organischen Materials und produzieren wertvolle Nährstoffe, außerdem können sie potentielle Schaderreger, die Pflanzen infizieren könnten, verdrängen. So hilft die Mulchschicht z.B. auch gegen die gefürchtete Braunfäule bei Tomaten oder Kartoffeln.

#6 Schaffe möglichst enge Kreisläufe von Material und Energie

Wie in natürlichen Ökosystemen ist auch im Permakulturgarten das Recycling von Stoffen, Wasser und Energie ausschlaggebend dafür, dass das System langfristig weiterbestehen kann, dass es also möglichst stabil und produktiv ist und seine Akteure kontinuierlich mit lebensnotwendigen Ressourcen versorgen kann. Die einzelnen Elemente sind dabei auf unterschiedlich intensive Weise durch den Stoff-, Wasser- und Energiekreislauf miteinander verbunden. Beispiele dafür sind die Kompostwirtschaft – denn ein Garten ohne Kompost ist wie ein Mensch ohne Verdauungstrakt –, die Regenwasserwirtschaft – Wasser sammeln, speichern, am Grundstück halten und möglichst sauber wieder abgeben –, die Saatgutvermehrung von Gartenpflanzen und die Wiederverwendung und das Recycling von Materialien und Maschinen. Das Ziel ist es, den Wert vorhandener Ressourcen zu erkennen und möglichst wenig Abfall zu produzieren.

#7 Vielfalt als Prinzip!

Permakulturgärten und -balkone sind vielfältig. Vielfalt an Pflanzen- und Tierarten, an nützlichen Beziehungen, an Materialien, Beetformen, Geländeformen, an Ernten und Nutzungsmöglichkeiten – sie macht das System langlebig, widerstands- und selbstregulierungsfähig und bringt zusätzlich für uns NutzerInnen eine Minimierung des Risikos bei z.B. Ernteausfällen. Die Vielfalt im Garten sorgt dafür, dass immer etwas zu ernten da ist, und die Vielfalt an Ideen und Möglichkeiten macht aus jeder Ernte etwas ganz Besonderes.

#8 Konzentriere dich auf kleine Flächen, nutze sie möglichst intelligent und gib der Natur Raum zurück!

Die zentrale Aufgabe der Permakultur ist die möglichst effektive Nutzung möglichst kleiner Flächen, um im Gegenzug größere Flächen der Natur wieder zurückzugeben, auf denen der Weiterbestand natürlicher Lebensräume bzw. die Wiederbesiedelung aufgelassener Nutzflächen ohne unsere ständige Einmischung ermöglicht werden kann. Die Zonen intensiver Nutzung, Gestaltung und Ernte sollen dabei so nah wie möglich am Haus bzw. an unseren Siedlungen sein, einerseits aufgrund kurzer Arbeitswege und andererseits um der Natur ungestörten Raum zu überlassen.

#9 Schichten & Stapeln

Durch das Übereinanderschichten und -stapeln von Kulturen, zeitlich wie räumlich gesehen, und auch durch Mehrfachnutzungen von Gartenelementen kann die von uns genutzte Fläche bzw. unser Flächenbedarf stark reduziert werden. Was für GärtnerInnen mit kleinen Flächen besonders wichtig scheint, macht auch Sinn für größere Flächen, aus arbeitstechnischen Gründen, aber eben auch zugunsten der Natur und der Wildniszone.

....

» Räumliches Stapeln: Nutzung von Mauern, Fassaden und Böschungen, Anlage von Baumscheiben-Beeten usw.

....

» Zeitliches Stapeln: Anbau von zeitlich aufeinanderfolgenden Kulturen, der sich zum Teil auch überschneidet – zu keiner Jahreszeit ist das Beet ungenutzt.

....

#10 Lass Sukzession zu und fördere sie

Sukzession beschreibt die natürliche Abfolge von Pflanzen- und Tiergemeinschaften, die sich an einem Standort ansiedeln, und ist ein eindeutiges Merkmal lebendiger Systeme, weshalb sie auch im Permakulturgarten nicht fehlen darf. Üblicherweise entwickelt sich eine Fläche ausgehend von eher artenarmen Primärbesiedlern zu einem artenvielfältigen Zusammenspiel an Pflanzen, um dann mit der Zeit in eine Phase überzugehen, in der eine leicht reduzierte Vielfalt an langlebigen Pflanzen das System prägt, bevor es durch eine Störung (Sturm, Hochwasser, Brand, Erdrutsch, menschliche Eingriffe) wieder in einen neuen Sukzessionszyklus kommt. Durch das Zulassen von Sukzession auf bestimmten Flächen kannst du die Artenvielfalt – seien es Pflanzen oder Tiere – erhöhen, beobachten, welche Arten sich von selbst einbringen, welche Orte sie sich dafür aussuchen und herausfinden, woher sie kommen, und deine Artenkenntnis schulen. Eingreifen solltest du nur, wenn sich invasive Pflanzen ausbreiten oder Gartenbereiche wieder artenärmer werden, z.B. verbuschende Wiesen.

#11 Erkenne und nutze Randzoneneffekte

An Randzonen begegnen sich verschiedene Lebensräume und es findet besonders intensiver Austausch zwischen diesen statt. Beispiele aus der Natur sind etwa der natürliche Waldsaum oder der Uferbereich von Gewässern. Viele Lebewesen aus den angrenzenden Bereichen treffen hier aufeinander und nutzen den reichen Ressourcenfluss, um zu wachsen und sich zu vermehren. Deshalb sind Randzonen sehr produktiv, vielfältig und daher auch nützlich für die Gestaltung von Permakultursystemen. Besonders wichtig für die Wirkung des Randzoneneffekts sind die Formen und Strukturen, die sich aus dem Zusammentreffen der Lebensräume ergeben, sie ermöglichen erst den vielfältigen Austausch. Randzonen im Garten, die bewusst genutzt werden sollten, sind z.B. Teichränder, Wegränder, Hecken, Böschungen, Beetbegrenzungen usw. Ein Teichufer eignet sich wegen des verstärkten Lichtgenusses und der erhöhten Luftfeuchtigkeit z.B. sehr gut für eine üppige Bepflanzung mit Kräutern, Blumen und Sträuchern und es zahlt sich aus, den positiven Effekt durch ein geschwungenes Teichufer noch zu vergrößern.

Muster entstehen z.B. durch Wachstum oder Verwitterung

#12 Beobachte die Muster der Natur und leite Zusammenhänge von Form und Funktion für deine eigenen Gestaltungen ab

Muster in der Natur sind nicht nur schön, sondern sie haben eine Ursache. Oft ist nach eingehender Betrachtung ein klarer Zusammenhang zur Erfüllung einer bestimmten Funktion erkennbar, wobei die Lösungsansätze vielgestaltig sein können.

Verzweigungsmuster in Laubblättern oder Samen- und Fruchtformen sind Anpassung, die die Organismen zum Überleben in ihrer Umwelt befähigen. Sie beziehen sich meist auf die Aufrechterhaltung der wichtigsten Kreisläufe des Lebens, also der Weitergabe und Nutzung von Material, Wasser, Energie und Information. Auch ganze Landschaften weisen Muster auf, die nicht zufällig sind: Geologie und Plattentektonik, Klimaschwankungen und die Kräfte von Wasser, Wind und Erosion formen das Terrain, die Aktivitäten der es bewohnenden Lebewesen prägen und gestaltet es dann weiter, ob Alpensee, Flusstal, Vorstadtsiedlung oder Kleingarten – in den Mustern gibt es jede Menge zu entdecken.

Das Beobachten von Formen in der Natur, das Lesen von Mustern in der Landschaft und die Einbeziehung und Nutzung dieser Informationen für die Gestaltung von Permakultursystemen ist eine ganz besondere Aufgabe, in der wir immer Lernende bleiben werden, da die Natur noch viele Geheimnisse birgt. Wichtig ist es, mit der Beobachtung und dem Lernen zu beginnen, denn wir beeinflussen mit all unseren Gestaltungen immerzu die Muster und deshalb auch die Funktionen der Natur und der Lebensprozesse.

Und jetzt das Finale zum fertigen Entwurf

Du bist jetzt im Planungsprozess schon sehr weit fortgeschritten, hast viele Informationen gesammelt, deine Ideen und Vorstellungen zu einer Vision zusammengefasst, dein Grundstück besser kennengelernt und einen Plan angefertigt sowie eine gut durchdachte Liste an Gartenelementen zusammengestellt. Sie auch passend auf dem Grundstück zu verorten und räumlich zu verbinden, ist eine wesentliche Aufgabe, bei der dir vor allem

Elemente ausschneiden, am Plan passende Orte suchen und immer wieder verschieben: Dabei spielst du im Kopf alle möglichen Szenarien durch.

die Gestaltungsgrundsätze helfen können. Ein Tipp, wie dir das Finden der besten Anordnung leichter fällt, ist, die Umrisse der geplanten Elemente maßstabsgetreu zu zeichnen, auszuschneiden und sie auf dem Plan des bestehenden Grundstucks beliebig zu verschieben. So können alle Möglichkeiten, die in Frage kommen, durchgespielt werden, aber auch außergewöhnliche Kombinationen ausprobiert und durchdacht werden. So werden z.B. insbesondere die möglichen Kreisläufe des Wassers und der Nährstoffe nochmal genauer unter die Lupe genommen, die täglichen Wege und Aufenthaltsbereiche der GartennutzerInnen gedanklich auf ihre Funktionstüchtigkeit erprobt und die verschiedenen Alternativen durchgespielt, bis eine für alle geeignete Lösung gefunden ist.

Die verschiedenen Versionen des Plans können fotografiert und verglichen werden, bis eine sich als die passendste herauskristallisiert. Dann können die Elemente festgeklebt und der Plan noch um alle für die Umsetzung wichtigen Details ergänzt werden.
Natürlich ist es nicht zwingend nötig und oft auch nicht zielführend, alle Elemente schon zu Beginn festzulegen und zu verorten, da sich oft erst durch das Tun und Beobachten besonders praktische Anordnungen ergeben, Wünsche und Ideen auftauchen und andere doch wieder verworfen werden. Ein Schritt für Schritt wachsender Permakulturgarten kann flexibler auf natürliche Herausforderungen reagieren, als ein in einem Zug „fertiggestellter" Garten.

Brich die Regeln:

„Alles in Ordnung" ist nicht genug!

~~~~~~~

Die muss schon was können, die Ordnung – erst recht im Garten.

Und oft wär es besser, sie mal sein zu lassen, damit unsere Mitlebewesen auch sein können. Wir dürfen uns auch manchmal fragen, woher die so oft geforderte Ordentlichkeit auf vielen Grünflächen kommt und wofür sie steht? Für Angst vor der Natur? Der Wildnis? Dem eigenen Wildsein? Gestaltung ist das Streben nach einer sinnvollen Ordnung unserer Ressourcen, Zeit, Energie, Grundstücke und Dinge. Und gerade dieses „sinnvoll" ist der Knackpunkt. Die Rasenkulturen in Gärten, Parks und anderen öffentlichen Räumen zeigen nicht nur sinnarme Ordnung auf – immerhin kann man/frau dort Fußball spielen –, sondern verbrauchen auch Energie, Ressourcen und Arbeitszeit, die um vieles nützlicher eingesetzt werden könnten – für die Gestaltung einer enkeltauglichen Welt nämlich! Also spreng deinen Rasen und lass deinen Gedanken freien Lauf – was kann ich tun, wo liegen meine Handlungsspielräume und wie setze ich meine Energie sinnvoll ein?

Ahoi Revolution!

Was SeefahrerInnen mit Permakultur zu tun haben? So einiges. Sich einlassend auf die Kräfte der Natur sind die nämlich einfach drauf losgezogen, ohne viel auf die Ängste ihrer Mitmenschen zu hören, mit einem Ziel vor Augen und einer gehörigen Portion Mut in der Tasche. So ist das eben bei RevolutionärInnen. PermakulturistInnen bleiben zwar öfter an Land und sind im Umgang mit Mitmenschen und Grundstücken glücklicherweise achtsamer, als so manche/r SeefahrerIn es war, aber eine Revolution führen sie doch im Sinne. Revolution heißt übrigens laut Duden u.a. eine „verdrängende, grundlegende Neuerung" bzw. „eine tief greifende Wandlung". Und genau das soll es sein, wenn es um unsere Lebensmittelproduktion, unsere Grünraumgestaltung und um unsere Landnutzung insgesamt geht: Weg von sinnlosen Konventionen wie kurz geschorenem Rasen, kugelförmi-

gen Ziersträuchern und Betonwüsten, weg von Pestiziden, Herbiziden, hochtechnisiert produzierten Pflanzen, Tieren, Samen und Düngemitteln, weg vom verstaubten Ordnungsbild, vom Konsum, der überall die Hände nach uns ausstreckt, und den dazugehörigen blinden Vorgehensweisen. Wir sind nicht blind und begeben uns mutig mitten hinein in die Netzwerke der Vielfalt, die die Natur uns bietet. In der enkeltauglichen Welt, für die wir uns einsetzen, herrscht nicht mehr Gedankenlosigkeit als prägende Eigenschaft der Bevölkerung vor, sondern Mitverantwortung und achtsamer, fairer Umgang mit natürlichen und vom Menschen produzierten Ressourcen, mit Zeit und Energie.

Also endlich mal wieder wild sein, wild bleiben und dabei auch noch Gutes tun? Unvergleichlich!

Los geht's: Bau dir dein eigenes essbares Permakultursystem!

Es ist nun so weit – dein Entwurf geht in die Umsetzungsphase über und auch diese will gut durchdacht sein! Je nach Umfang deines Gestaltungsvorhabens und den sonstigen Gegebenheiten wie Zeitbudget, Materialverfügbarkeit und andere Ressourcen kann die Umsetzung entweder Schritt für Schritt über einen längeren Zeitraum hinweg oder, vor allem bei kleineren Projekten, auch in einem Zug erfolgen.

Hier folgen einige wichtige Tipps, die dabei helfen sollen, dass alles gelingt wie geplant:

FERTIGE DETAILPLANUNGEN FÜR JEDES GARTENELEMENT AN

Jedes Gartenelement braucht eine Detailplanung, bevor mit der Umsetzung begonnen werden kann. Es hat sich sehr bewährt, solche Pläne für möglichst viele Elemente bereits vorab zu erstellen, auch wenn eine schrittweise Umsetzung vorgesehen ist. Erst dadurch zeigt sich, welche Materialien, welches Know-how und welches Zeitbudget für die einzelnen Elemente nötig sind, und es ergibt sich eine sinnvolle Abfolge oder Kombination mit anderen Teilprojekten.

Zwischen intensiven Planungsphasen niemals das Ausruhen vergessen.

Was sollte eine Detailplanung enthalten?

» Genaue Maße und die Verortung auf dem Grundstück. Um eine bessere Vorstellung vom fertigen Element zu bekommen, können Konturen mit Holzpflöcken, Schnüren oder Sandspuren gekennzeichnet werden.

» die Verbindungen zu anderen Elementen (z.B. Weganbindung, Wasserversorgung usw.)

» Material-, Maschinen- und Werkzeugbedarf: Was ist vorhanden und was muss ich organisieren?

» Zeitbedarf

» Bauplan/Skizze (muss bei kleinen Elementen nicht unbedingt sein) und Arbeitsmethoden

» Umsetzungs-/Ablaufplan: wer, wann, wie, womit

SCHEU DICH NICHT, AUCH MAL SPEZIALISTINNEN ZU RATE ZU ZIEHEN …

Bei Themen wie Gartenteichen, Trockensteinmauern, Pflanzen- und Bodenkunde, Obstbaumschnitt, Bienenhaltung, Geflügelhaltung usw. ist gute Beratung äußerst wertvoll, da hier mit der „trial & error"-Methode oft großer Schaden entstehen kann. Fachleute müssen übrigens nicht immer Profis sein und können z.B. auch innerhalb von Tauschkreisen ihre Dienste anbieten, was den finanziellen Aufwand gering hält und zusätzlich auch Einblick in eine andere Welt bietet – in die Tauschwirtschaft nämlich, in der ganz unabhängig von Geldflüssen Waren und Dienstleistungen innerhalb einer definierten, meist regional begrenzten Gruppe ausgetauscht werden. Ob Unterstützung bei Detailplanungen oder Umsetzungen, Hilfe zu suchen und anzunehmen, zahlt sich oft aus.

DIE SCHRITTWEISE UMSETZUNG BIETET SICH AN

Womit beginnen? – eine gute Frage!

Mit dem fertigen Entwurf des zu gestaltenden Permakulturgartens oder -balkons vor Augen geht es nun darum zu entscheiden, welche Elemente wann umgesetzt werden sollen. Je nach Zeitbudget und persönlichen Vorlieben kann man sich einen Umsetzungszeitraum von mehreren Monaten bis Jahren mit Pausen dazwischen vornehmen, oder anstreben den Großteil in einer intensiven Gestaltungsphase anzulegen. Egal wofür du dich entscheidest, es ist jedenfalls eine gute Idee schrittweise vorzugehen, um die Zeit mit Gartenbaustellen möglichst harmonisch und organisiert angehen zu können.

Es gibt mehrere Möglichkeiten, wie man vorgehen kann, vor allem eine individuell angepasste Kombination aus diesen Vorschlägen macht Sinn:

» Beginne mit den Wasserwegen, dem Nährstoffkreislauf und den Hauptwegen, denn sie versorgen und verbinden in Zukunft deine Kulturen und Gartenelemente miteinander: Kompostanlagen, Regenwasserwege und Wasserspeicher – die Infrastruktur für alles darum herum sozusagen.

» Beginne einerseits die Bedürfnisse eines Ortes zu erfüllen, v.a. wenn es vorhandene Elemente und Strukturen gibt, die dringend Aufmerksamkeit benötigen, weil sie auch angrenzende Bereiche in Gefahr bringen (erosionsgefährdete Hänge z.B.) und lass andererseits auch deine persönlichen Prioritäten zu Wort kommen.

» Bei der Umsetzung kannst du aber auch Stück für Stück, bezogen auf die einzelnen Gartenbereiche, vorgehen, die du bei der Planung festgelegt hast. Auch eine praktische Sache, da so immer schon ein Ort fertig ist, an dem man bereits gärtnern und sich aufhalten kann, und beim gemütlichen Kaffeepäuschen die Möglichkeit hat in eine Richtung zu schauen, in der bereits keine Baustelle mehr ist.

» Auch eine Abfolge je nach Ressourcenverfügbarkeit ist denkbar. Das hat den Vorteil, dass auf diese Art meist Geld gespart werden kann, wenn man darauf wartet, bis nötige Materialien z.B. anderswo günstig abzugeben sind. Das kann aber auch heißen, dass es dann plötzlich sehr schnell gehen muss, was organisatorisch vielleicht nicht immer einfach ist (z.B. wenn es heißt: „Ja, ihr könnt alle unsere Sträucher haben, aber morgen kommt der Bagger und gräbt alles um ...").

» Beginne allgemein mit den größeren, aufwändigeren Elementen, die z.B. Erdarbeiten und größere Materialtransporte benötigen (Wege, Teiche, Böschungen, Sitzplätze, Hügelbeete usw.), und arbeite dich Schritt für Schritt zu den kleineren, einfach umzusetzenden vor.

Und Achtung: Bauarbeiten brauchen Platz und zwar mehr als das fertige Element einnehmen wird, also muss darauf geachtet werden, dass kein bereits fertiges Element durch den Bau eines benachbarten beeinträchtigt wird. Das kann z.B. durch eine gemeinsame Umsetzung des ganzen Bereiches verhindert werden.

MATERIALLAGER UND TRANSPORTWEGE AUF DEM GRUNDSTÜCK FÜR DIE ZEIT DER UMSETZUNG DEFINIEREN

Nichts ist mühsamer, als Materialien mehrfach durch die Gegend zu schleppen, weil sie, ohne vorher darüber nachzudenken, einfach irgendwo abgestellt wurden. Ein zentraler Lagerplatz oder das direkte Lagern in greifbarer Nähe des Einsatzortes ist praktisch. Auch das Freihalten von möglichst kurzen Wegen für schwerere oder sperrige Materialtransporte zum Verwendungsort spart dir viel Mühe.

AUCH PROVISORIEN SIND (MANCHMAL) ERLAUBT!

Mach dir nichts draus, nicht alles muss von Anfang an perfekt sein. Solange die Funktion erfüllt wird, kann auch eine einfache Regentonne oder ein einfacher Wassertank als Speicher fungieren, bis die Zisterne oder der Gartenteich umgesetzt werden kann. Auch ein einfaches Holzgestell reicht als erste Kompostanlage und ein temporäres Salat- und Frischkräuterbeet in einem großen Trog erfreut dich mit ersten Ernten schon während der Bauphase. Kreativ zu sein und zu improvisieren macht Spaß und oft entdeckt man dadurch auch neue Nutzungsmöglichkeiten. Provisorien können teilweise auch recht langlebig sein … Einerseits wenn sie wider Erwarten gut funktionieren oder auch wenn ihre Funktion doch nicht so gefragt ist. Elemente, die wichtige Funktionen erfüllen, wie z.B. Wasser in ausreichenden Mengen zu speichern, sollten so rasch wie möglich aus ihrem provisorischen Dasein geholt und fertiggestellt werden, da sie viele weitere Arbeitsschritte erleichtern.

GEMEINSAM GEHT ES LEICHTER!

Gerade bei größeren Projekten, wie beim Bau von einem Hügelbeet, Gewächshaus und Co., sind helfende Hände wertvoll und unterstützen die Fertigstellung in absehbarer Zeit. FreundInnen und Bekannte zu gemeinsamen Aktionstagen einladen, mit anschließendem Essen und vielleicht Lagerfeuer – das bringt's!

LEGE DIR EIN GARTEN-(E)BOOK FÜR DEINE EIGENEN AUFZEICHNUNGEN AN!

Die Planung, Umsetzung und Bewirtschaftung deines Permakultursystems zu dokumentieren, ist nicht nur eine schöne Erinnerung für später, sondern äußerst wertvoll, wenn es darum geht, immer mehr zum Insider im eigenen Garten zu werden. Es wäre ein Wunder, würde man sich tatsächlich genau erinnern, was im Vorjahr wo, wie, warum und von wem gemacht wurde, welche Entdeckungen es gab, wann der erste und letzte Frost war, wie viel Regen gefallen ist, wann die Bäume geblüht haben, die Schwalben angekommen sind, der erste Frosch im Gartenteich gelaicht hat, wie die Apfelernte ausgefallen ist und welche Tomatensorten besonders schmackhaft waren usw. All diese Erfahrungen und Beobachtungen sind wichtig, und es zahlt sich aus, jedes Jahr auf den Erfahrungen der vorherigen Jahre aufzubauen. Und eine Fotostory über den Jahreskreislauf oder eine mehrjährige Entwicklungsphase deines Gartens/Balkons kann sich jedenfalls auch sehen lassen.

EVALUIERUNGSPHASEN, PAUSEN … UND FEIERN NICHT VERGESSEN!

Vor lauter Planen, Bauen und Werken vergisst man oft, wie wichtig es ist einmal innezuhalten. Neue Energie schöpfen, Ruhe finden, um dadurch auch Fehler zu erkennen und nach Lösungen zu suchen – dafür sind ausreichende Pausen dringend nötig. Und natürlich muss der Erfolg eines gelungenen Entenstalls, Hügelbeetes, Topfgartens usw. auch entsprechend gefeiert werden – am besten gleich im Garten!

ÖKOLOGIE FÜR DEN WISSENSDURST!

Hier erfährst du, was das Besondere an natürlichen Ökosystemen ist und was sie zum Vorbild für unsere zu gestaltenden Permakultursysteme macht: die Vielfalt, die Kreisläufe an Stoffen und Energie, die Produktivität und Stabilität. Außerdem werden Gartenelemente vorgestellt, die durch ihre nützlichen Beziehungen zueinander zu Systemelementen im Permakulturgarten werden können und im Laufe des Buches zum Teil ausführlich erklärt werden.

NATÜRLICHE ÖKOSYSTEME ALS VORBILD

Vielfalt an Arten, Lebensräumen und individuellen Spielräumen, das wünschen wir uns.

Ökologie und Permakultur

Wachsendes Verständnis für ökologische Zusammenhänge ist die Basis einer naturnahen, biologischen und vor allem zukunftsfähigen Landbewirtschaftung, zu der Kleingärten, wie Balkon- und Terrassengärten, genauso zählen wie große Flächen bewirtschaftende Bauernhöfe.

Vom altgriechischen „oikos" für Haus und „logos" für Lehre abgeleitet, kann der Begriff Ökologie als „Haushaltslehre der Natur" verstanden werden. Die Ökologie beschäftigt sich zum einen mit den vielseitigen Beziehungen zwischen Lebewesen, die durch den Austausch von Stoffen, Energie und Informationen geprägt sind. Zum anderen werden die Wechselbeziehungen zwischen Organismen und ihrer Umwelt erforscht, die vor allem durch Faktoren wie Klima, Topographie, Boden und Wasserverhältnisse charakterisiert sind. Es geht also darum, Lebewesen – ob Pflanzen, Mikroorganismen oder Tiere und Menschen – und auch Gruppen von Lebewesen und ihre Lebensräume als Teil eines Ganzen, eines sogenannten Ökosystems, zu verstehen. Durch diesen ganzheitlichen Ansatz werden die Ausprägungen und Verhaltensmuster einzelner Arten und Individuen (z.B. ihr Wachstum und ihre Fortpflanzung), aber auch von Landschaftsteilen (z.B. Wasserhaushalt, Temperaturverteilung) nicht mehr für sich allein gesehen, sondern in einen breiten Kontext gestellt, der Informationen verknüpft und Zusammenhänge besser verständlich machen kann. Auch für den Menschen wichtige Fragen, wie z.B. nach der Produktivität, Gesundheit und Anpassungsfähigkeit von Kulturpflanzen und Nutztieren, erhalten unter dieser ökologischen Betrachtungsweise zwar komplexere, dafür aber für die Praxis tauglichere Antworten.

Die Idee und die Methoden der Permakultur basieren auf dem wachsenden Wissen über die Ökologie, mit dem Ziel produktive Lebensräume nach dem Vorbild der Natur zu gestalten, zu erhalten und zu nutzen. Natürliche Ökosysteme versorgen ihre Bewohner ressourcenschonend, energieeffizient, widerstandsfähig und auf vielfältig Weise und genau das ist es, was permakulturell handelnde Menschen in ihren Gärten und Grundstücke zu bewirken anstreben.

Ökosysteme – komplexe Wirkungsgefüge in stetem Balanceakt

Ökosysteme sind Lebensgemeinschaften zwischen Pflanzen, Tieren und Mikroorganismen in einem bestimmten Gebiet, die miteinander durch Energie-, Stoff- und Informationsflüsse in konstantem Austausch stehen.

Ökosysteme haben eine gewisse Struktur und prägende Strukturelemente, wie z.B. das Ökosystem Wald typischerweise durch viele Bäume charakterisiert ist oder ein marines Ökosystem durch einen großen Wasserkörper.

Die grundsätzliche Ausprägung eines Systems wird durch relativ stabile Einflussfaktoren wie Klima, Ausgangsgestein, Topographie und dem Alter des Ökosystems geformt, also dem Zeitraum, den es für seine Entwicklung bisher durchlaufen hat. Sich wandelnde Einflüsse wie Ressourcenversorgung, sogenannte Störungen (wie z.B. Überschwemmung, Erosion, Windbruch), Artenausstattung und menschliche Aktivitäten bilden dann die Grundlage für die innerhalb des Ökosystems ablaufenden Prozesse. Darunter fallen z.B. die Produktion von Biomasse, die Nahrungsbeziehungen zwischen den vorhandenen Lebewesen, der stufenweise Abbau toter Biomasse, der zur Wiederverfügbarmachung von Nährstoffen und zum Humusaufbau führt, sowie die Speicherung und Verfügbarkeit von Wasser.

Durch diese Prozesse bilden die Elemente eines Ökosystems (Pflanzen, Tiere, Boden usw.) ein sogenanntes Wirkungsgefüge, das als Gesamtheit funktioniert und sich bis zu einem gewissen Grad selbst erhält und erneuert. Über globale Stoffkreisläufe, deren Transportwege insbesondere über die Atmosphäre und den Wasserkörper laufen, ist jedes Ökosystem außerdem auf verschiedenste Arten mit allen anderen Systemen auf der Erde verbunden.

Der Eingriff des Menschen in natürliche Systeme, der von Beginn an an der Aneignung und Nutzung der vorhandenen Ressourcen interessiert war – ein ganz normales, sinnvolles Bedürfnis von Lebewesen sozusagen –, hat mit steigenden Bevölkerungszahlen und unserem generell eher ahnungs- und rücksichtslosen Zugang die geologischen, atmosphärischen und biologischen Prozesse der Erde mittlerweile stark beeinflusst. Inzwischen wird sogar von einem neuen Erdzeitalter gesprochen, in dem durch die stark verringerte Biodiversität, die Verseuchung von Boden und Wasser und die immer häufiger auftretenden klimatischen Extremereignisse das Überleben der Menschen und vieler anderer Lebewesen auf die Probe gestellt wird. Ein tiefgreifender Wandel unseres Verhaltens ist nötig und dieser muss auf dem Verständnis ökologischer Zusammenhänge aufbauen.

BEZIEHUNGEN IM PERMAKULTURSYSTEM – EINE GROSSE LIEBESGESCHICHTE!

Was hat also Permakultur mit Ökosystemen zu tun?
Permakultursysteme, die wir planen, gestalten und bewirtschaften, orientieren sich am Aufbau und an der Funktionsweise natürlicher Ökosysteme. In diesen „kultivierten Ökosystemen", also permakulturell gestalteten Gärten, Landschaftsteilen und Regionen, sind die Systemelemente so gewählt, dass wir Menschen sie besser nutzen können als „nicht kultivierte" Elemente. Wesentlich für den Systemcharakter ist aber, dass diese Elemente über Kreisläufe miteinander verbunden sind, die für die optimale Versorgung aller Bestandteile des Systems sorgen und einer Vielzahl an Lebewesen Lebens-

Schnirkelschnecken auf den Samenständen des Zichoriensalates gehören genauso dazu wie die Libellenlarven im Gartenteich

raum bieten. Die nützlichen Beziehungen zwischen den Elementen bewirken außerdem, dass kein oder so wenig Abfall wie möglich und keine Verschmutzungen entstehen und das Permakultursystem robust und langlebig ist.

Die Systemelemente des Permakulturgartens können eingeteilt werden in solche,

» die vorrangig Nutzpflanzen und -tiere beherbergen,

» die Lebensräume für Wildtiere und -pflanzen bieten,

» die uns Lebensqualität und Lebensfreude schenken und

» die der Versorgung aller Elemente mit den von ihnen benötigten Ressourcen dienen.

Einige von diesen Elementarten werden in diesem Buch später noch vorgestellt und genauer unter die Lupe genommen. Im Folgenden findest du eine Auswahl an nützlichen Elementen für Permakulturgärten; nicht alle sind in jedem System sinnvoll und die Liste kann natürlich unendlich erweitert werden. Viele Elemente dienen, wie es in der Permakultur üblich ist, nicht nur einer einzigen Sache, hier sind sie ihrer Hauptnutzungsform zugeordnet, damit sie nicht mehrfach genannt werden müssen:

Elemente zur Selbstversorgung mit Gemüse, Frischkräutern und Salat:
Hügelbeet, Hochbeet, Mischkultur-Gemüseacker, Schichtmulchbeet, Frischkräuter-Salat-Beet, Tomatenzelt, Bohnentipi

Elemente zur Selbstversorgung mit Kräutern:
Kräuterspirale oder Kräuterhügel, (Wild-)Kräuter-Topfgarten, Kräuterböschung, Teekräuterbeet, wegbegleitendes Kräuterbeet, Obstbaumscheibenbeet

Elemente zur Selbstversorgung mit Obst und Beeren:
Obstwiese, Naschhecke, Beerengarten, Obstbaumscheibe, Streuobstwiese, Wildsträucherhecke

Elemente zur Produktion von Jungpflanzen:
Frühbeet, Gewächshaus, Gartenarbeitsplatz mit Pflanztisch und einem Lager für Töpfe und Erde

Elemente zur Wohnraumerweiterung ins Freie:
Sitzplatz, Außenküche, Lehmofen, Feuerstelle, Naturspielplatz, Gartenwohnzimmer

Elemente zur Förderung der Natur im Garten:
Bauerngarten-Blumenbeet, Blumenwiese, Wildsträucherhecke, Totholzhaufen, Wildniszone, Gartenteich, Trockensteinmauer, Nützlingsunterkünfte

Elemente zur Herstellung von Verbindungen, zum Schließen von Kreisläufen und zur Versorgung:
Wege, Regenwasserspeicher und -leitsystem, Mulchwiese, Gartenteich, Kompostanlage, Komposttoilette, Werkzeugschuppen, Lagerplatz, Werkstatt, Solar-Dörrapparat, Speisekammer, Erdkeller

Elemente zur Integration von Nutztieren:
Bienenstand, Nützlingshotel, Geflügelstall und -auslauf, Fischteich

Hier ist noch Platz für weitere Ideen für Elemente:

....

....

....

Übrigens: Diese Elemente können für sich allein in jedem Garten stehen und machen noch lange keinen Permakulturgarten – erst die Einbindung der Elemente in das Beziehungsgeflecht und in möglichst kurze Kreisläufe macht sie zu Permakulturelementen.

Und wie war das jetzt mit der Liebesgeschichte?
Es empfiehlt sich, sie am besten selbst zu erleben und zu genießen, wenn dein Permakultursystem zum Leben erwacht …

Denn plötzlich ist er ganz groß da, dieser Moment, wenn du bemerkst, dass die Systemelemente von allein miteinander zu kommunizieren beginnen und ihre Eigen-

1 „Attention, please!"

2 Bärlauchpesto forever!

3 + 4 Der Tag, an dem der Herbst verschwand ...

heiten zeigen. Wenn Pflanzen und Tiere – wilde und von uns angesiedelte – kommen und gehen und wiederkommen und dabei die von uns gestalteten Elemente nutzen – entweder zu dem Zweck, den wir für sie vorgesehen haben, oder auch einfach zu einem ganz anderen ... wo eben die Liebe hinfällt ...

Dieser Moment ist für so manche Menschen ein kritischer, denn das Ende der Ordnung scheint gekommen, die Angst vor der Verwilderung bricht aus und die wirre Suche nach Notfallmaßnahmen beginnt ...

Aber wo? – im Gartencenter?!?
PermakulturistInnen geht's da anders, denn jetzt beginnt die Gartenparty und wir sind gespannt auf die kommenden Ereignisse. Die Gartenelemente füllen sich mit Leben und zeigen, ob die von uns durchdachten Verbindungen tatsächlich funktionieren oder Optimierung brauchen. Erste Gäste werden sichtbar – auf Blüten, Blättern, zwischen den Grashalmen, in und auf der Erde, manchmal geladene, bekannte Gäste, oft aber auch unbekannte ... Manche bleiben für immer, andere schauen nur kurz vorbei. Erste Verknüpfungen werden sichtbar – die Jungpflanzen aus dem Frühbeet gedeihen prächtig auf der Südseite des Hügelbeets mit schmackhafter Erde aus dem Wurmkompost, die Wildbienen laben sich an den Blüten der Magerwiese und der Kürbis klettert auf den Apfelbaum und wiegt sich im Abendwind ...

Der Moment, wenn ein neu angelegter Garten endlich beginnt zu summen, surren, zirpen, zwitschern und quaken, ist der, in dem wir uns verlieben und eine Beziehung mit der Natur im Garten eingehen, die uns ein Leben lang begleiten wird – so hoffen wir jedenfalls ...

Sollte jetzt ein/e durch die Wildnis verängstigte/r NachbarIn vorbeikommen, im schlimmsten Fall auch noch direkt vom Gartencenter, gibt's nur eine sinnvolle Lösung: die Nachbarn einladen und ihnen all die wilden Gartenmitbewohner vorstellen, die Leben in unser Permakultursystem bringen!

Und vieles, was jetzt rund ums Jahr wiederkehrt, lässt dein Herz höher schlagen:

Die ersten blühenden Krokusse,

Bärlauchpesto ohne Ende,

die aus dem Süden zurückkehrenden Schwalben,

wild summende Obstbäume in Vollblüte,

die ersten Zucchini,

durch den nächtlichen Garten funkelnde Glühwürmchen,

ausgiebige Nachtkerzen-Beobachtungs-Stunden – denn die Blüten öffnen sich nur für eine Nacht,

die sich endlich wieder füllende Regenwasserzisterne,

eine Amsel, die hoch oben am Hausgiebel musiziert,

der erste, alles einhüllende Raureif,

nach dem ersten Frost gesammelte Hagebutten und Schlehen,

ein Schwarm Distelfinken auf den aus dem Schnee ragenden Blumenköpfchen,

und die ersten mutigen Schritte der Laufenten-Truppe in den Neuschnee ...

JOB
GESUCHT?

Gut gemulcht ist
halb gewonnen

Im Permakultursystem hat jeder eine Aufgabe: egal, ob klein oder groß, jung oder alt, schwerfällig oder sprunghaft. Hier einige aktuelle Stellenausschreibungen:

„HeiztechnikerIn gesucht. Langjährige Erfahrung erwünscht: Wir nehmen Sie auch mit grauen Haaren noch auf!"
Hier werden Steine gesucht, die Wärme speichern und diese dann abends an die Pflanzen abgegeben.

„TiefbauingenieurIn mit Erfahrung in Belüftungs- und Wasserleitsystemen gesucht"
Hier melden sich meist verschiedene Regenwurmarten – ein Glück für alle ArbeitgeberInnen, denn Regenwürmer sind wahre Multitalente und helfen auch gern bei der Humusproduktion und der Bodenauflockerung.

„VertriebsleiterIn für Bio-Saatgut gesucht"
Ganze Schwärme von Distelfinken, Sperlingen und Drosseln kommen dazu in Frage. Es macht Sinn, hier einfach mehrere Vollzeitstellen zu vergeben.

„Suche dringend sofortige Unterstützung für folgende Einsatzgebiete: Erosionsschutz, Wasserversorgung, Nährstoffversorgung, Bodenauflockerung, Humusaufbau"
Hier wird nach Mulchmaterial gesucht, das unter anderem von Gräsern, Kräutern, Sträuchern und Bäumen erzeugt wird und von dem man gar nicht genug haben kann.

Gärtnern in und mit der Natur: Ein Lebensraum für dich, deine Pflanzen und wilden Besucher

~~~~~~~~~~

Hier erfährst du, welche Lebensräume im Garten besonders wichtig sind, damit dieser als Ganzheit funktionieren kann, und du bekommst Infos über nützliche Pflanzen, Tiere und Mikroorganismen, die sich dort wohlfühlen. Was Pflanzen und Tiere alles für dich und deinen Garten tun können, ist enorm, und hier erfährst du, wie du sie im Garten fördern kannst.

Lebenswert!
Hier will ich bleiben

Lebensräume erkennen – klingt doch eigentlich ganz einfach. Schließlich können die meisten von uns benennen, was ein Lebensraum – also der Bereich, in dem sich Lebewesen vorwiegend aufhalten – zumindest alles können muss: Er muss Behausungen und geschützte Bereiche, Nahrungsquellen und Trinkwasser, Ressourcen für den täglichen Gebrauch wie Baumaterialien, Heilmittel und verschiedenste Rohstoffe bieten. Dann gehören noch eine Reihe von Dienstleistungen dazu, die zwischen den BewohnerInnen ausgetauscht werden: Gesundheitsvorsorge, Bildung, Transporte, Medien für den Informationsaustausch usw. Und dann natürlich die sozialen Kontakte und unterstützenden Beziehungen zwischen den Lebewesen. Das alles gilt aber nicht nur für uns Menschen, sondern auch für alle Tiere und Pflanzen, ob wild lebende oder von uns domestizierte.

Die Erhaltung und Gestaltung vielfältiger Lebensräume ist deshalb eine der Kernaufgaben der Permakultur, weil sie zum einen den Eigenwert jedes Lebewesens anerkennt, auch wenn wir keinen direkten Nutzen daraus ziehen, und zum anderen erkannt hat, dass naturnahe Lebensräume und Wildnisbereiche unsere Kulturlandschaften dabei unterstützen, produktiv und robust zu sein, indem sie Humus aufbauen, Wasser speichern, Temperaturextreme abmildern, das Auftreten unerwünschter Organismen und Krankheiten bei Kulturpflanzen und Nutztieren unterdrücken, CO_2 binden, Sauerstoff produzieren, die Luft filtern und vieles mehr.

Bei der Gestaltung vielfältiger Lebensräume konzentrieren wir uns in haus- und siedlungsnahen Gebieten besonders auf die Schaffung möglichst produktiver Systeme, die uns Menschen gut versorgen können. Dadurch können Gebiete weiter weg von unseren Häusern, Siedlungen und Städten der Natur zurückgegeben und von ihr gestaltet werden.

Und wie ist das jetzt mit den verschiedenen Lebensräumen in unseren Gärten und auf unseren Balkonen?

Mmhh! Möhren-Blütenstände sind äußerst beliebt, und dank der vielen Besucher gibt's noch dazu jede Menge Samen.

LEBENSRÄUME = BIOTOPE

Biotope, vom griechischen *bios* für Leben und *topos* für Ort, werden durch Umweltbedingungen geprägt und dann aufgrund der Lebensweisen ihrer BewohnerInnen weiter verändert. Es gibt z.B.

Trockenbiotope: In der Natur sind das z.B. Felswände, Abbruchkanten mit offenem lehmigem oder sandigem Boden, Geröllfelder, sandige oder steinige Wüsten. In der Kulturlandschaft und im Garten können das Steinschlichtungen sein, offene sandige Bereiche, Trockensteinmauern, stehendes Totholz in der Sonne, Magerwiesen und steinige Böschungen bzw. Töpfe und Tröge mit magerem Substrat mit Wildblumen, durchaus auch bereichert mit Steinen und Totholz.

Feuchtbiotope: Teiche, Seen, Flüsse, Bäche, Auwälder, Sumpflandschaften, Moore und Quellfluren hat die Natur von sich aus zu bieten. Vom Menschen gestaltet

1 Kräuterhügel aus Steinen sind wunderschöne Trockenbiotope

2 Trotz Tiefschnee gut geschützt: Ein kleines Nützlingshotel

3 Auch Holzoberflächen sind Biotope. Hier breitet sich eine Flechte am Gartenzaun aus.

4 Größere Wasserflächen haben einen günstigen Einfluss auf das Mikroklima der Umgebung.

5 Lebensraum Gartenteich: ein toller Ort zum Rasten und Beobachten

können das z.B. Gartenteiche, Feuchtwiesen, Sumpfzonen bei Pflanzenkläranlagen, Wassergräben, am Balkon auch Tröge mit Sumpfpflanzen oder Miniteiche sein.

Die Lebensgemeinschaften, die diese Biotope bewohnen, bilden sich immer aus einem Miteinander aus Pflanzen, Tieren und Mikroorganismen, entweder mit oder gern auch ohne Menschen. Sie stehen in vielfältigen Beziehungen zueinander und tauschen Stoffe, Energie und Informationen aus.

Viele Lebensräume sind nicht auf den ersten Blick erkennbar, weil sie verborgen und von äußerst leisen Bewohnern besiedelt sind. Die Streuschicht ist dafür ein Beispiel, also die oberste Lage des Bodens, auf der sich alle organischen Abfälle der Bäume, Kräuter, Tiere usw. sammeln und in der unzählige Insekten, Spinnentiere, Pilze und Bakterien aktiv mit der Verwertung, dem Abbau und der Speicherung all dieser Materialien beschäftigt sind. Die sogenannte Mulchschicht, die zu den markanten Eigenheiten von Permakulturgärten

zählt, zielt vor allem auf die Beherbergung dieser nützlichen Bodenorganismen ab und ist ein ganz wichtiges Biotop in Permakultursystemen.

Die im vorigen Kapitel genannten Permakulturelemente (Seite 70) sind ebenfalls zum größten Teil Biotope, in der unsere Nutztiere und -pflanzen, aber auch viele wilde Gartenbewohner einen Lebensraum finden. Ökologisch besonders wertvoll, weil ein Zuhause und Nahrung für seltenere Lebewesen bietend, sind Wildsträucherhecken, Gartenteiche, Trockensteinmauern, Totholzhäufen, Magerwiesen, Feuchtwiesen, blütenreiche Kräuter- und Blumenbeete und Obstwiesen. Fast immer sind es die nährstoffarmen Biotope, die eine besonders große Vielfalt an Pflanzen und Tieren hervorbringen. Sie sind aufgrund der Überdüngung in der Intensiv-Landwirtschaft mittlerweile besonders gefährdet, selten und schützenswert.

Eine möglichst große Vielfalt an Biotopen in den eigenen Garten oder Balkon zu integrieren, hilft einerseits der Natur und ist andererseits auch für unsere zukünftigen Ernten äußerst wertvoll: Eine Vielzahl nützlicher Organismen, ob Tiere, Pflanzen oder Mikroorganismen, die diese Biotope bewohnen, hilft uns nämlich, dass Kulturen ausreichend versorgt werden, gesund bleiben und widerstandsfähiger gegenüber Störungen sind.

Auf Balkonen spielt sich vieles in Töpfen und Trögen ab bzw. kann oft auch die Vertikale gut genutzt werden. Es geht hier also darum, Töpfe nicht nur als Zuhause für eine bestimmte Kultur zu sehen, sondern sie als Lebensraum zu verstehen.

Und ganz besonders wichtig ist es, gut auf das zu achten, was bereits da ist. Denn gibt es bereits das eine oder andere Biotop – besonders wenn es sich um solche handelt, die schon länger da sind und eine große Vielfalt entwickelt haben –, dann sollte es unbedingt erhalten werden! Niemand kann Lebensräume so gut gestalten wie die Natur selbst und finden wir Wildsträucherhecken, Magerwiesen und Gewässer auf dem zu gestaltenden Grundstück vor, dann sollten die Biotope so übernommen werden, ohne groß beeinträchtigt zu werden. Natürlich bieten diese Lebensräume meist auch essbare Wildpflanzen, Heilkräuter usw., die man dann nicht erst wieder ansiedeln muss. Beobachtet und lernt euer Grundstück kennen, ihr werdet einerseits fasziniert sein, welche Biotope ihr finden könnt, aber auch herausfinden, welche dem Garten/der umgebenden Landschaft fehlen!

Grün von Kopf bis Fuß! Pflanzen im Permakulturgarten und auf dem Permakulturbalkon

Wer nun Lust bekommen hat, Lebensräume nach dem Vorbild der Natur zu gestalten, braucht dafür die richtigen Pflanzen – und die Tiere kommen dann ganz von selbst!

1 Die wilde Karde: immer bereit, sich einen neuen Platz zu erobern, und für Insekten besonders wertvoll

2 Das gepflanzte Gemüse im Beet und der selbstausgesäte Rucola außen an der Wand, so gute Nutzung sehen wir gern. Das Hochbeet selbst war mal eine Weintransport-Kiste.

3 Selbst ausgesät: Der Feldsalat ist selbstständig und nicht besonders wählerisch.

4 Gibt es genug Verstecke? Heckenschnitt ist ein beliebtes.

Welche Pflanzengruppen passen gut in den Permakulturgarten und welche Eigenschaften sind wichtig? Hier ein erster grober Überblick:

Die „Wilden", also nicht züchterisch veränderte, großteils heimische Wildpflanzen: Hier freuen wir uns über solche, die sich in unseren vielfältigen Biotopen wohlfühlen und die wir zum Teil auch als schmackhafte Beigabe für Salate, Aufstriche und Gemüsegerichte sowie als Hausmittel verwenden können. Beispiele dafür sind Gundelrebe, Brennnessel, Spitzwegerich, Löwenzahn, Schafgarbe, Knoblauchsrauke, Mädesüß, Beifuß usw. Ihre große Vielfalt ernährt aber vor allem Insekten, Vögel und andere Wildtiere. Im Permakulturgarten sollten sie möglichst zahlreich sein, sie sind einfach nützlich und machen kaum Arbeit.

Robuste mehrjährige Pflanzen: Zu ihnen zählen viele Kräuter wie Minzen, Melissen, Dost, Thymian, Salbei, Liebstöckel und Co., aber auch Gemüseampfer, Rhabarber und Spargel.
Und natürlich Obstbäume und Beerensträucher – ver-

lässliche Lieferanten von Vitaminen, Fruchtzucker und Mineralstoffen über viele Jahre.

<u>Leicht frostempfindliche, aber zum Teil sehr robuste ein- bis zweijährige Pflanzen:</u> Dazu gehören viele Kohlgewächse wie Brokkoli, Blumenkohl und verschiedene andere Kohlarten, außerdem Salate, Mangold, Rote Rüben, Sellerie, Karotten, Pastinaken, Kartoffeln, Getreide- und Pseudogetreidearten.

<u>Typische Gemüsepflanzen:</u> Sie sind meist einjährig und brauchen unsere verstärkte Pflege, da sie großteils an wärmere Klimazonen angepasst sind. Zu ihnen gehören z.B. Tomaten, Paprika, Chili, Aubergine, Gurken, Zucchini, Kürbisse usw. Sie müssen meist zuerst vor Kälte geschützt vorgezogen werden und sind später sehr frostempfindlich.

<u>Typische „Permakulturpflanzen"</u> sind solche, die möglichst robust, selbstständig und sehr verlässlich in der Ernte sind. Das können einerseits mehrjährige und andererseits sich selbst aussäende, sich ihre Standorte selbst suchende Pflanzen sein, die dadurch an den Standort und seine Wasser- und Nährstoffverhältnisse angepasst sind. Beispiele für sich selbstaussäende Pflanzen: manche Salate, Baumspinat, Gemüsemelde; zu den besonders robusten zwei- bis mehrjährigen Pflanzen gehören Gemüseampfer, Mangold, Grünkohl und manche Brokkoliarten.

Pflanzen als biologische MitarbeiterInnen:

Pflanzen können vielfältige Funktionen im Permakulturgarten erfüllen, es sind äußerst wertvolle MithelferInnen unter ihnen. In der Tabelle auf der nächsten Seite findest du viele wichtige Funktionen von Pflanzen im Garten. Du wirst staunen, welche Bedürfnisse allein durch die Pflanzenauswahl gestillt werden können, da werden diverse Hilfsmittel, die in Gartencentern angeboten werden, (vom Dünger bis zum Werkzeug) obsolet.

Was wir eher nicht brauchen,

sind ausgefallene Zierpflanzen, die kaum genutzt und nur mit viel Aufwand kultiviert und in Form gebracht werden können. Manche von ihnen, wie viele typische „Blumen" auf ländlichen Balkonen, produzieren nicht einmal Nektar und Pollen und sind deshalb auch für

Artischocke, Wilde Möhre, Königskerze. Sie sind einfach zu bewundern. Genauso wie der kleine Forscher.

Insekten nutzlos. Also Platz frei für die schönen und großzügigen Blumen und Wildsträucher, die Schmetterlinge, Bienen und Hummeln nicht nur anlocken, sondern ihnen auch tatsächlich süße und eiweißreiche Nahrung spenden.

Und was wir auf keinen Fall brauchen,

sind gentechnisch veränderte Pflanzen und sogenannte F1-Hybrid-Pflanzen, die zum einen durch Monopolisierung und Patente Eigentum von Konzernen sind und zum anderen nicht selbst weiter vermehrt werden können, weil sie nicht samenecht sind. Großteils werden diese auch künstlich steril gemacht, um eine weitere Züchtung zu verhindern. Für zukunftsfähige, klimataugliche Gärten und Bio-Landwirtschaft brauchen wir allerdings eine große Auswahl an Sorten, die sich an wandelnde Bedingungen anpassen können, die durch GärtnerInnen, LandwirtInnen und ökologische Saatgutbetriebe selektiert und weitergezüchtet werden und deren Weitergabe nicht durch Patente verhindert wird.

EINIGE FUNKTIONEN UND AUFGABEN VON PFLANZEN(GRUPPEN) IM PERMAKULTURGARTEN

FUNKTIONELLE GRUPPE	BEISPIELE
Stickstofffixierer	Klee, Luzerne, Ackerbohnen, Buschbohnen, Erbsen, Sanddorn
Bodenauflockerer	Roggen, Sonnenblume, Kartoffeln, Borretsch, div. Beikräuter, Spinat, Luzerne, Zichorie- & Endiviensalate
Schattenspender	div. Wild- & Beerensträucher, Kletterpflanzen, Bäume, hohe Stauden
Windschutz	div. Wildsträucher & Beerensträucher, hohe Stauden
Stärkelieferanten	Kartoffeln, Getreide, Mais, Hirse, Buchweizen, Amaranth, Kürbis
Fettlieferanten	Walnuss, Haselnuss, Sonnenblume, Ölkürbis
Vitaminlieferanten	v.a. Wildkräuter und Früchte von Wildsträuchern, Gemüsesorten (v.a. Grünkohl, Brokkoli ...)
Einweißlieferanten	Bohnen, Linsen, Erbsen und andere Schmetterlingsblütler
Färbepflanzen	Färberkamille, Rote Rübe, Holunder, Walnuss, Kamille, Zwiebel, Brennnessel usw.
Baumateriallieferanten	Weiden, Hasel, Obstbäume, Waldbäume
Mulchlieferanten	Gräser, Luzerne, Beinwell, Brennnessel u.v.m
Pflanzenstärkungsmittel-Produzenten	Beinwell, Schachtelhalm, Brennnessel, Ringelblume, Knoblauch, Rainfarn usw.
Wasserspeicher	Weiden, Erlen, mehrjährige Pflanzen
Luftbefeuchter	besonders Bäume & Sträucher, eigentlich alle Pflanzen
Starkzehrer	Kürbisgewächse, viele Kohlgewächse, viele Nachtschattengewächse
Mittelzehrer	Salate, Wurzelgemüse, Stangenbohnen u.a.
Schwachzehrer	mediterrane mehrjährige Kräuter, Magerwiesenblumen
Hausmittel für Mensch und Tier	Ringelblume, Kamille, Eibisch, Melisse, Salbei, Kapzinerkresse, Beifuß, Knoblauch, Zwiebel, Artischocke, Löwenzahn, Thymian usw.
Bodendecker	Erdbeeren, Gundelrebe, Gräser, Moose, Kleinsträucher wie Thymian, Oregano

UND WOHER KOMMEN JETZT DIE PFLANZEN, DIE WIR UNS WÜNSCHEN UND BRAUCHEN KÖNNEN, HER?

Entweder wir ziehen sie selbst, tauschen sie bei Jungpflanzen-Tauschmärkten oder kaufen sie in ausgewählten Gärtnereien. Beim Zukauf oder auch Tausch ist es wichtig, auf Bio-Qualität zu achten. Denn viele konventionelle Pflanzen sind stark von mineralischem Dünger und dem Einsatz von Pestiziden abhängig gemacht, sodass sie in einer natürlichen Umwelt kaum mehr lebensfähig sind. Sie sind sozusagen süchtig und es nicht gewöhnt für ihre eigenen Bedürfnisse zu sorgen.

Außerdem ist darauf zu achten, dass die Pflanzen einigermaßen „abgehärtet" sind. „Abgehärtet" klingt gemein, meint aber, dass die Pflanzen in der Lage sind, auf Umweltfaktoren wie Kälte, Hitze, UV-Strahlung, Wassermangel oder Insektenfraß zu reagieren. Pflanzen können nicht davonlaufen, aber sie haben viele spannende – von uns oft unbemerkte – Mechanismen entwickelt, um Umweltstress zu bewältigen. Diese Mechanismen

Verborgene Freundschaften

Übrigens, wie robust Pflanzen gegenüber Umwelteinflüssen wie Hitze, Trockenheit und Infektionen sind, hängt auch ganz stark von ihren Beziehungen zu mikrobiellen Partnern ab.

Bakterielle und pilzliche Symbionten auf Blatt- und Wurzeloberflächen, aber auch Mikroorganismen, die Pflanzengewebe im Inneren besiedeln, sind allgegenwärtig, sie können das Pflanzenwachstum positiv beeinflussen und Pflanzen dabei helfen, Stress abzubauen. Manche Inhaltsstoffe, die in Pflanzen gefunden werden, stammen in Wahrheit von diesen unsichtbaren Verbündeten, und so wird so mancher Verteidigungsmechanismus gegen Viren und Parasiten eigentlich durch die Waffen der Symbionten erzeugt. Doch woher kommen die Mikroorganismen, die so eng mit den Pflanzen zusammenleben? Es wird angenommen, dass sie einfach aus dem Boden stammen, vor allem aus den belebten Sphären nahe der Wurzeloberflächen, aber auch direkt aus der Luft, von wo aus sie die Pflanzen über kleine Öffnungen an Wurzelhaaren, Spaltöffnungen und Wunden besiedeln. Besonders innige Partner bleiben über unzählige Generationen hinweg verbunden, indem die mikrobiellen Symbionten in die Samen einwandern und bei der nächsten Generation schon von Anfang an dabei sind. Manche dieser Beziehungen zwischen Pflanzen und Mikroorganismen sind über Jahrhunderte gewachsen und hochkomplex, wie die bekannten Symbiosen mit Knöllchenbakterien und Mykorrhizapilzen, andere wiederum nur von kurzer Dauer und eher zufällig.

sind aber nicht notwendigerweise von Anfang an nutzbar, sondern die Pflanze braucht darin sozusagen erst Erfahrung.

Was du selbst dazu beitragen kannst, dass Pflanzen gut abgehärtet sind, kannst du im Kapitel über die Jungpflanzenanzucht (Seite 259) nachlesen.

Summen, zirpen, schnattern! Tiere im Permakulturgarten und auf dem Permakulturbalkon

EINEN PERMAKULTURGARTEN ODER -BALKON OHNE TIERE GIBT ES NICHT!

Hier sind natürlich Wildtiere und sogenannte Kulturfolger – Tiere, die sich in der vom Menschen geschaffenen Kulturlandschaft zuhause fühlen – gemeint, die einen naturnahen Garten als Teil ihres Lebensraumes annehmen. Insekten und Spinnentiere, Vögel und Kleinsäuger, Amphibien und Reptilien, sie alle sind NutzerInnen des Gartens – manche von ihnen vor allem nachts oder gut versteckt im Gebüsch, Boden oder im Wasser des Gartenteiches.

Tipp: Dreh eine Runde durch deinen Garten bzw. betrachte deinen Balkon und seine Umgebung und stell dir vor, du bist ein Wildtier deiner Wahl: Wo würdest du z.B. als Igel Unterschlupf finden? Was würdest du essen? Wo könntest du Flüssigkeit zu dir nehmen? Wo den Winter verbringen? Und wie würde es deinem Nachwuchs hier ergehen?

Plane bei der Neugestaltung von Gartenbereichen oder Elementen auch ihre Nützlichkeit für nichtmenschliche GartenbewohnerInnen mit ein, dann wirst du mit faszinierenden Naturbeobachtungen belohnt werden!

1 Ein junger Molch aus dem Naturpool lässt sich hautnah beobachten. **2** Wir freuen uns über ein neues Schwalbennest unterm Hausdach.
3 Ein tolles Versteck für den Zaunkönig ist ein Totholzhaufen im Winter. **4** Das Insektenhotel mit Gründach: Es sollte am besten schon im Vorfrühling bezugsfertig sein. **5** Eine Rast am Wildholzzaun über dem Naturpool: Libellen sind gern gesehene Gäste. **6** Die Raupe des Schwalbenschwanzes bewundern wir regelmäßig auf Fenchel und Dille. **7** Das Tagpfauenauge liebt zwar Herbstastern, die Raupen brauchen allerdings Brennnesseln als Futter. **8** In der hohen Wiese baut die Wespenspinne ihr Netz.

ABER WARUM BRAUCHEN WIR WILDTIERE? WIR GEBEN IHNEN PLATZ UND NAHRUNG UND WAS HABEN WIR DAVON?

Zur sogenannten „Nützlichkeit" von Tieren: Zweifellos spielen viele Tiere, wie Regenwürmer, Igel, Marienkäfer und Co., im Garten eine nützliche Rolle, während andere Tiere, wie Nacktschnecken und Blattläuse, meist als ungebetene Gäste gefürchtet sind.

Eine für den Menschen erkennbare Nützlichkeit sollte aber kein Kriterium sein, das über Sein oder Nicht-Sein entscheidet. Es ist schwierig ein brauchbares Urteil zu fällen, denn dazu ist ein großer Berg an Wissen über ökologische Zusammenhänge nötig und auch eine geschärfte Wahrnehmung – Eigenschaften, die man sich über Jahre langsam aneignen kann. Denn auch sogenannte Schädlinge agieren nicht anders als von uns auserkorene Nützlinge: Sie nutzen vorhandene Ressourcen, um zu wachsen und sich zu vermehren. Ihr vielseitiges Wechselspiel im Nahrungsnetz prägt die wichtigsten Prozesse jedes Ökosystems und diese haben im Gegenzug Auswirkungen auf die einzelnen Arten. Also sind wir besser ehrlich und geben zu, dass wir die Auswirkungen unserer Eingriffe oft nur ganz am Rande (oder auch nicht im Geringsten) verstehen!

Die Gestaltung möglichst vielfältiger Lebensräume für kleinere Wildtiere in unseren Gärten und Grünflächen erhöht die Selbstregulierungsfähigkeit dieser Flächen enorm. Denn erst wenn die Möglichkeit besteht, dass sich eng gewobene Nahrungsnetze ausbilden – was auf Rasen und eintönigen, ungemulchten Beeten nicht möglich ist –, kann die Natur dafür sorgen, dass Massenentwicklungen mancher Arten eingedämmt werden.

NUTZTIERE ALS MITARBEITERINNEN

Im Gegensatz zu Wildtieren ist es nicht unbedingt nötig, Nutztiere, also solche, die vom Menschen für die Nutzung domestiziert wurden, im eigenen Garten zu halten. Der Nährstoffkreislauf kann auch mittels Kompostierung und Mulchwirtschaft aufrechterhalten werden, die Bestäubung kann auch von Wildbienen und Honigbienen aus der Umgebung erledigt werden. Allerdings sind viele Aufgaben im Garten und auch auf dem Selbstversorgerhof dafür prädestiniert, von Nutztieren übernommen zu werden. Sie erfreuen sich deshalb großer Beliebtheit und viele GartenbesitzerInnen mit ausreichend Zeit und Platz üben sich an der Haltung von Nutztieren.

Die Nutztierhaltung im Permakulturgarten braucht besonders genaue Planung, um die Tiere artgerecht unterzubringen. Das bedeutet ein Leben in angepassten Gruppengrößen und Familienbanden, passende und gesunde Nahrung, artgerechte Unterkunft und einen ausreichend großen Auslauf und natürlich eine ihren natürlichen Verhaltensweisen entsprechende Beschäftigung. Im Permakulturgarten werden Nutztiere als biologische Mitarbeiter eingesetzt und sind deshalb Akteure, mit denen wir auf Augenhöhe zusammenarbeiten und für deren Wohl wir gut sorgen. Das Verstehen ihrer Aktivitäten und Verhaltensweisen ist auch hier, genauso wie bei Wildtieren, eine schöne Herausforderung, die immer wieder Neues bietet.

In der Tabelle auf der nächsten Seite findest du eine Auswahl an Wild- und Nutztiergruppen mit ihren Tätigkeiten, die für den Garten wertvoll sind, und durch welche Elemente und Tätigkeiten sie unterstützt werden können.

TÄTIGKEITEN EINER AUSWAHL VON WILDTIER- UND NUTZTIERGRUPPEN IM PERMAKULTURGARTEN UND AUF DEM PERMAKULTUR-BAUERNHOF

TIERGRUPPE	NÜTZLICHE TÄTIGKEIT FÜR DEN GARTEN:	WERDEN Z.B. DURCH FOLGENDE ELEMENTE, ARBEITSWEISEN GEFÖRDERT BZW. PROFITIEREN (IM FALLE VON NUTZTIEREN) VON FOLGENDEN ELEMENTEN:
Regenwürmer	lockern den Boden auf, wodurch er besser belüftet ist und sich das Wasser gut verteilen, v.a. auch abfließen kann; bringen organisches Material in tiefere Bodenschichten, produzieren mit Hilfe ihrer bakeriellen Symbionten Dauerhumus	Mulchschicht, minimale Bodenbearbeitung, Direktkompostierung
Kompostwürmer, Springschwänze, Pilze, Bakterien	bauen organische Reste aus Küche oder Garten ab und produzieren damit guten Kompost	Kompostanlage, Mulchschicht
Maulwurf	produziert beste Jungpflanzenerde, indem er sie am Ausgang seiner Gänge aufhäuft, ist großteils von Wurzeln u. Steinen befreit und aufgelockert	durch das Vorhandensein von Regenwürmern (Nahrung) und durch Ungestörtheit
Marienkäfer (+Larven), Schwebfliegenlarven, Florfliegenlarven, Ohrwürmer	fressen Pflanzenläuse und teils Weiße Fliegen und andere saugende Insekten	Blütenangebot, Nisthilfen, Überwinterungsplätze
Wildbienen, Schmetterlinge, Käfer, Wespen, Fliegen	bestäuben Gemüse, Kräuter, Blumen und Obstkulturen, manche Wespenarten bekämpfen unerwünschte Organismen (Raupen, Läuse u.a.)	vielfältiges Blütenangebot, Nisthilfen, Überwinterungsplätze, trockene Sandflächen und Lehmböschungen, Wasserstellen
Igel, Blindschleiche, Kröte, Schnegel	fressen Nacktschnecken	Kompostanlagen, Wildsträucherhecke, Totholzhaufen, Wasserstellen
Libellenlarven, Rückenschwimmer, Schwimmkäfer, Amphibien	fressen Gelsenlarven	Gartenteich, Miniteich
Vögel	fressen Läuse, Spannerraupen & andere unerwünschte Gäste, verbreiten Samen	Obstbäume, Staudenbeete, Hecken, Nisthilfen
Geflügel	Eindämmung von Schneckenpopulationen und anderen unerwünschten Organismen wie Apfelwicklern, Produktion von Eiern, Dünger, Federn, Fleisch	Obstwiese, Beerensträucher, Wildsträucherhecke, fressen auch Gemüsereste und Jätgut, Stall, Zaun, Getreide & Maisanbau
Honigbienen	Bestäubung, Produktion von Honig, Propolis, Pollenpaketen	gut verteiltes Blütenangebot im Jahreskreislauf, Wasserstelle, Bienenstöcke & geeigneter Aufstellplatz

Schafe	Beweidung von Flächen, Produktion von Dünger, Wolle, Milch, Fleisch	kräuterreiche Weide, Bäume und Sträucher, Heuwiese, Wasserstelle, Stall, Zaun
Ziegen	Beweidung von verbuschenden Flächen, Produktion von Dünger, Wolle, Milch, Fleisch	Hecken, Wäldchen, Waldsäume, Wiese, Wasserstelle, Heuwiese, Stall, Zaun
Schweine	Umgraben und Aufbrechen von Flächen, Futter in Form von Wurzelbeikräutern wie Topinambur & Engerlingen	Acker, Wiese, Wasserstelle, Bäume und Sträucher, Stall, Zaun
Pferde	Beweidung, Zugtiere für Holz- & Ackerarbeiten	Weide, Heuwiese, Wasserstelle, Bäume und Sträucher, Stall, Zaun

Dschungelgefühle

Auch auf Balkonen kann's so richtig rund gehen. Man muss sie einfach nur lassen, die Pflanzen. Mit den unten genannten kannst du dir flott einen Dschungel auf deinem Balkon wachsen lassen, denn sie gedeihen schnell, können einen Balkon rasch begrünen und ziehen außerdem noch Tiere an. Wichtig ist, dass die Pflanzen einige Sonnenstunden abbekommen, in ausreichend großen Töpfen wachsen dürfen und keinem zu starken Wind ausgesetzt sind (mehr davon im Unterkapitel Topfkräutergarten auf Seite 139):

Einjährige Pflanzen, die ranken:
Kapuzinerkresse, Prunkwinde, Duftende Platterbse, Feuerbohnen, Kürbis, Gurken, Stangenbohnen.

Mehrjährige Pflanzen, die klettern:
Efeu, Waldrebe, Echter Wein, Gewöhnlicher Wilder Wein, Dreispitzige Jungfernrebe, Hopfen, Kletterrosen, Gartengeißblatt, Kiwipflanzen.

Mehrjährige Kräuter, die auch blühen:
Dost, Thymian, Ysop, Lavendel.

Mehrjährige Wildpflanzen und Gartenblumen:
Färberkamille, Johanniskraut, Wilde Möhre, Herbstastern.

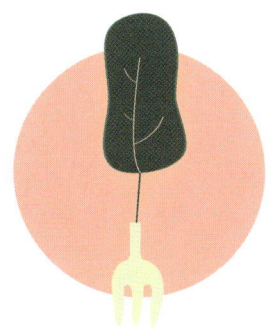

WECKE DIE PERMAKULTUR–LEIDENSCHAFT IN DIR:
IMMER HER MIT DEM GEMÜSE!

Gemüse über Gemüse – hier erfährst du, was alles dazugehört, um Gemüse im Permakulturgarten anzubauen. Vom Balkonbeet zum Schichtmulchbeet, vom Acker bis zum winzig kleinen Gewächshaus. Und Gemüse ist noch viel mehr als einfach nur Lebensmittellieferant: Mit all seinen Arten, Farben, Formen, Geschmacksvariationen und Wachstumseigenschaften zeigt es auch, wie vielfältig und faszinierend die Entstehung und Weiterzüchtung der Kulturpflanzenvielfalt war und ist und wie die Jahrtausende währenden Beziehungen und Wanderungsbewegungen der Menschen unterschiedlichster Kulturkreise zu unserem kulinarischen Reichtum geführt haben – Multikulti statt Einheitsbrei!

Gemüsevielfalt
aus vielen
Herkunftsländern

Denn wir gehören zusammen!

Gemüse in Hülle und Fülle, zur Selbstversorgung rund ums Jahr, in vielen Sorten, bunten Varietäten und natürlich so frisch und regional wie nirgendwo sonst. Der Wunsch nach üppigen Gemüseernten gehört zum Permakulturgärtnern einfach dazu. Gemüseanbau ist allerdings gar nicht so einfach, wenn man ihn mit der Pflege einiger anderer Pflanzengruppen vergleicht, die sich im Permakulturgarten wohlfühlen. Man denke nur an Obstbäume, Beerensträucher, Kräuter oder gar Wildpflanzen. Die sind nämlich, wenn sie grundsätzlich mit ihrem Standort zufrieden sind, sehr unkompliziert, äußerst selbstständig und halten auch so manchen extremen Witterungen stand, was man von vielen Gemüsekulturen nicht behaupten kann. Was ist also los mit dem Gemüse? Und was ist so Besonderes daran, dass wir es unbedingt haben wollen und bereit sind, es mehr als andere Pflanzen zu hegen und zu pflegen? Und was ist Gemüse überhaupt?

Gemüse ist ein Sammelbegriff, der essbare Pflanzenteile von verschiedensten, nicht verholzten Pflanzen umfasst, die meisten davon ein- oder zweijährig, einige auch mehrjährig. Gemüse wurde durch Zucht immer wieder stark verändert, um bestimmte Eigenschaften noch intensiver auszuprägen, die von Natur aus nur in Ansätzen vorhanden waren. So haben GärtnerInnen über viele Jahrhunderte hinweg mit ihren Gemüsesorten gearbeitet und wunderbare Dinge, wie süße orange Karotten, große gelbe Tomaten, feste weiße Kohlköpfe, milde Paprika und knackige Radieschen, hervorgebracht.
Mensch und Gemüse – wir sind schon lange ein Paar!

Und wir können eigentlich auch kaum mehr ohne einander. Weil aufgrund des Züchtungsprozesses Eigenschaften wie Bitterkeit, harte Schalen und zähes faseriges Gewebe immer mehr in den Hintergrund gedrängt wurden, damit es für uns Menschen schmackhafter und wertvoller ist, hat das Gemüse sozusagen seine „Klauen" verloren und ist deshalb viel hilfloser gegenüber unerwünschten Mitessern, Krankheiten, Wassermangel und Wetterkapriolen geworden. Wir müssen es also viel mehr beschützen, als seine wilden Vorfahren das gebraucht

hätten, dafür ist es aber auch brav und zahm geworden, wächst friedlich in unseren Gärten und schmeckt einfach gut. Ein weiterer Grund für die intensive Pflegebedürftigkeit vieler Gemüsekulturen ist, dass sie ursprünglich aus milderen Klimazonen stammen. Obwohl es durch die Weiterzüchtung gelungen ist manche Sorten weniger frostempfindlich zu machen, gibt es bis heute noch keine winterharten Tomaten, Kürbisse und Co. Weil wir sie aber so sehr lieben und sie ein ganz wesentlicher Teil unseres Speiseplans geworden sind, sind wir bereit so einiges zu investieren, um ihnen ein möglichst gutes Leben in unseren Gärten zu bieten – damit wir uns dann die Bäuche vollschlagen und die Speisekammern bis oben hin füllen können.

Bei der Auswahl der Gemüsekulturen zahlt es sich aus darauf zu achten, welche Möglichkeiten der eigene Garten bietet, welche Pflanzen mit den vorherrschenden Bedingungen möglichst gut umgehen können und wie viel Zeit und Energie man in die Bewirtschaftung investieren möchte. Manche Grundstücke sind prädestiniert für den Gemüseanbau: sonnig, mit leicht lehmigem Boden und guter Wasserversorgung in milder, windgeschützter Lage. Hier wird so gut wie alles wachsen. Weichen die Voraussetzungen davon ab, kann mit angepasster Gartengestaltung und Beetplanung, aber vor allem auch mit der Auswahl passender Sorten und Arten ebenfalls eine gute Ernte erzielt werden. Bodenverhältnisse, Wasserversorgung, Wind und Frostschutz – all das kann für den Gemüseanbau optimiert werden. Ohne direktes Sonnenlicht kommt das Gemüse allerdings nicht aus, weshalb durch große Bäume fast vollkommen beschattete Gärten für den Gemüseanbau leider ungeeignet sind.

ANSPRÜCHE UND ANBAUVORSCHLÄGE FÜR EINIGE HÄUFIGE GEMÜSEARTEN MIT ZONENEMPFEHLUNG

GEMÜSEART	KULTUR-DAUER	FROSTEMP-FINDLICHKEIT	ANZUCHT	BODEN-ANSPRÜCHE	NÄHRSTOFF-BEDARF
ZONE 1: empfindliche, eher aufwändige Kulturen, geschützte Vorkultur nötig oder Zukauf von Bio-Jungpflanzen, Auspflanzen erst nach den Frösten an einem warmen, geschützten Ort nahe am Haus					
Aubergine	●	❄❄❄	geschützte Vorkultur im Haus, danach Frühbeet/Glashaus, Auspflanzung nach den letzten Frösten	humos, locker	🌿🌿🌿
Andenbeere, Ananaskirsche	●	❄❄❄	geschützte Vorkultur im Haus, danach Frühbeet/Glashaus, Auspflanzung nach den letzten Frösten	humos, locker	🌿🌿🌿
Chili	♃⌂	❄❄❄	geschützte Vorkultur im Haus, danach Frühbeet/Glashaus, Auspflanzung nach den letzten Frösten	humos, locker	🌿🌿
Gurke, Mini-Gurke, Scheibengurke	●	❄❄❄	Vorkultur im Frühbeet, Auspflanzen nach den letzten Frösten	humos, locker	🌿🌿🌿
Paprika, Peperoni	●	❄❄❄	geschützte Vorkultur im Haus, danach Frühbeet/Glashaus, Auspflanzung nach den letzten Frösten	humos, locker	🌿🌿🌿
Tomate	●	❄❄❄	geschützte Vorkultur im Haus, danach Frühbeet/Glashaus, Auspflanzung nach den letzten Frösten	humos, locker	🌿🌿🌿
Tomatillo	●	❄❄❄	geschützte Vorkultur im Haus, danach Frühbeet/Glashaus, Auspflanzung nach den letzten Frösten	humos, locker	🌿🌿
ZONE 1: einfache Kulturen, am besten nah am Haus anzubauen, da öfter zu beernten, Bewässerung teilweise nötig					
Radieschen, Rettich	↑	❄	Direktsaat	humos, locker bis lehmig	🌿
Salate	↑	❄	Direktsaat oder Vorkultur	anspruchslos	🌿🌿
Spinat	↑	❄	Direktsaat	anspruchslos, eher locker	🌿🌿

● einjährig   (●) einjährig (kann überwintern)   ⌂ mehrjährig, kann im Haus überwintert werden   ❄ Frostempfindlichkeit: kaum, gering, mittel, sehr   💧 Wasserbedarf: gering, mittel, hoch

♃ mehrjährig   ↑ einjährig, schnelle Kultur   ♃   🌿 Nährstoffbedarf: gering, mittel, hoch   ☼ sehr sonnig

WASSER-BEDARF	STANDORT	ANBAULEVEL 1 (LEICHT) BIS 3 (SCHWIERIG) & HINWEISE	GEEIGNETE BEETTYPEN
🌢🌢🌢	☀	2: sehr wärmebedürftig	Mischkultur-Gemüseacker, Hügelbeet, Hochbeet, Trog, Glashaus, Frühbeet
🌢🌢🌢	☀	2: sehr wärmebedürftig	Mischkultur-Gemüseacker, Hügelbeet, Hochbeet, Trog, Glashaus, Frühbeet
🌢🌢	☀	2: sehr wärmebedürftig	Mischkultur-Gemüseacker, Hügelbeet, Hochbeet, Trog & Topf, Glashaus, Frühbeet
🌢🌢	☀ (sonnig)	3: Anzucht nicht zu früh in einzelnen Töpfe, Auspflanzung ohne die Wurzeln zu verletzen, braucht Windschutz u. Regenschutz	Schichtmulchbeet, Mischkultur-Gemüseacker, Hügelbeet, Hochbeet, Trog, Glashaus
🌢🌢	☀	2: sehr wärmebedürftig	Mischkultur-Gemüseacker, Hügelbeet, Hochbeet, Trog, Glashaus, Frühbeet
🌢🌢	☀	2: teilweise Regenschutz erforderlich, Braunfäuleanfälligkeit	Mischkultur-Gemüseacker, Hügelbeet, Hochbeet, Schichtmulchbeet,Trog, Glashaus, Frühbeet
🌢🌢🌢	☀	1-2	Mischkultur-Gemüseacker, Hügelbeet, Hochbeet, Trog, Glashaus, Frühbeet
🌢🌢 regelmäßig	☀ (sonnig-halbschattig)	1: schießen leicht, deshalb Sortenauswahl beachten und früh oder spät im Jahr aussäen	Mischkultur-Gemüseacker, Hochbeet, Trog
🌢🌢 regelmäßig	☀ (sonnig-halbschattig)	1: schießen leicht, deshalb Sortenauswahl beachten und früh oder spät im Jahr aussäen	Mischkultur-Gemüseacker, Hügelbeet, Hochbeet, Trog
🌢🌢 regelmäßig	☀ (sonnig-halbschattig)	1: schießen leicht, deshalb Sortenauswahl beachten und früh oder spät im Jahr aussäen	Mischkultur-Gemüseacker, Hochbeet, Hügelbeet, Trog

☼ sonnig

☀ sonnig-halbschattig

GEMÜSEART	KULTUR-DAUER	FROSTEMP-FINDLICHKEIT	ANZUCHT	BODEN-ANSPRÜCHE	NÄHRSTOFF-BEDARF
ZONE 2: unkomplizierte Kulturen, die hin und wieder Aufmerksamkeit brauchen					
Brokkoli	◠	❄	Vorkultur im Frühbeet	humos, locker bis lehmig	🌿🌿🌱
Erbse	●	❄❄	Direktsaat	anspruchslos, eher locker	🌿
Grünkohl	◠ ⌂2↓	❄	Vorkultur im Frühbeet	anspruchslos	🌿🌿🌱
Knollen-Fenchel	◠	❄❄	Vorkultur im Frühbeet	eher anspruchs-los, nicht zu schwerer Boden	🌿🌿
Knollensellerie	●	❄	Aussaat im Haus, Vorkultur im Früh-beet	locker, humos	🌿🌿
Kohlrabi	↑●	❄	Vorkultur im Frühbeet	humos, locker bis lehmig	🌿🌿🌱
Lauch	◠	❄	Aussaat im Haus, Vorkultur im Früh-beet	humos, locker bis lehmig	🌿🌿
Mangold	◠	❄	Direktsaat oder Vorkultur im Früh-beet	anspruchslos	🌿🌿
Rot- & Weißkohl	●	❄	Vorkultur im Frühbeet	humos, locker bis lehmig	🌿🌿🌿
Speisekürbis-arten	●	❄❄❄	Vorkultur im Frühbeet, Auspflanzen nach den letzten Frösten	locker, humos	🌿🌿🌿
Winterhecken-zwiebel	2↓	❄	Vorkultur im Frühbeet oder Auspflan-zen von Wurzelstücken	humos, locker bis lehmig	🌿🌿
Zucchini	●	❄❄❄	Vorkultur im Frühbeet, Auspflanzen nach den letzten Frösten	locker, humos	🌿🌿🌿
ZONE 2-3: selbstständige Kulturen, die auch auch weiter weg vom Haus und ohne ständige Aufmerksamkeit gedeihen					
Buschbohne	●	❄❄❄	Direktsaat	anspruchslos, nicht zu trocken	🌿
Ackerbohne	●	❄	Direktsaat	anspruchslos	🌿
Amaranth	●	❄❄❄	Direktsaat, selbstaussäend	eher anspruchs-los, humos	🌿🌿

WASSER-BEDARF	STANDORT	ANBAULEVEL 1 (LEICHT) BIS 3 (SCHWIERIG) & HINWEISE	GEEIGNETE BEETTYPEN
💧💧	☀ (Sonne)	2: Blattfraß durch Kohlweißlinge und -fliege durch Mischkulturen verringern	Schichtmulchbeet, Mischkultur-Gemüseacker, Hügelbeet, Hochbeet
💧💧	◗ (Halbschatten)	Schalerbsen sind robuster und früher, Zuckererbsen dafür süßer	Mischkultur-Gemüseacker, Hügelbeet, Hochbeet, Trog
💧💧	☼ (Schatten)	2: Fraß durch Kohlweißlinge durch Mischkulturen verringern, braucht sehr viel Platz	Schichtmulchbeet, Mischkultur-Gemüseacker, Hügelbeet, Hochbeet, großer Trog
💧💧 regelmäßig	◗ (Halbschatten)	2: schießen leicht, Sortenwahl wichtig	Mischkultur-Gemüseacker, Hochbeet, Hügelbeet, Trog, (Frühbeet)
💧💧 regelmäßig	◗ (Halbschatten)	2: Anzucht so früh als möglich, Aussaat ab Februar	Mischkultur-Gemüseacker, Hochbeet, Hügelbeet, Trog, (Frühbeet)
💧💧	☼ (Schatten)	2: nicht zu tief setzen und Platz geben	Schichtmulchbeet, Mischkultur-Gemüseacker, Hügelbeet, Hochbeet
💧💧 regelmäßig	☼ (Schatten)	2: Lauchfliege durch Mischkultur oder Kulturschutznetz eindämmen	Mischkultur-Gemüseacker, Hügelbeet, Hochbeet, Trog
💧💧	◗ (Halbschatten)	1	Mischkultur-Gemüseacker, Hochbeet, Hügelbeet, Trog, Schichtmulchbeet
💧💧	☼ (Schatten)	2: Blattfraß durch Kohlweißlinge durch Mischkulturen verringern	Schichtmulchbeet, Mischkultur-Gemüseacker, Hügelbeet, Hochbeet
💧💧💧	☼ (Schatten)	2: Anzucht nicht zu früh in einzelnen Töpfe, Auspflanzung ohne die Wurzeln zu verletzen	Schichtmulchbeet, Mischkultur-Gemüseacker, Hügelbeet, Hochbeet, großer Trog
💧💧	◗ (Halbschatten)	1	Mischkultur-Gemüseacker, Hügelbeet, Hochbeet, Trog
💧💧💧	☼ (Schatten)	2: Anzucht nicht zu früh in einzelnen Töpfe, Auspflanzung ohne die Wurzeln zu verletzen	Schichtmulchbeet, Mischkultur-Gemüseacker, Hügelbeet, Hochbeet, großer Trog
💧💧	◗ (Halbschatten)	2: Direktsaat Mitte April bis Mitte Mai, Schneckenschutz	Mischkultur-Gemüseacker, Hügelbeet, Hochbeet, Trog
💧💧	◗ (Halbschatten)	1: sehr früher Anbau möglich	Mischkultur-Gemüseacker, Hügelbeet, Hochbeet, Trog
💧💧💧	☼ (Schatten)	1-2: vereinzeln notwendig, Schneckenschutz	Mischkultur-Gemüseacker, Hügelbeet

GEMÜSEART	KULTUR-DAUER	FROSTEMP-FINDLICHKEIT	ANZUCHT	BODEN-ANSPRÜCHE	NÄHRSTOFF-BEDARF
Artischocke	♃	❄❄	Vorkultur im Haus, dann bald kalt stellen	anspruchslos	🍃🍃🍃
Baumspinat	●	❄❄	Direktsaat, selbstaussäend	anspruchslos	🍃
Gartenmelde	●	❄❄	Direktsaat, selbstaussäend	anspruchslos	🍃🍃
Karotte	⌒•	❄	Direktsaat	locker, sandig-lehmig	🍃🍃
Kartoffel	●	❄❄	Direktpflanzung von Knollen	anspruchslos, nicht zu lehmig	🍃🍃🍃
Mairüben	↑	❄	Direktsaat	anspruchslos	🍃
Mais	●	❄❄❄	Dirketsaat oder Vorkultur im Frühbeet	humos, locker	🍃🍃🍃
Meerrettich	♃	❄	Direktpflanzung von Wurzelteilen	anspruchslos	🍃
Melone	●	❄❄❄	Vorkultur im Frühbeet, Auspflanzen nach den letzten Frösten	locker, humos	🍃🍃🍃
Pastinake	●	❄	Direktsaat	locker, sandig-lehmig	🍃🍃
Rhabarber	♃	❄	Direktpflanzung von Wurzelteilen, aus Samen dauert es lange	anspruchslos, eher locker	🍃🍃🍃
Rote Rübe	●	❄	Direktsaat oder Vorkultur im Frühbeet	anspruchslos	🍃🍃
Stangenbohne, Feuerbohnen	●	❄❄❄	Direktsaat oder Vorkultur	anspruchslos, nicht zu trocken	🍃🍃
Topinambur	♃	❄	Direktpflanzung der Knollen	anspruchslos, nicht zu lehmig	🍃🍃
Wiesen-Sauerampfer	♃	❄	Vorkultur im Frühbeet oder Wurzelteilung	anspruchslos, eher locker	🍃🍃
Zwiebel, Knoblauch	●	❄	Direktsaat	anspruchslos, eher locker	🍃🍃

Wie aus dieser Tabelle ersichtlich wird, ist es wichtig, die Gemüsearten gemäß ihren Bedürfnissen und unserem Arbeitsaufwand in passenden Beeten in den Zonen 1 bis 3 des Permakulturgartens anzuordnen. Alle Gemüsearten werden in Mischkulturen und in Fruchtfolge angebaut, was die Planung etwas anspruchsvoller macht. Die wenigen mehrjährigen Gemüsekulturen haben allerdings einen fixen Platz im Garten, den sie ungestört bewohnen dürfen.

Die wichtigsten Beettypen für Gemüse sind Hochbeet, Hügelbeet, Gemüseacker bzw. Flachbeet und Schichtmulchbeet. Für die Vorkultur einiger frostempfindlicher Arten ist allerdings auch ein kleines Gewächshaus bzw. ein Frühbeet sinnvoll. Also macht euch bereit:

Jetzt kommen die gängigsten Beetformen im Portrait!

WASSERBEDARF	STANDORT	ANBAULEVEL 1 (LEICHT) BIS 3 (SCHWIERIG) & HINWEISE	GEEIGNETE BEETTYPEN
💧💧	☀	3: Überwinterung nötig, da Blüte im 2. Jahr, braucht viel Platz	Mischkultur-Gemüseacker, Hügelbeet
💧💧	☀	1	Mischkultur-Gemüseacker, Hügelbeet
💧💧	☀	1: Schneckenschutz	Mischkultur-Gemüseacker, Hochbeet, Hügelbeet
💧💧	☀	2: Boden muss passen, lange Kulturdauer, vereinzeln nötig	Mischkultur-Gemüseacker, Hochbeet
💧💧	☀	1	Mischkultur-Gemüseacker, Trog, Schichtmulchbeet
💧	☀	1	Mischkultur-Gemüseacker, Hügelbeet, Hochbeet, Trog
💧💧	☀	2	Mischkultur-Gemüseacker, Hügelbeet
💧💧	☀	1: vermehrt sich selbst	Mischkultur-Gemüseacker, eigner kl. Gartenbereich
💧💧	☀	3: Anzucht nicht zu früh in einzelen Töpfe, Auspflanzung ohne die Wurzeln zu verletzen, braucht Windschutz	Schichtmulchbeet, Mischkultur-Gemüseacker, Hügelbeet, Hochbeet
💧💧	☀	2: Boden muss passen, lange Kulturdauer, vereinzeln nötig	Mischkultur-Gemüseacker, Hochbeet
💧💧	☀	1: Boden muss passen	Mischkultur-Gemüseacker, Hügelbeet
💧💧	☀	1	Mischkultur-Gemüseacker, Hochbeet, Hügelbeet, Trog
💧💧	☀	2: Direktsaat od. Vorkultur Mitte April bis Mitte Mai, windgeschützt	Mischkultur-Gemüseacker, Hügelbeet,Trog
💧💧	☀	1: breitet sich aus	Mischkultur-Gemüseacker, eigener Gartenbereich
💧💧	☀	1	Mischkultur-Gemüseacker, Hügelbeet, Hochbeet, Trog
💧💧	☀	1	Mischkultur-Gemüseacker, Hügelbeet, Hochbeet, Trog

Wenig Platz, viel Ernte:
das Gemüsebeet am Balkon

Gemüse auch am Balkon – und noch dazu mit Beziehungen! Hier erfährst du, wie permakulturelles Denken und Tun auch den Balkon erreicht, und das mit ganz einfachen Mitteln!

Frisch & nah!

Gemüse am Balkon gelingt besonders gut im Hochbeet oder in einem großen Trog. Beide bieten Bedingungen fast wie im Mutterboden – viel Erdreich und relativ freies Wurzelwachstum –, nur, dass wir hier die Beschaffenheit des Bodens leichter beeinflussen können. Balkone sind immer besonders nah an unseren Wohnräumen – also ideale Orte, um Gemüse anzubauen, das erntefrisch verarbeitet oder verzehrt werden kann. Balkon-Gemüsebeete sind aber auch ideale Entdeckungs- und Lernorte, die uns die Chance bieten Gemüsepflanzen vom ersten Tag an genau zu beobachten.

Planung & Bau

Gemüsebeete brauchen einen sonnigen Platz und das gilt in diesem Fall auch für den Balkon. Die Größe des Gemüsebeetes hängt von den bestehenden Möglichkeiten und Wünschen ab, eine Mindestfläche von ca. 100 x 50 cm ist aber empfehlenswert. Die Höhe wird von der Tragfähigkeit des Balkons und den Vorstellungen der BewirtschafterInnen bestimmt. Die meisten Gemüsearten kommen gut mit 30–50 cm hohen Pflanzgefäßen aus, die angenehme Arbeitshöhe von Hochbeeten liegt bei ca. 80 cm. Alle Gefäße brauchen einen Wasserabfluss, damit keine Staunässe entsteht. Am Balkon muss außerdem darauf geachtet werden, dass das abfließende Wasser in der jeweiligen Balkonentwässerung landet und nicht am Boden stehenbleibt oder an Hausmauern entlangfließt. Das Gesamtgewicht des Beetes darf die maximale Traglast des Balkons auf keinen Fall überschreiten, es ergibt sich aus der Summe des Gewichts aller Baumaterialien plus der Befüllung und der Pflanzen in wassergesättigtem Zustand. Ist das gewünschte Beet zu schwer, muss entweder die Größe reduziert oder leichtere Materialien und Substrate verwendet werden.

Ein Gemüse-Hochbeet baut man am besten aus Holz. Je nach gewünschter Größe bieten sich z.B. Restbretter und -platten oder auch Europoolpaletten an. Die Bretter sollten mindestens eine Stärke von 3 cm, besser aber 5 cm haben, so hält das Hochbeet länger. Zwischen Holz und Erde kann, ebenfalls zur Erhöhung der Haltbarkeit, eine Folie zum Schutz (z.B. Kautschukfolien) angebracht werden. Da ökologisch unbedenkliche Folien allerdings rar und teuer sind, ist es einfacher etwas stärkeres Holz zu verwenden. Wer auf Nummer sicher gehen will, kann zu Lärchen-, Kastanien- oder Robinienholz greifen, weil das besonders robust ist. Das Hochbeet braucht nicht unbedingt einen Boden, es ist allerdings wichtig, dass keine Erde aus dem Beet herausgespült wird, deshalb wird der Boden mit Drahtgitter und Pflanzenvlies ausgelegt, das an den Innenwänden hochgezogen wird.

Die Befüllung des Beetes erfolgt in Schichten, die wie bei einem Hügelbeet (siehe Seite 104) aufgebaut sind: Ganz unten eine Drainageschicht, darauf ein Holzkern aus zerkleinerten Ästen, dann kommen Schichten aus verfügbarem organischem Material wie z.B. Häckselmaterial und Laub. Die obersten 20 cm werden mit einer Erdmischung aus Kompost, Gartenerde und eventuell Sand aufgefüllt. Darauf kommt noch eine Mulchschicht aus Heu, Grasschnitt, Häckselmaterial oder Kräuterstängeln – damit ist das Beet fertig befüllt.

Die Familienbande des Balkon-Gemüsebeetes – Beziehungen über Beziehungen

Gerade am Balkon scheinen Elemente oft isoliert zu sein. Ob man es aber bemerkt oder nicht, auch dein Balkonbeet hat vielfältige Beziehungen: zu angrenzenden Elementen, in die Welt hinaus und – als Teil eines Permakultursystems – immer mit Bedacht auf ökologische und soziale Aspekte. Beginnen wir bei den Baumateria-

Auberginen, Basilikum und Tomaten: Gut gemulcht wächst's im Paletten-Hochbeet wunderbar.

1 Vor der Bepflanzung ist es ratsam die Pflanzen zuerst nur aufzustellen und zu überlegen, ob sie optimal angeordnet sind und ob sie genug Platz haben.

2 Mit etwas Glück kann man am Balkon auch im Winter noch Brokkoliröschen ernten.

3 Auf sonnigen Balkonen gedeihen Chilis prächtig – wer's mag.

4 Nachmulchen, Tomaten hochbinden, bei Bedarf bewässern und viel ernten. Ein Beet so nah am Haus ist meist sehr produktiv, wenn wir schichten und stapeln und den Nährstoffkreislauf aufrechterhalten.

98

lien: Das sind z.B. Restmaterialien aus Holzwerkstätten oder Gärten von FreundInnen und Bekannten, von Wertstoffsammelzentren oder aus dem regionalen Sägewerk. Auch das organische Material für die Befüllung und der Mulch kommen von einem dir bekannten Ort in der Nähe: eigene oder benachbarte Gärten oder auch von gewerblichen, lokalen KompostproduzentInnen.

Die Gemüsepflanzen stammen entweder aus eigener Produktion, dazu benötigst du samenechtes, nicht-hybrides Bio-Saatgut (gekauft bei regionalen Anbietern, getauscht oder sogar selbst vermehrt). Wem die Pflanzenanzucht (noch oder schon) zu mühsam ist, der kann Bio-Pflanzen auch bei Tauschfesten oder in guten Gärtnereien in der Nähe beziehen, wo selbst gezogene Pflanzen, die nicht von Massenproduzenten stammen und importiert werden, angeboten werden. Bewässert wird dein Beet im Idealfall mit gesammeltem Regenwasser. Gemüsepflanzen brauchen auch immer wieder Dünger und Pflanzenstärkungsmittel. Für deren Zubereitung sammelst du Brennnesseln, Schachtelhalm, Beinwell und Co. am besten in Gärten von Bekannten oder bei Spaziergängen in der Natur.

Die Gemüsepflanzen in deinem Beet pflegen außerdem intensive Beziehungen zu verschiedenen Bestäuber-Insekten, zu Mikroorganismen im Boden und im Mulch und oft auch neben uns Menschen zu verschiedenen anderen „Konsumenten", die wiederum von den Nützlingen verzehrt werden. Das Gemüsebeet profitiert also von der räumlichen Nähe zu Wildblumen und Kräutern, die ebenfalls Nützlinge versorgen.

Und letztendlich pflegt das Beet natürlich sehr innige Beziehungen zur Küche und zum Essplatz sowie zur Kompostanlage, in die nicht essbare Pflanzenreste wandern.

Nutzung & Pflege

Bepflanzungsmöglichkeiten für dein Balkon-Gemüsebeet findest du in der Tabelle auf Seite 90. Durch das verringerte Platzangebot am Balkon lohnt es sich, besonders solche Kulturen auszuwählen, die häufig zu beernten sind, regelmäßig gegessen werden und nicht sehr viel Platz brauchen. Es kann nie alles gepflanzt werden, was man sich wünscht, denn die Beetflächen sind

irgendwann zu Ende. Mit der Anpflanzung von mehreren Mischkulturen hintereinander, also als Vor-, Haupt- und Nachkultur, kannst du die Zeit und den Platz optimal nutzen. Gemüseempfehlungen für den Balkon sind z.B. Salate, Radieschen, Spinat, Kohlrabi usw. als Vorkulturen; Salate, Buschbohnen, Sellerie, Peperoni, Fenchel, Mangold usw. als Hauptkulturen und Asia-Salate, Rettich, Grünkohl, Mangold usw. als Nachkulturen über Herbst und Winter.

Die Bewirtschaftung im Jahreskreislauf beginnt mit der vorsichtigen Auflockerung der Erde und der Bepflanzung im Frühjahr. Dazu soll die Erde nicht umgestochen oder umgegraben, sondern wirklich nur gelockert werden. Achte bei der Bepflanzung darauf, dass die Pflanzen genug Platz zum Wachsen haben, auch muss die Mulchschicht immer ausreichend dick sein, um einerseits Beikräuter zu unterdrücken und andererseits Wasser im Boden zu halten und Nährstoffe nachzuliefern. Die Bewässerung erfolgt nur bei Bedarf, wenn die Erde unter dem Mulch trocken ist, das kontrolliert man am besten mit den Fingern. Über den Winter kommt eine dicke Mulchschicht über das Beet, aus der z.B. noch einige Winterkulturen hervorlugen. Diese können in starken Frostperioden mit Vlies oder Folie geschützt werden.

Sogar nützlich für die Biodiversität

Da dieses Beet eher für die intensive Nutzung durch den Menschen gemacht ist, sollte es nicht alleine stehen, sondern braucht in seiner Nachbarschaft Nützlingsbiotope wie z.B. einen Wildkräutertrog oder einen Mini-Teich. Bei Bau und Bepflanzung des Gemüsebeetes muss darauf geachtet werden, dass keine schädlichen Materialien und konventionellen Pflanzen verwendet werden, die Insekten und Co. schaden könnten – Naturmaterialien und Bio-Pflanzen sind die Devise. Ein Gemüsebeet am Balkon kann natürlich auch einen Beitrag zur Vielfalt leisten, indem es mittels blühender Kulturen Bestäuber-Insekten Nahrung bietet: Gurke, Aubergine, Zucchini und Co. produzieren in ihren Blüten reichlich Pollen und Nektar für (Wild)Biene und Hummel. Außerdem können an der regengeschützten, sonnenexponierten Außenseite von Hochbeeten auch Nützlingsunterkünfte angebracht werden, solange sie bei der Bewirtschaftung nicht im Weg sind.

99

Die Natur hat Geschmack!

Frisch geerntet aus der freien (Garten-) Wildbahn schmeckt's am besten!

Wer kennt das nicht: Wider besseres Wissen greift man doch mal zu Tomaten, Paprika und Gurken aus dem Supermarkt oder kommt im Restaurant in den fraglichen Genuss von zwar optisch einwandfreiem, dafür aber fast geschmacklosem Gemüse. Und dann der Vergleich mit biologischem Hausgartengemüse von Mutter, Oma, FreundInnen oder aus dem eigenen Beet – da fragt man sich schon, wie das überhaupt gehen kann – wie entsteht der oft drastische Unterschied im Geschmack, von wässrig undefinierbar bis hin zu richtigen Geschmacksexplosionen? Es sind vor allem zwei Dinge, die den Unterschied ausmachen.

1. Die Sortenauswahl: Bei vielen Hochertragssorten, die für den Großhandel gezüchtet wurden, waren und sind guter Geschmack und gesunde Inhaltsstoffe kein Kriterium. Lange Lagerfähigkeit, Uniformität und ansprechende Oberflächen sind die relevanten Selektionskriterien. Hausgartensorten, insbesondere viele alte Sorten, sind vorrangig auf guten Geschmack, gesunde Inhaltsstoffe und Standortanpassung gezüchtet worden.

2. Die Anbaubedingungen: Die Interaktion mit der Natur macht Pflanzen aromatisch, ob Kräuter, Obst oder Gemüse – etwas Stress ist nötig, um ein Potpourri aus sogenannten Sekundärstoffen zu produzieren, das Pflanzen fit für das Überleben unter freiem Himmel macht. Und genau dieser Naturstoff-Mix ist es, den wir schmecken, wenn wir in eine Cocktailtomate, Minigurke oder in ein Radieschen aus dem eigenen Garten beißen. Je intensiver die Pflanzen Witterungseinflüssen wie Sonneneinstrahlung, zeitweiser Trockenheit und sogar Fraßfeinden ausgesetzt waren, desto aromatischer sind sie. Da können permanent mit Flüssignahrung versorgte und tröpfchenbewässerte, mit Kunstlicht am Leben erhaltene Gemüsepatienten einfach nicht mithalten.

Gemüse für Fortgeschrittene: der Mischkultur-Gemüseacker

Noch mehr Gemüse. Wer nicht nur naschen möchte, sondern auch Vorräte ernten will, braucht mehr Gemüsefläche – und intelligentes Schichten und Stapeln. Hier erfährst du Nützliches zum Gemüseacker in all seinen Facetten.

GEMÜSE ZUR SELBSTVERSORGUNG

Der permakulturell bewirtschaftete Gemüseacker ist die etwas größere Variante des Balkon-Gemüsebeetes und kann je nach Bedarf und vorhandenem Platz entweder als Gartenbereich mit flachen Gemüsebeeten in einem Einfamilienhausgarten oder als größere Gemüse-(Acker)-Flächen in Gemeinschaftsgärten oder Gemüseanbaubetrieben gestaltet sein. Die Fläche dient jedenfalls vorrangig zum Anbau von einjährigen, kultivierten Gemüsearten, Salaten, Frischkräutern und bei Bedarf auch von Kartoffeln. Ziel ist, größere Erntemengen für die persönliche oder auch lokale Selbstversorgung zu produzieren. Als Nebeneffekt kann der Gemüseacker aber auch Saatgut sowie Nahrung und Lebensraum für Nützlinge bieten.

FÜR DIE PLANUNG

Der Gemüseacker muss an einem sonnigen Ort angelegt werden und besteht aus mehreren Dauer-Beeten, die entsprechend den Bedürfnissen der unterschiedlichen Kulturen angelegt und vorbereitet werden. Eine praktische Möglichkeit ist die Anlage von ca. 1,2 m breiten Gemüsebeeten mit ca. 0,5 m breiten Wegen dazwischen, auf denen man noch gut mit einem Schubkarren fahren kann. Zumindest ein größerer Teil der Fläche sollte gut mit der Wasserversorgung erreichbar sein, was bei der Planung und Verortung auf jeden Fall beachtet werden muss. Eine einfache Möglichkeit ist die Platzierung von erhöhten Wassertanks, aus denen das Wasser bei Bedarf mit Schläuchen oder der Gießkanne verteilt wird. Der Tank muss, wenn es am Acker keine Möglich-

keit zum Wassersammeln gibt, an der nächstmöglichen Regenwassersammelstelle (Teich, Zisterne) angefüllt werden und zum Acker transportiert werden (z.B. mit Hilfe eines Traktors oder Fahrzeuganhängers). Die Größe der Gemüsefläche wird an den Bedarf an Gemüse, die vorhandenen Zeitressourcen und die Gegebenheiten des Grundstücks angepasst. Eine sehr wichtige Voraussetzung für den Gemüseacker ist der passende Boden, dieser sollte nicht zu tonig und auf keinen Fall staunass sein. Trifft das zu, ist es besser keine Flachbeete anzulegen, sondern das Gemüse auf erhöhten Hügel- oder Schichtmulchbeeten anzubauen.

DIE ANLAGE

Je nach Größe der geplanten Gemüsefläche und den vorhandenen Möglichkeiten kann die Anlage rein händisch oder bei manchen Arbeitsschritten auch maschinell erfolgen – in der Permakultur bevorzugt man allerdings die händische Arbeit. Befindet sich der zukünftige Gemüseacker auf einer Wiese, muss zuerst die Grassode vollständig entfernt werden, ohne die darunterliegende Humusschicht zu verlieren. Das macht man entweder maschinell oder händisch durch Anheben mit einem Spaten und Ausschütteln der Erde aus der Grassode. Eine Möglichkeit, die händische Arbeit zu erleichtern, ist das Abdecken der gewünschten Fläche im Herbst. Hierfür eignen sich z.B. dicke Schichten aus Karton oder alten Teppichen. Diese Vorgehensweise führt dazu, dass es über die kommenden Monate zum Abbau der Grasnarbe mitsamt den Wurzeln durch Regenwürmer und Mikroorganismen kommt. Wird der Karton oder Teppich im Frühjahr abgenommen, ist die Erde darunter bereits aufgelockert und es muss nur mehr nachgearbeitet werden. Ist die humose Bodenauflage insgesamt dünn, verteilt man am besten die Erde von den zukünftigen Wegen über die Beete. Je nach gewünschten Kulturen können manche Beetstreifen nun mit Kompost, der zusätzliche Nährstoffe bietet, versorgt werden. Die Beete als auch die Wege werden vor der Bepflanzung gemulcht und

auch über das ganze Jahr hinweg ausreichend mit Mulch versorgt. Im Schnitt ist dafür eine Mulchwiese, die sechs Mal so groß wie der Gemüseacker ist, nötig.

DIE CONNECTIONS DES GEMÜSEACKERS

Was braucht der Gemüseacker, um gut zu funktionieren?

Bio-Pflanzen und Bio-Saatgut – wie schon beim Balkon-Gemüsebeet beschrieben: von verlässlichen regionalen Quellen oder aus eigener Produktion stammend.
Wasser – beim Auspflanzen oder nach der Aussaat werden die Kulturen auf jeden Fall ordentlich gewässert. Durch die dicke Mulchschicht, die Verdunstung vermindert, besteht die Chance, dass in nicht allzu trockenen Jahren eine Bewässerung danach nicht mehr nötig ist. Da wir uns darauf aber nicht verlassen können, sollte versucht werden, Regenwasser in ausreichenden Mengen zu sammeln und zu speichern, um die Pflanzen

bei Bedarf ausreichend versorgen zu können. Regenwassersammeln funktioniert immer gut, wo es größere Dachflächen gibt, wobei auch die entsprechenden Speichergefäße und Verteilungssysteme bedacht werden müssen.

Mulch – ideal für Gemüseflächen ist Heu oder auch frischer, langstieliger Grasschnitt, wie er durch Sensenmähen produziert wird. Aber auch Stroh ist zeitweise als Mulch einsetzbar. Das Mulchmaterial stammt von einer entsprechend großen Mulchfläche, zum Beispiel von der Obstwiese, oder wird von landwirtschaftlichen Betrieben in der Nähe bezogen.

Werkzeug – Schubkarre, Grabegabel, Handschaufel, Gartenschere, Schnüre, Beschriftungspflöcke und Rankhilfen gehören zu den am häufigsten benutzten Utensilien am Gemüseacker. Sie wohnen am liebsten in einem Werkzeugschuppen ganz in der Nähe.

Organisation (über den Anbau hinaus) – die Ernte muss entsprechend vorsorgt werden, denn am Gemüseacker können größere Mengen produziert werden, als die BesitzerInnen für den täglichen Bedarf brauchen: ein kühler Lagerraum für Lagergemüse wie Karotten, Kohl, Kartoffeln und Co.; ein Verarbeitungsraum und eine Speisekammer für Einlegegemüse. und vielleicht auch ein eigener Hofladen für die Verteilung der Überschüsse bringt die Ernte dorthin, wo sie gebraucht wird.

BEPFLANZUNG

Die Beete am Gemüseacker können z.B. mit Mischkulturreihen (3 bis max. 4 Reihen nebeneinander, dann ein Weg, damit die Pflanzen auch gut erreichbar sind) bepflanzt werden. Wie beim Balkon-Gemüsebeet können Vor-, Haupt- und Nachkulturen zeitlich gestaffelt werden. Eine Grundregel bei Mischkulturen ist, die Pflanzenfamilien in den Reihen abzuwechseln, so kommt es zu einer optimalen Ausnutzung der verfügbaren unter- und oberirdischen Ressourcen und die Gefahr, dass bestimmte unerwünschte Organismen und Krankheiten überhandnehmen, ist stark eingedämmt. Hier folgen Vorschläge für einige Kombinationen, wobei je eine Reihe pro Kultur auf der ganzen Länge des Beetes gesetzt oder gesät werden kann:

» Kopfsalat & Radieschen & Erbse

» Sellerie & Buschbohnen & Mangold

» Karotten & Pflücksalat & Grünkohl

» Gemüsefenchel & Weißkohl & Tomate

» Steckzwiebeln & Rote Rübe & Rotkohl

» Pastinake & Lauch & Zuckerhut-Salat

» Spinat & Brokkoli & Ackerbohne

Beim Setzen wird zuerst die Mulchschicht beiseitegeschoben, ein Pflanzloch gemacht, die Jungpflanze gesetzt und die Mulchschicht um den Hals der Pflanze wieder locker geschlossen. Wenn es sich nicht vermeiden lässt, dass an sehr heißen Tagen eingesetzt wird, kann die Mulchschicht auch für einige Tage ganz locker und lichtdurchlässig über den jungen Pflanzen geschlossen werden. Für die Direktsaat wird die Mulchschicht ebenfalls beiseitegeschoben und nach der Einsaat wieder sanft und nicht zu dick darüber geschlossen.

BEWIRTSCHAFTUNG

Die Aufgaben bei der Bewirtschaftung sind das Ausjäten von Beikräutern und die Bewässerung je nach Bedarf, beides wird durch den Einsatz einer ausreichend dicken Mulchschicht auf ein Minimum reduziert. Zur Regulierung von unerwünschten Organismen und zur Krankheitsvorbeugung empfiehlt sich die Zwischenpflanzung von aromatischen Kräutern und Blühpflanzen, wie z.B. Bohnenkraut, Ysop, Dill, Kamille, Ringelblume, Kapuzinerkresse oder Kornblume. Um Nacktschneckeninvasionen vorzubeugen oder auch in den Griff zu bekommen, ist eine Zusammenarbeit mit Hühnern oder Laufenten zu empfehlen. Sie können vor allem in den Wintermonaten, wo viele Beete noch nicht bepflanzt sind, im Gemüseacker herumstreunen und dort Schnecken und ihre Gelege fressen. Während der Gartensaison ist das Geflügel dann sinnvollerweise um die Gemüseflächen herum eingezäunt, da viele von ihnen auch ganz gern selbst Gemüse fressen. So ist der Zuzug von Schnecken aber gut unter Kontrolle. Die dem Gemüseacker benachbarten Hühner und Enten freuen sich allerdings immer über kleine Gaben wie gejätete Beikräuter, Raupen und Ameisennester – also eine durchwegs fruchtbare Kooperation.

GUTES FÜR DIE NATUR

Auch hier gilt es Diversität in den Gemüseacker zu bringen und ihn so zum Leben zu erwecken. Wie das geht? Zum Beispiel mit Begrenzungen und Beeteinteilungen aus blühenden Kräutern und Blühstreifen, mit trockenen, mageren Wegrainen mit Wildpflanzen und auch mit der Einbeziehung von angrenzenden Nützlingsbiotopen, wie Totholzhäufen, Wildsträucherhecken, Trockensteinmauern oder Teichen.

Für die Erhabenen unter uns: das Hügelbeet

Das Hügelbeet ist nicht umsonst als der große Star unter den Beeten des Permakulturgartens bekannt. Hier erfährst du warum.

WAS ES ALLES KANN

Das Hügelbeet, das ähnlich einer Kompostmiete aufgeschichtet ist, ist ein Ort der Nährstoffproduktion, die in seinem Inneren abläuft – genial oder? In den ersten beiden Jahren nach dem Bau ist es deshalb besonders für ganz hungrige Gemüsepflanzen, sogenannte Starkzehrer, geeignet.

Durch den Holzkern und viel organisches Material im Inneren wird außerdem Wasser besonders gut gespeichert – Holz saugt Wasser auf wie ein Schwamm –, das den Pflanzenwurzeln zur Verfügung gestellt wird, die das Hügelbeet auf der Suche nach Nährstoffen und Wasser durchziehen. So ein Hügelbeet muss deshalb eigentlich kaum mehr gegossen oder gedüngt werden, denn es hat einen Langzeitspeicher im Inneren, der einige Zeit lang hält.

Durch diese besondere Bauart ist es auch ein Beet, in dem Gartenabfälle zu nützlichen Ressourcen werden. Ob Grün- oder Heckenschnitt, Restholz, Laub oder Aushuberde – alles wird hier gebraucht.

Durch die Hügelform wird außerdem eine Geländeveränderung vorgenommen, die die Ausprägung verschiedener Standorte auf kleinstem Raum bewirkt. Ob als Sonnenfalle, Windbarriere oder geschützter Bereich – das Hügelbeet bietet Platz für unterschiedliche Bedürfnisse. An der sonnenverwöhnten, windgeschützten Südseite fühlen sich wärmeliebende Kulturen wie Auberginen, Paprika, Basilikum wohl, während die Nordseite, die weniger Sonnenstunden erhält, mehr für sogenannte Hitzeflüchtlinge wie verschiedene Kohlgewächse geeignet ist.

ÜBER PLANUNG & BAU

Ein sonniger Standort im Garten ist gefragt, da Gemüse viele Sonnenstunden benötigt. Wenn eine Hangneigung vorhanden ist, sollte das Beet am besten quer zur Hangrichtung angelegt werden, da so das Wasser besser aufgenommen werden kann. Es ist dann aber eine Befestigung auf der Talseite nötig, da durch die Hanglage sonst eine zu steile Böschung entstehen würde.

Durch die Form des Hügelbeetes kann das Mikroklima bewusst beeinflusst werden, so entsteht z.B. mittels eines nach Süden geöffneten Halbkreises eine Sonnenfalle.

Zum richtigen Aufbau:

Zuerst werden am ausgewählten Ort Grassoden und Oberboden (wenn vorhanden) ca. spatentief abgehoben. Danach wird ein dicht geschichteter Holzkern aufgebaut, der z.B. aus Astschnitt und unbeschichteten, anderweitig nicht mehr brauchbaren Holzresten besteht. Bei einem Beet mit einer Größe von ca. 3 x 1,5 x 1 m sollte der Holzkern ca. 2 x 0,8 x 0,6 m groß sein. Die entstandenen Hohlräume werden danach mit etwas Erde gefüllt. Dann wird organisches Material in mehreren Schichten aufgetragen. Hierfür können z.B. Grassoden (mit der Grasnarbe nach unten), Laub, Staudenschnitt, Häckselmaterial, Jätgut, Stroh und Heu (auch feuchtes und angeschimmeltes ist hier kein Problem) verwendet werden. Erst dann wird eine Schicht Erde aufgetragen, die zwischen 10 und 20 cm dick sein sollte. Die Erde kann einerseits aus Kompost, andererseits aus normaler Garten- oder Aushuberde mit lehmigen Anteilen bestehen. Als Abschluss bekommt das Hügelbeet noch eine dicke Mulchschicht aus Heu oder angetrocknetem Grasschnitt übergezogen.

HÜGELBEET: „ICH ESS ALLES"

Wie bereits erwähnt, nimmt das Hügelbeet viele (Abfall-)Materialien auf, die im Garten oder in der Nachbarschaft gelegentlich anfallen, es hat also gute Beziehungen zu Wildsträucherhecken, Obstbäumen, Beerensträuchern, ja zu Gehölzen überhaupt. Die nötige Erde stammt einerseits direkt aus der Aushubstelle unter dem Holzkern, andererseits von der Kompostanlage und einem eventuell vorhandenen Erdaushub in der Umgebung. Der Mulch kommt wie immer von der Wiese, von Nachbargärten oder von Bauernhöfen in der Umgebung. Auch über die Bezugsquellen für Bio-Pflanzen und -Saatgut wissen wir bereits aus den Kapiteln über Balkonbeet und Gemüseacker Bescheid. Wasser sollte im Idealfall nur bei der Bepflanzung nötig sein, da der Holzkern, die organischen Materialien und

der Kompost im Inneren genug Niederschlagswasser speichern. In den allerersten Lebenswochen des Beetes und wenn es einfach nicht regnen will, ist es allerdings ratsam, das Beet einmal ausgiebig zu bewässern, auch damit der Kompostierungsprozess im Inneren richtig losstartet.

1 Grassode abheben und wenn möglich bei Bedarf den Untergrund etwas in die Waage bringen.
2 Holzkern aufschichten und entstehende größere Lücken mit Erde, Grassoden oder Laub ausfüllen.
3 Schicht für Schicht organisches Material auftragen, z.B. Grasschnitt, Schilf, Laub.
4 Eine Erdschicht zum Abschluss. Sie besteht aus den umgedrehten Grassoden. Damit sie nicht wieder auswachsen, müssen diese sehr dick abgemulcht werden.
5 Am Hang muss ein Hügelbeet befestigt werden, damit die Erde nicht erodiert. Hier z.B. mit Weidenruten, die aber nur zwei Jahre hielten und danach gegen Steine ausgetauscht wurde.

1 Zu Beginn sind die Pflänzchen fast gar nicht zu erkennen in der schützenden Mulchschicht.

2 Hügelbeete sind in den ersten Jahren Starkzehrer-beete, da sie jede Menge Nährstoffe freisetzen.

3 Dieses Hügelbeet ist schon fast nicht mehr zu sehen, ein sehr gefräßiger Kürbis ...

DIE PASSENDEN PFLANZEN

Das Hügelbeet ist in den ersten beiden Jahren ein Beet für Starkzehrer. Sie können gut mit den freigewordenen Nährstoffen in hohen Konzentrationen umgehen und gedeihen deshalb besonders prächtig. Starkzehrer sind z.B. Zucchini, Kürbis, Weiß- und Rotkohl, Mangold und Grünkohl. In begünstigten Lagen eignet sich das Hügelbeet auch gut für nährstoff- und wärmeliebende Kulturen wie Tomaten, Paprika, Peperoni, Chili, Gurken, Auberginen und Melonen. Je nach anfänglichem Nährstoffgehalt kann das Beet ab dem zweiten oder dritten Jahr für Mittelzehrer wie Sellerie, Lauch, Rote Rüben, Fenchel und Schwachzehrer wie Zwiebel, Salate und Spinat verwendet werden. Was auf dem Hügelbeet normalerweise schlecht wächst, sind Wurzelgemüse wie Karotten und Pastinaken, die viel ungestörten Platz für die Wurzelbildung benötigen.

Zur Bepflanzung legt man auf dem Hügelbeet mit den Händen je eine „Mini-Terrasse" pro Pflanze an, in die die Pflanze dann senkrecht hineingesetzt wird. Diese kleine Ebene nimmt auch das Gieß- und Regenwasser besser auf und verhindert die Abspülung von Erde. Nach der Pflanzung wird die Mulchschicht wieder geschlossen und die Pflanze eingegossen.

DIE BEWIRTSCHAFTUNG
UND DAS ÄLTERWERDEN ...

Wichtig ist, die Mulchschicht auf dem Hügelbeet immer dann aufzustocken, wenn sie zu dünn wird. Weiters müssen Einzelpflanzen gegebenenfalls aufgebunden werden, um andere nicht zu unterdrücken. Auch eine regelmäßige Kontrolle der Schnecken unter der Mulchschicht ist gut, vor allem, wenn hin und wieder Pflanzen „verschwinden". Sie sollten dann abgesammelt werden. Wenn es sehr viele sind, zahlt sich ein „Pflegegang" durch eine Laufententruppe sehr aus.

Hügelbeete verändern sich im Laufe der Jahre, sie werden nämlich immer kleiner und kleiner. Das ist klar, werden sie doch von den Pflanzen und Mikroorganismen wortwörtlich „aufgefressen", die aus den freiwerdenden Nährstoffen fleißig Biomasse aufbauen, die wir dann in Form von Riesenkürbissen und Co. stolz präsentie-

ren können. Diesen langsamen Abbauprozess nutzen wir, indem jedes Jahr weniger Starkzehrer gesetzt werden. Bis irgendwann, nach ca. 5–6 Jahren das Beet fast flach ist. Es kann dann geöffnet und die vorhandene, tolle Komposterde geerntet werden – sie ist nicht sehr nährstoffreich, deshalb eignet sie sich wunderbar für die Jungpflanzenanzucht. Das Beet wird dann entweder als Flachbeet weiter genutzt oder wieder in ein Hügelbeet verwandelt. Wer besonders clever ist, baut alle 1 bis 2 Jahre ein neues Hügelbeet (z.B. direkt nebeneinander in Form mehrerer Halbkreise) und hat so jedes Jahr ideale Stark- und Mittelzehrerbeete sowie die äußerst begehrte Jungpflanzenerde.

VERSTECKE FÜR TIERE UND
BLÜHENDE MISCHKULTUREN

Kleine Hohlräume im Hügelbeet können von Nützlingen wie Kröten, Igeln, Erdhummeln und Blindschleichen genutzt werden. Bei der Bepflanzung sollte wie beim Gemüseacker auch an einige Blütenpflanzen für Insekten gedacht werden.

Lage über Lage: das Schichtmulchbeet

Mulch und nochmals Mulch. Im Permakulturgarten können wir davon gar nicht genug kriegen. Das geht so weit, dass ganze Beete nur aus Mulch gebaut werden. Dass sie toll funktionieren, hat aber nicht allein mit dem Mulch zu tun, sondern mit den vielen fleißigen biologischen Mitarbeitern.

GANZ AUS MULCH GEMACHT

So schnell wie ein Schichtmulchbeet fertiggestellt ist – das macht ihm kein anders Beet nach: Einfach auf die vorgesehene Fläche eine dicke Mulchschicht auftragen, und schon steht es. Je nach Untergrund wird entweder zuvor gemäht oder bei hartnäckigeren Beikräutern, wie Quecken, dieser auch noch mit einer dicken Schicht aus unbeschichtetem Karton abgedeckt. Die Mulchschicht aus Heu, Stroh oder langstieligem Grasschnitt sollte zu Beginn zumindest 40–50 cm dick sein. Danach machen wir uns die Abbautätigkeit der Regenwürmer und Mikroorganismen zunutze, die den Mulch als auch die darunterliegende Grasnarbe und die Graswurzeln zersetzen und den Boden gut auflockern. So entsteht mit ganz wenig Arbeitsaufwand ein wunderbares Beet für eine Reihe von Pflanzen.

Auch hier entsteht durch die Abbauprozesse eine sich ändernde Abfolge von Beeteigenschaften: Das Schichtmulchbeet produziert wie das Hügelbeet Nährstoffe und speichert Wasser, der Abbau geht aber durch die Abwesenheit des Holzkerns etwas schneller. Es empfiehlt sich jedes Jahr andere Pflanzen (Stark- bis Schwachzehrer) anzubauen – wie praktisch, ermöglicht und verlangt es doch genauso wie das Hügelbeet nach einer Rotation der Bepflanzung –, eine ausgewogene Fruchtfolge ergibt sich so wie von selbst. Im Frühjahr angelegt, wird das Beet sofort bepflanzt. Im Herbst oder Winter gebaut, arbeiten die Bodentiere schon fleißig an der Bodenauflockerung und wir haben im Frühjahr schon ein Beet, das sich perfekt als Grundlage für einen Gemüseacker eignet. Alles sehr komfortabel!

WER FÜHLT SICH DA WOHL?

Im 1. Jahr: Kürbisse, Zucchini, Kartoffeln, an wärmebegünstigten Orten auch Melonen und Gurken, sie benötigen auf jeden Fall einen sonnigen Standort. Als Dauerkulturen ab dem 1. Jahr sind auch Johannisbeeren und Himbeeren geeignet. Ein Schichtmulchbeet für diese Beerensträucher kann auch im Halbschatten angelegt werden. Sie sind Flachwurzler und lieben die durch die Abbauprozesse gut aufgelockerte Erde in den obersten Zentimetern. Im 2. Jahr ist das Beet bereits so aufgelockert, dass sich auch Tomaten, Mangold, Fenchel und diverse Kohlgewächse wohlfühlen. Als Dauerkulturbeet kann es z.B. für Rhabarber und Gartensauerampfer genutzt werden.

UND DIE PFLANZEN KOMMEN DIREKT IN DEN MULCH?

Für die Bepflanzung wird die Mulchschicht dort, wo die Pflanze gesetzt werden soll, beiseitegeschoben, dann gibt es drei Möglichkeiten:

1. Bei Dauerkulturen, wie Johannisbeeren, wird direkt in die Erde gesetzt, dafür ein Pflanzloch ausheben, die Jungsträucher einsetzen und den Mulch danach wieder um den Hals der Pflanzen schließen.

2. Kartoffeln werden direkt auf die Erde gelegt, ohne sie einzugraben. Sie wurzeln dann in die Erde und bilden in der Mulchschicht ihre Knollen. Wichtig ist, dass auch sie gut mit Mulch bedeckt sind, damit sie nicht grün werden.

3. Kürbisse und Zucchini werden mit je 1–2 Handvoll Erde direkt in den Mulch gesetzt, ohne dass sie mit der ursprünglichen Bodenoberfläche in Berührung kommen. Sie durchziehen mit ihren Wurzeln die Mulchschicht und saugen die freiwerdenden Nährstoffe direkt auf.

Das Schichtmulchbeet ist entweder ab dem 2. oder 3. Jahr als Flachbeet, z.B. als Gemüseacker, nutzbar oder es wird durch dicke Mulchschichten jedes Jahr als Schichtmulchbeet aufgebaut. Mit der Zeit entstehen so sehr nährstoffreiche, leicht erhöhte Gartenbeete aus besonders lockerer Erde.

1 Das Schichtmulchbeet nimmt auch gröberen Mulch, z.B. Hecken- oder Staudenschnitt auf. Darüber kommt eine weitere dicke Heumulchschicht.

2+3 Schichtmulchbeete eignen sich gut für Starkzehrerpflanzen, aber auch Johannisbeeren fühlen sich wohl.

4 Kartoffeln lassen sich sehr gut in Heu-, Gras- oder Strohmulch anbauen. Im Mulch sind junge Pflanzen besser geschützt vor Kälte und Wind.

MULCHMANIACS

Da die wichtigste Zutat für dieses Beet der namensgebende Mulch ist und man wirklich große Mengen davon benötigt, braucht das Beet gute Beziehungen zu einer ausreichend großen oder besonders üppigen Wiesenfläche. Immer wieder taucht hier auch die Frage nach der Nutzbarkeit von Rasenschnitt auf. Grundsätzlich ist natürlich auch er eine nährstoffreiche Ressource, die aber leider durch das feine Häckseln im Mäher an Nützlichkeit verloren hat. Nicht nur, dass auf Rasenmäherflächen kaum Insekten überleben, auch ist das „Grasmus" sehr anfällig für Fäulnis, weil es zu wenig Sauerstoff enthält. Es muss also, bevor es als Mulch oder auch im Komposthaufen zur Anwendung kommen kann, angetrocknet werden oder darf nur sehr dünn aufgetragen werden. Besser für die Mulchproduktion, die Insekten, das Klima und die eigene Fitness ist das Mähen mit der guten alten Sense oder mit einem Balkenmäher, der zwar mit Treibstoff oder elektrisch betrieben werden muss, dafür aber nur ein bis zwei Mal pro Jahr zum Einsatz kommt – Ausleihen ist mein Tipp!

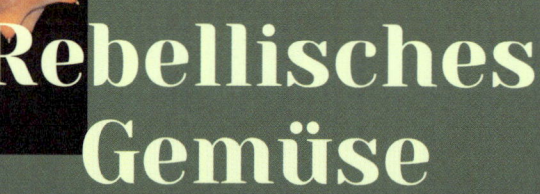

Rebellisches Gemüse

Zugegeben, die Punk-Szene unter den Gemüsearten ist nicht groß.
Aber sie ist vorhanden.
Chilis: Ob sie wirklich als Gemüse bezeichnet werden sollen oder
doch besser als Gewürz, sei dahingestellt. Auf jeden Fall fühlen sie
sich im sonnenverwöhnten Gemüsebeet wohl. Aus der Gemüse-
Reihe tanzen sie wegen der imposanten, nuancenreichen
Geschmackserlebnisse (und Schmerzen), die sie uns bescheren,
und weil es kaum hübschere, verlockendere Früchte gibt.
Ausgefallene Farbenspiele finden sich aber auch bei Kartoffeln (rosa,
ultramarin und dunkelviolett), Tomaten (rot, orange, rosa, gelb,
weiß, violett, grün, schwarz und natürlich: gestreift!), Mais (rot, blau,
violett, schwarz). Viele dieser natürlichen Farbstoffe sind auch in ge-
kochtem Zustand noch imposant leuchtend und unterstreichen die
Geschmacksvielfalt. Ungewöhnlich für unsere mitteleuropäischen
Augen sind auch die stachelige, auf Bäume kletternde Chayote, die
leuchtend gelbe, kugelrunde Zitronengurke, die stachelige Kiwano
und die bis zu 60 cm lange Spaghettibohne. Wie ihr seht,
es lohnt sich nach Raritäten Ausschau zu halten und sie in den
Garten zu holen!

Für alle,
die Wärme lieben:
das Frühbeet

Die Erfindung des Frühbeets ist ein Segen, was würden wir machen ohne die Möglichkeit Ernten zu verfrühen oder weit in den Winter hinein zu verschieben? Früh übt sich, wer mal ein großes Gemüse werden will.

FRÜHE ERNTEN UND KÄLTESCHUTZ FÜR JUNGPFLANZEN

Für alle GärtnerInnen, die gern die Erntesaison verlängern wollen, die in eher kalten, raueren Gebieten leben und/oder die eigene Jungpflanzen ziehen wollen, ist ein Frühbeet sehr sinnvoll. Die ersten Ernten im Frühjahr und die späten Ernten bis in den Winter hinein, wie z.B. Salate, Radieschen, Spinat, Karotten, Kohlrabi und Küchenkräuter, gelingen aufgrund des Kälteschutzes im Frühbeet viel besser als im Freiland. Ein Frühbeet ist im Grunde einfach ein Gartenbeet oder Hochbeet mit einer Abdeckung aus Glas, Plexiglas oder Gewächshausfolie – sie sorgt für einen Treibhauseffekt, der das Innere des Beetes schneller erwärmt als die Luft außerhalb es wird. Frühbeete erwärmen sich also an sonnigen Tagen (und müssen dann auch gelüftet werden) und geben die Wärme langsam über Nacht ab. Sie sind nicht automatisch frostfrei, können aber bei geschützter Lage in leichten Frostnächten die Innentemperatur im positiven Bereich halten. Bei stärkeren und vor allem auch bei länger andauernden Frösten wird es auch im Frühbeet frieren, der vorhandene Windschutz macht aber die Temperaturen für die Pflanzen erträglicher. Für eine verstärkte Wärmeproduktion kann das Frühbeet mit einer unter der Pflanzerde liegenden frischen Pferdemistschicht versehen werden – das nennt sich dann Mistbeet. Die Pflanzen werden entweder direkt ins Beet gesetzt oder gesät, aber auch Topfkulturen sind gut möglich. So eignet sich das Frühbeet auch als geschützter Unterstellplatz für manche Jungpflanzen, die erst nach den letzten Frösten ins Freie dürfen.

Unter Glas sind junge Pflänzchen geschützt vor Kälte und Wind.

WOHIN DAMIT?

Das Frühbeet muss möglichst nah ans Haus, z.B. auf Terrasse oder Balkon, da es regelmäßig aufgesucht werden muss: Durch die Abdeckung ist nämlich regelmäßige Bewässerung und Belüftung notwendig. Ein sonniger Standort ist wichtig. Nur so entsteht der Treibhauseffekt, der dafür sorgt, dass unter der Abdeckung höhere Temperaturen entstehen. Gießwasser sollte direkt in der Nähe verfügbar sein.

MÖGLICHE BAUARTEN

Aufwändiger, aber von langer Lebensdauer ist eine Holzkonstruktion wie bei einem Hochbeet, auf die als Deckel entweder ein altes Fenster oder ein mit Gewächshausfolie bespannter Holzrahmen passgenau gesetzt wird. Der Deckel sollte geneigt sein – im Idealfall Richtung Süden oder Südosten –, damit die Sonnenstrahlung gut eingefangen wird und Wasser abfließen kann. Auf diese Art gebaut, lässt sich das Frühbeet auch gut als Hochbeet verwenden: Wird die Abdeckung im Sommer nicht gebraucht, kann sie einfach abgenommen werden.

Das einfachste aller Frühbeete kann aus kleinen rechteckigen, gepressten Heuballen und einem alten Fenster zusammengesetzt werden. Dazu werden die Ballen so aneinandergestellt, dass in der Mitte ein Rechteck entsteht, und das Fenster, im Idealfall noch mit Rahmen, wird einfach über die leere Mitte gelegt. Zur Belüftung fixiert man das geöffnete Fenster in der gewünschten Neigung ganz einfach mit einem Holzpflock, der zwischen Fensterkante und Boden eingeklemmt wird. Fertig!

Der improvisierte Folientunnel ist eine Steigerungsstufe des Frühbeetes. Er bietet mehr Platz für unsere Pflanzen und kann auch als Überwinterungsort für Topfpflanzen, die zwar etwas Kälte vertragen, aber nasskalte Witterung oder starke Fröste weniger schätzen, verwendet werden. Das sind z.B. Rosmarin, Zitronenverbene, Lorbeer und Oleander. Ein ausgedientes Partyzelt, überspannt mit einer gebraucht gekauften Gewächshausfolie, dient in unserem Garten seit mittlerweile 7 Jahren als Jungpflanzenhaus, Überwinterungsort und Salatbeetherberge für die Wintermonate.

SCHON WIEDER BEZIEHUNGEN!

Wie beim Gemüse-Hochbeet am Balkon brauchen wir auch für das Frühbeet Baumaterialien, die am besten aus Recycleware bestehen. Insbesondere benötigen wir Holzreste und Fenster, die ideal für die nötige Abdeckung sind. Diese fallen bei Abbruchhäusern an oder wenn alte Fenster gegen neue getauscht werden und sind gar nicht so schwer zu bekommen, wenn man einmal begonnen hat nachzufragen. Auch Folienreste von Gewächshäusern sind als Alternative nutzbar. Eine Mischung aus Kompost- und Gartenerde dient als Pflanzsubstrat. Soll es ein richtiges Mistbeet werden, ist der Kontakt zu einem Reitstall oder einer/m Pferdebesitze/in von Nöten – Pferde sind in dieser Hinsicht sehr produktiv! Die Pflanzen kommen von verlässlichen Quellen oder sind selbst gezogen. Gesammeltes Regenwasser dient zum Gießen. Die frische Ernte wandert in die Küche, „Abfall" wie Schalen und Wurzeln auf den Kompost. So schaut's aus.

HEISS – KALT

Das Frühbeet eignet sich für Pflanzen, die kalte Nächte und leichte Fröste aushalten und an warmen Tagen schnell wachsen. Das sind z.B. viele Salate (vom Kopfüber den Pflücksalat bis hin zum würzigen Asia-Salat), aber auch Radieschen, Spinat, Kohlrabi und Küchenkräuter wie Petersilie, Schnittlauch und Kerbel. Jungpflanzen im Topf, die für späteres Auspflanzen gedacht sind und die diesen Bedingungen standhalten, sind Sellerie, Lauch, Fenchel, Rot- und Weißkohl, Brokkoli, Grünkohl und Mangold. Stark frostempfindliche Pflanzen wie Tomaten, Paprika, Auberginen, Amaranth usw. müssen in möglichen Frostnächten zurück ins Haus oder ins beheizte Glashaus, wo sie auch angesät wurden. An warmen Frühlingstagen tut ihnen allerdings die Sonne, der Wind und die frische Luft gut, auch um sich an das spätere Leben im Freiland zu gewöhnen. In besonders kalten Nächten kann das gesamte Beet auch mit dicken Decken oder Teppichen abgedeckt werden, das schützt vor Abstrahlung und hält das Beet mit etwas Glück 1–2 °C wärmer als ohne.

Ganz wichtig ist es, neben dem Kälteschutz durch das Schließen der Abdeckung, auch immer an die nötige Belüftung zu denken. Junge Pflanzen sterben genauso schnell an einem Hitzeschock wie an Kälte und es reichen oft 15–30 Minuten aus, bis die Pflanzen unwiederbringlich kollabieren.

Alte Fenster lassen sich wunderbar als Frühbeet-Abdeckung verwenden.

Klein, aber oho: das Gewächshaus

Gewächshäuser sind der Traum vieler GärtnerInnen und auch so etwas wie die Königsdisziplin. Sie können viel mehr sein als die gewöhnlichen Folientunnel und Kleingewächshäuser. Lasst euch überraschen!

DAS IST JETZT ABER WIRKLICH EIN BAUWERK!

Und es wäre vermessen, Planung und Bau eines Gewächshauses auf wenigen Seiten zu beschreiben. Aber trotzdem muss das Gewächshaus auch in diesem Buch vorkommen, denn im Permakulturgarten kommt man früher oder später auf den Gedanken, wie praktisch es doch wäre, ein gut funktionierendes, passiv solarbeheiztes Gewächshaus nutzen zu können. Denn dieses eignet sich nicht nur durch seine Wärmespeicherelemente für

die Jungpflanzenanzucht im Frühjahr, sondern auch für den ganzjährigen Anbau von Gemüse, Kräutern und Salaten. Und vielleicht birgt es sogar (was für ein Luxus!) einen romantisch verwachsenen, versteckten Sitzplatz für die Übergangszeit und Schlechtwetterperioden in sich.

Wunschlos glücklich wären wir dann, wenn das Gewächshaus – groß genug für unser Jungpflanzenarsenal und einige zusätzliche „Pflegekinder" – die vorhandene Sonnenenergie optimal einfängt und das Innere des Hauses möglichst konstant temperiert bleibt, auch wenn die Außentemperaturen schwanken. Wer „normale" freistehende Glashäuser und Folientunnel kennt, der weiß, wie stark dort die Temperaturen schwanken. Das ist weder für die Pflanzen lustig, noch für die darin arbeitenden Menschen. Permanente Wohlfühltemperaturen sind nur erreichbar, wenn es einerseits ausreichend Speichermasse gibt, also z.B. Steinwände, Wassertanks oder die Erde selbst, in die so ein Glashaus auch zum Teil versenkt werden kann, und andererseits gut durchdachte und funktionierende Belüftungs- und Beschattungs-

1 Ein einfacher, überdachter Arbeitsplatz und Aufstellort für Jungpflanzen ist praktisch.

2 Ein aus Holz gezimmertes Folien-Gewächshaus mit Steinaufgang

3 Über 30 Jahre alt und trotzdem neu: Hier wurde ein Anzuchthaus einer aufgelassenen Gärtnerei neu aufgebaut und wieder in Betrieb genommen.

elemente integriert sind. Sogenannte Anlehngewächshäuser sind an die Außenwände eines Wohnhauses angebaut und nutzen diese Wände dann als Speicher, toll oder? Und wenn dann noch an einen Durchgang von der Küche direkt ins Gewächshaus gedacht wurde, ist die Freude der GärtnerInnen kaum noch zu halten.

PLANUNG IST DAS UM UND AUF!

Jedes Grundstück ist anders und die Vorstellungen, was das Haus alles können sollte und was möglich ist, müssen gut miteinander abgestimmt werden. Der Aufstellort, die Größe, die Nutzungsmöglichkeiten, die Bauweise und Materialien sowie die Art der Wassersammlung und Bewässerung sind ausschlaggebend für die Funktion, also sollte nichts überstürzt entschieden werden. So gut wie immer wird auch ein „richtiger" Plan gezeichnet und eine Baugenehmigung eingeholt werden müssen. Da ein Glashaus ein Fundament, eine stabile Tragekonstruktion und viel Know-how für diverse Details braucht, sind Fachleute unumgänglich – und wenn man das selbst ist, dann ist ja alles bestens!

WAS SOLL DORT ALLES WACHSEN?

Eines muss klar sein, denn wenn das Haus nicht glücklicherweise auf einer Thermalquelle steht, ist es ohne zusätzliche Heizquelle und Beleuchtung noch immer kein Tropenhaus – also mit Papayas und Palmen wird's schwer. Viele Kräuter, Salate, diverse Kohlgewächse, Mangold, Sellerie, Karotten und Spinat wachsen aber doch fast so, als gäbe es keinen Winter – ausgesät und gesetzt wird allerdings im frühen Herbst, damit die Pflanzen noch Zeit haben zu wachsen. Und im Sommer sind Glashäuser ideal für Tomaten, Paprika, Chilis, Auberginen, Gurken und Melonen, die in kühleren Gegenden nur schwer im Freien gedeihen.

EIN HOCH AUF DAS GLAS!

Und zum Schluss bitte nicht vergessen, dass auch Glashäuser Lebensräume sind. Und zwar nicht nur für die von uns genutzten Pflanzen, sondern auch für eine Vielzahl an Insekten, Spinnentieren usw. Um das ökologische Gleichgewicht möglichst gut zu unterstützen, sind deshalb auch im Glashaus Mischkulturen, Fruchtfolgen sowie Brut- und Nahrungsangebote für Nützlinge nötig. Und es darf zwischendurch auch mal etwas blühen, was nicht verspeist wird!

Das minikleine Gewächshaus

Sehr klein, aber doch auch ganz fein. Nicht jede/r hat im Garten Platz für ein Gewächshaus. Auf dem Balkon hingegen bestimmt. Zumindest für ein minikleines. Denn der Treibhauseffekt funktioniert auch auf kleinstem Raum. Mit Glasscheiben abgedeckte Pflanztröge oder über einzelne Töpfe gestülpte halbierte Plastikflaschen erwärmen das Minibeet und helfen bei Keimung und Wachstum.

**Aber auch hier:
Vergesst das Lüften nicht!**

ENERGIE SCHÖPFEN – GANZ VON SELBST!

Energie ist für den kleinsten Organismus genauso wichtig wie für die große Gemeinschaft. Und Energie tankt nun mal jede/r auf andere Weise. Woher die Energie kommt, wie sie gespeichert und weitergegeben wird – wie also ein Energiekreislauf funktioniert –, erfährst du hier.

NICHT EINFACH NUR PFLANZEN ...!

Lebensenergie

Alle Lebewesen brauchen Energie, um zu wachsen, ihren Stoffwechsel zu betreiben, sich zu vermehren und Stresssituationen unterschiedlichster Art zu meistern. Energie sollte deshalb jederzeit zur Verfügung stehen und muss gespeichert, transportiert und umgewandelt werden können – was für eine Aufgabe!

Wo kommt nun aber die Energie her, die die Quelle aller Lebensvorgänge ist? Die allerwichtigste Energiequelle unseres Planeten ist klarerweise die Sonne, die ihre energiegeladenen Strahlen bis an die Erdoberfläche schickt. Um diese Energie aufzunehmen, reicht Sonnenbaden aber nicht aus. Wir Menschen, aber auch Tiere nutzen zwar die Wärmestrahlung, um die Aufrechterhaltung unserer Körpertemperatur zu unterstützen, lebensnotwendige enzymatische Reaktionen anzutreiben und unser Wohlbefinden zu steigern, aber ansonsten sind wir in Bezug auf die Energienutzung abhängig von Lebensformen, die diesbezüglich viel mehr draufhaben als wir. Grüne Pflanzen und viele Bakterien sind die Retter! Sie sind nämlich fähig, die Sonnenenergie richtig einzufangen, in chemische Energie umzuwandeln und damit letztendlich die Biomasse aufzubauen, aus der wir „einfache" Konsumenten unsere Energie schöpfen: aus unserer Nahrung und anderen organischen Brennstoffen.

PHOTOSYNTHESE „SYNTHESE DURCH LICHTNUTZUNG"

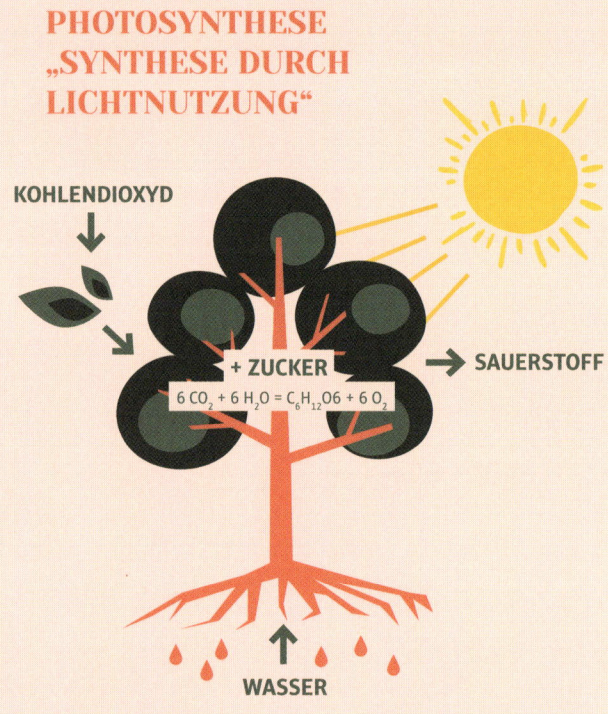

KOHLENDIOXYD

+ ZUCKER

$6\,CO_2 + 6\,H_2O = C_6H_{12}O_6 + 6\,O_2$

SAUERSTOFF

WASSER

Photosynthese – also Produktion durch Lichtnutzung – heißt dieser Prozess, der einerseits die Umwandlung von Lichtenergie in chemische Energie bewerkstelligt und andererseits für die Produktion von pflanzlicher Biomasse durch die Nutzung eben dieser chemischen Energie verantwortlich ist. Primärproduzenten nennt man deshalb die grünen Pflanzen, Algen und jene Bakterien, die mittels Lichtnutzung die allerersten Hersteller von lebendiger Materie sind und dadurch direkt oder indirekt alle anderen Lebensformen ernähren. Ein Grund sich bei ihnen auch mal zu bedanken, nicht?

Hungrig nach Licht! Und dann gibt's Zucker!

Beim Sonnentanken entspannen Pflanzen also nicht einfach wie wir, sondern sie arbeiten: produzieren in kleinen Kraftwerken in ihren Zellen, den Chloroplasten, mittels Photosynthese nutzbare Energie, stellen erste organische Moleküle aus den Rohstoffen Kohlendioxid und Wasser her und reichern Sauerstoff, als überschüssige Ressource der chemischen Reaktion, in der Umgebungsluft an. Zucker, eine Verbindung aus den Elementen Kohlenstoff, Wasserstoff und Sauerstoff, ist das erste organische Molekül, das produziert wird. Er dient als Ausgangsstoff für alle weiteren organischen Substanzen, wie verschiedenste Kohlenhydrate, Proteine, Fette, Vitamine usw., und ernährt dadurch alle anderen Lebewesen.

Fassen wir nochmal zusammen: Pflanzen sind vielleicht unscheinbar und prahlen nicht mit ihren Leistungen, aber so gut wie alle Lebewesen ernähren, lebensnotwendigen Luftsauerstoff produzieren und Kohlendioxid aus der Luft filtern – für diese Leistung wäre sogar der Nobelpreis eine peinliche Untertreibung ...

Durch ihre Produktivität haben sie so den Großteil der Energiequellen unseres Planeten geschaffen: die durch die Photosynthese ständig wachsende Biomasse und die fossilen Energiequellen.

Akku, oder was? – Energie speichern

Beim Energiespeichern denken alle gleich an Akkus, Speicherkapazitäten, Staudämme und Co. – aber wie geht Energiespeichern in der Natur? Pflanzen produzieren aus dem gewonnenen Zucker unter anderem Speicherstoffe, indem sie ihn mit einer Vielzahl an aus dem Boden aufgenommenen Nähr- und Spurenelementen kombinieren. Und in der Vielfalt dieser Naturstoffe liegt die Kraft: Stärke, Fette, Öle, Eiweiße usw. dienen als Reservestoffe für Energie, die dann zum Einsatz kommen, wenn sie für Wachstum und Stoffwechsel benötigt werden. So wird auch ein Samenkorn, das selbst noch keine Photosynthese betreiben kann, mit ausreichend Reservestoffen ausgestattet, um in den ersten Tagen während der Keimungsphase versorgt zu sein. Sobald sich die ersten Keimblätter der Sonne entgegenstrecken ist auch ein Minipflänzchen schon Selbstversorger mit Minikraftwerk – faszinierend!

Energie weitergeben

Jetzt kommen die Konsumenten! Und Pflanzen sind unter ihnen als Energiequelle sehr beliebt. Ob Schmetterlingsraupe, Heuschrecke oder Eichhörnchen, sie verspeisen alle gern unterschiedliche Pflanzen und verbrennen bei der sogenannten Zellatmung energiereiche Substanzen, die sie nutzen, um sich zu versorgen, zu wachsen und sich zu vermehren. Die Zellatmung kehrt den Prozess der Photosynthese um: Hier wird die chemische Energie der aufgenommenen Nährstoffe frei und kann für Wachstum und Entwicklung verwendet werden. Bis die lieben EsserInnen den Löffel mit aufgenommener Energie selbst wieder an den nächsten Konsumenten abgeben ...

Nahrungsnetze und der ewige Kreislauf

Der Energiefluss durch ein Ökosystem kann genutzt werden, um die Rollen einzelner Organismengruppen in Bezug auf ihre Nahrungsbeziehungen zu beschreiben. Grüne Pflanzen, Algen und einige Bakteriengruppen fangen Sonnenenergie ein und geben sie, gespeichert in ihrer Biomasse, an Tiere und Menschen (Konsumenten) und abbauende Organismen (Destruenten) weiter. Die Produktivität dieser Primärproduzenten ist also ausschlaggebend dafür, wie viele und welche Konsumenten ein Ökosystem ernähren kann. Destruenten sind vorwiegend Bakterien und Pilze, aber auch Insekten, Spinnentiere, Gliederfüßer und Ringelwürmer, die durch ihre Vielfalt und Spezialisierungen ihre Lebensenergie aus dem Abbau von organischem Material beziehen und dadurch letztendlich all diese Reste wieder in ihre anorganischen Ausgangsstoffe zerlegen und immer wieder und wieder nutzbar machen.

ENERGIEKREISLAUF UND NAHRUNGSNETZ

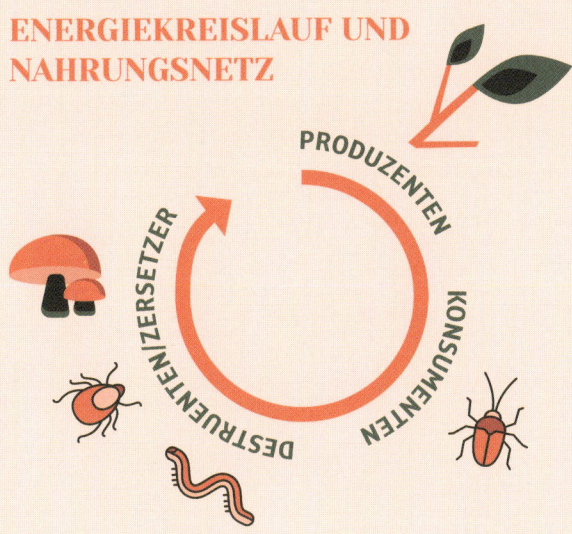

Energie im Garten

Wie ist das also mit dem Energiekreislauf im Garten? Lass sie arbeiten, die Produzenten und Konsumenten, und vergiss niemals die Destruenten! Sorge für gute Arbeitsbedingungen und ein angenehmes Arbeitsklima – Artenvielfalt und angepasste Standorte, lebendiger Boden, Mulch und Kompostierung, vielfältige Materialien, Biotope und Wildniszonen – sie geben deinem Garten Power und verwandeln ihn in einen Kraftplatz!

Dein Energiespeicher in der Speisekammer: Fruchtmus, Saft und Pesto!

Von Pflanzen fixierte Sonnenenergie in haltbare Köstlichkeiten umzuwandeln, gehört eindeutig zu den großen Errungenschaften der Menschheit. „Obst- und Gemüse-Energie" sammeln und speichern kann auch richtig Spaß machen, vor allem wenn man gemeinsam ans Werk geht. Äpfel, Birnen, Pfirsiche, Aprikosen, Erdbeeren, Johannisbeeren usw. eingekocht als Fruchtmus im Glas oder entsaftet und schonend erhitzt als Saft in der Flasche sind pure Energie für jeden grauen Wintertag. Pestos aus Gartenkräutern, selbst gesammelten Wal- oder Haselnüssen, gemischt und versiegelt mit kaltgepresstem Pflanzenöl deiner Wahl (z.B. aus Sonnenblumen, Raps, Nüssen, Oliven) gibt nicht nur Energie, sondern auch richtig Kraft.

Gärtnern in und mit der Natur: Bring Leben in deinen Boden!

Dein Boden lebt! Und er ist einer der wichtigsten Lebensräume auf unserem Planeten überhaupt! Weil mit fruchtbarem, gesundem Boden alles steht und fällt, denn er ist die Basis, auf der alles Leben an Land gedeiht. Es ist also Zeit genauer hinzuschauen: Boden- und Humusaufbau, Nahrungsnetze und Kompostierung und deine eigene wichtige Rolle im Nährstoffkreislauf. Komm also mit und begleite uns ins Herz deines Gartens ...

Lebensraum und Pflanzennahrung

VON UNTEN WIE VON OBEN – BODEN WÄCHST VON BEIDEN SEITEN

Boden entsteht aus Gestein, das durch chemische, physikalische und biologische Verwitterungsprozesse zerkleinert wird. Die Art und Dauer der Verwitterungsprozesse ist abhängig vom Klima, dem Ausgangsgestein und den ansässigen Organismen. Auf jeden Fall vergehen aber Tausende von Jahren, bis aus nacktem Gestein Boden wird. Das ist die eine Seite, also das Wachstum von unten, aus dem Untergrund sozusagen.

Boden ist vor allem aber auch der Lebensraum von unzähligen Lebewesen, beginnend mit Pflanzen, die im Boden wurzeln, über Insekten und Spinnentiere bis hin zu mikroskopisch kleinen Algen, Bakterien und Pilzen. Sie sind verantwortlich für den Bodenaufbau von der anderen Seite aus, von der Oberfläche also. Die auf dem Boden aufliegende Streuschicht liefert die Rohstoffe für ein vielfältiges Bodenleben, sie besteht aus abgestorbenen organischen Materialien, die von Pflanzen, Tieren und Mikroorganismen stammen. Geschichtet und teilweise vermengt mit den verwitterten Gesteinen wird sie Schritt für Schritt abgebaut, ernährt dabei ein komplexes Netz an Bodenorganismen und ist deshalb für den Humusaufbau unentbehrlich. Erst diese vielfältigen Zusammenhänge von Gesteins-Verwitterungsprozessen, verschiedenen Umweltbedingungen und dem Boden-Nahrungsnetz, das abgestorbenes organisches Material verwertet und den Nährstoffkreislauf schließt, machen den Boden zu dem, was er unter ungestörten Bedingungen sein kann: vielfältiger Lebensraum und vitale Pflanzennahrung – ein fruchtbares Universum zu unseren Füßen.

Je nach Ausgangs- und Entstehungsbedingungen entwickeln sich ganz unterschiedliche Böden, die sich auch für verschiedene Nutzungen anbieten: verbackene Sandstein-Böden für den Weinbau, schottrige trockene Böden für magere Blumenwiesen oder Föhrenforst und lockere, krümelige Böden, die sich gut für den Gartenbau eignen.

UNSER GARTENBODEN: AGGREGAT FÜR AGGREGAT LEBEND VERBAUT

Die beiden Seiten des Bodenaufbaus sind natürlich keinesfalls unabhängig voneinander. Mineralische und organische Bestandteile werden von Bodenorganismen im Zusammenspiel mit Klima und Bodenchemie zu dreidimensionalen Aggregaten verkittet und auf diese Art stabil zusammengehalten. Sie geben dem Boden Struktur. Die Aggregate werden zusätzlich von Poren durchzogen, die zum Speichern von Wasser und zur Belüftung des Bodens wichtig sind. Sie können unterschiedlich geformt sein und sind erkennbar, wenn man den Boden vorsichtig mit den Fingern zerteilt. Ein idealer Gartenboden lässt sich dabei in locker krümelige, rundliche Aggregate zerlegen und hat ein sogenanntes Krümelgefüge. Ein Boden mit gutem Krümelgefüge ist widerstandsfähig, denn er lässt sich nicht so leicht verdichten, was zu Sauerstoffmangel und Staunässe führen würde. Er ist wenig erosionsanfällig, da die Krümel sehr stabil sind, und speichert Nährstoffe und Wasser langfristig, weshalb er für gutes Pflanzenwachstum sorgt. Ein gutes Krümelgefüge entsteht nur dann, wenn genug

Humus und eine Vielfalt an Regenwürmern, Pilzen, Bakterien, Pflanzenwurzeln und anderen Bodenorganismen vorhanden sind, wenn also das Nahrungsnetz im Boden mannigfaltig und funktionsfähig ist. Eine weitere Besonderheit des belebten Bodens sind die sogenannten Ton-Humus-Komplexe, die durch Regenwürmer, Asseln und andere Gliederfüßer aufgebaut werden, indem sie abgestorbene Pflanzenreste zusammen mit tonigen Bodenbestandteilen verdauen, und äußerst langlebig und wichtig für die Wasserspeicherung und Nährstoffversorgung sind. Als essentieller Bestandteil der Aggregate ermöglichen sie die Bildung von Dauerhumus, der wiederum für ein stabiles Bodengefüge besonders wertvoll ist.

WIR BRAUCHEN HUMUS

Humus ist der Stoff, der uns GärtnerInnen besonders interessiert. Er ist wichtig für optimales Pflanzenwachstum und erhöht die Wasserspeicherfähigkeit des Bodens enorm. Anders als im Wald, wo eine Streuschicht und vielfältiges Bodenleben ohne unser Zutun vorhanden sind, sind wir GärtnerInnen auf unseren Grundstücken mitverantwortlich dafür, dass Humusaufbau stattfinden kann. Die Förderung des Bodenlebens und die Nachlieferung organischer Materialien (Mulch) auf der Bodenoberfläche sind essentiell, um den Prozess in Gang zu halten.

Die Humustypen können sehr gut am Waldboden beobachtet werden. Die oberste Humusschicht im Wald ist der sogenannte Rohhumus. Dieser besteht aus relativ frischem, nur grob abgebautem organischem Material. Hier sind viele Asseln, Springschwänze und Bodeninsekten mit der Zerkleinerung beschäftigt. Er ist meist sehr sauer und eher trocken, für Pflanzenwachstum also nicht optimal. Unter der Rohhumusschicht befindet sich der sogenannte Moder. Hier ist das Material bereits gut zerkleinert, in Ansätzen ist aber noch erkennbar, welche Ausgangsstoffe hier abgebaut werden. Der Moder ist feucht und idealer Wohnraum für Pilze und riecht auch

danach. Darunter kommt dann die Mullhumusschicht: dunkler, angenehm erdig riechender Humus, der gut abgebaut ist und für Pflanzen leicht verfügbare Nährstoffe liefert. Er hat eine für viele Gartenpflanzen ideale Säure-Basen-Balance und speichert Wasser sehr effizient. Ein Teil des Mullhumus liegt als Nährhumus vor und wird von den Bodenorganismen schnell zersetzt. Die frei werdenden Nährstoffe werden von den Pflanzenwurzeln aufgenommen. Der andere Teil besteht aus Dauerhumusformen, vor allem aus Ton-Humus-Komplexen, die zur dauerhaften Nährstoff- und Wasserspeicherung beitragen.

Bei der Kompostierung im Hausgarten bzw. auch beim Mulchen können wir diese Abfolge der Humusbildung ebenfalls gut beobachten und so auf einfache Weise besten Mullhumus produzieren. Achtung, gekaufte torffreie Blumenerde ist meist Rohhumus, der ohne größere Bodentiere wie Regenwürmer erzeugt wurde. Diese meist sehr sauren Substrate eignen sich nur bedingt für den Pflanzenanbau, da sie zwar nährstoffreich sind, die

Nährstoffe aber sehr schnell verloren gehen, weil kein Dauerhumus enthalten ist. Sie sollten, wenn sie zum Einsatz kommen, gut mit mineralischer Erde mit vielfältigem Bodenleben gemischt werden, damit die Kompostierung weitergehen kann. In den letzten Jahren gibt es glücklicherweise immer öfter auch qualitativ hochwertigen Regenwurmkompost zu kaufen, er ist als Pflanzsubstrat sehr gut geeignet. Aber am spannendsten ist es natürlich, selbst hochwertige Komposterde herzustellen – und ganz nebenbei: Wirklich guter Kompost gehört zu den wertvollsten Tauschgütern in der Permakulturgartenszene.

BODENVIELFALT SCHRITT FÜR SCHRITT

Wie könnte es anders sein ... Auch unser Boden ist nicht eintönig und immer gleich aufgebaut. Durch die punktuell unterschiedlichen Entstehungsbedingungen, die stark von Geländeform, Wasserverfügbarkeit usw. abhängen, ist Boden häufig mehr ein Mosaik als eine

124

kontinuierliche, gleichmäßige Schicht. Bodenproben zeigen meist enorme Unterschiede innerhalb weniger Meter, so wirst du wahrscheinlich auch in deinem Garten ganz unterschiedliche Ausprägungen des Bodens vorfinden. Hinschauen zahlt sich aus, denn der richtige Standort für deine Gartenelemente, vom Gemüsegarten bis hin zum mediterranen Kräuterbeet, ist essentiell. Geländeformen und Boden stehen eng miteinander in Verbindung. An ebenen Stellen ist der Boden meist nährstoffreicher, tiefgründiger und krümeliger. An Hängen hingegen meist flachgründiger und trockener. Wie praktisch, dass Pflanzen gern unterschiedliche Standorte mögen: Vielen Kräutern ist der Boden am Hang lieber, denn zu viele Nährstoffe und Wasser bewirken faden Geschmack und machen sie anfällig für Krankheiten und Frost. Gemüse hingegen ist so gut wie immer dankbar für tiefgründigen, krümeligen Boden mit guter Wasserspeicherfähigkeit und relativ hohem Humusgehalt.

Wiesensalbei, Esparsetten, Aufrechte Trespe: Sie fühlen sich nur in magerem trockenem Boden wohl, Düngung ist nichts für sie.

Was Pflanzen dir über deinen Boden sagen

Die Wildpflanzen, die du (hoffentlich) auf deinem Grundstück vorfindest, kennen deinen Boden schon länger und können dir gern auch einige Informationen flüstern. Hier eine kleine Auswahl an Zeigerpflanzen für unterschiedliche Bodenbedingungen:

Zeigen nährstoffreichen Boden:
Brennnessel, Quecke, Weiße Taubnessel, Holunder, Giersch, Vogelmiere, Löwenzahn, Melde

Zeigen dauerfeuchte, staunasse Stellen:
Flatterbinse, Acker-Schachtelhalm, Wiesen-Knöterich, Acker-Minze, Sumpfdotterblume

Zeigen verdichteten, übernutzten Boden:
Breitwegerich, Vogelknöterich, Einjähriges Rispengras, Gänseblümchen

Zeigen flachgründigen, trockenen, mageren Boden:
Quendel, Johanniskraut, Margerite, Augentrost, Zittergras, Hornklee, Odermennig, Wilde Möhre

125

Wie du deinem Boden Gutes tust

LERNE DEINEN BODEN KENNEN

Den Boden kennenlernen, das geht nur mit deinen Sinnen: Fühlen, riechen, schmecken, beobachten und so Erfahrungen sammeln ist der Weg zum Ziel. Also weg mit den Handschuhen und los geht's!

Hier die wichtigsten Punkte für die Einschätzung deines Gartenbodens in aller Kürze:

Die Bestandteile prägen die Bodenart

Böden sind je nach Ausgangsgestein und Bedingungen aus Einzelteilchen unterschiedlicher Größe aufgebaut, die sich im Laufe der Bodenbildung zu Aggregaten verbinden. Sortiert man die Steine aus, dann sind die größten Teilchen Sandkörner mit bis zu 2 mm Durchmesser, danach folgt Schluff und dann Ton. Schluff und Ton sind so fein, dass sich mit freiem Auge keine Einzelteile mehr erkennen lassen und man beim Reiben zwischen den Fingern keinen Widerstand spürt. Die jeweilige Mischung dieser Partikel im Boden sowie die Poren, die in ihren Zwischenräumen entstehen, sind ausschlaggebend für die Wasserspeicherfähigkeit, die Luftdurchlässigkeit und die Anfälligkeit für Bodenverdichtung. Sandige Böden speichern Wasser schlecht, sind aber aufgrund ihrer großen Poren gut mit Sauerstoff versorgt und wenig anfällig für Verdichtung. Tonige Böden hingegen halten Wasser gut, sind aber dadurch schlecht belüftet und neigen zu Staunässe. Dazwischen gibt es allerhand Zwischenstufen. Als Lehmboden wird ein Boden bezeichnet, der eine ausgeglichene Menge der drei Partikelgrößen enthält, er ist ein besonders guter Gartenboden. Die Zusammensetzung der Bodenpartikel kann am einfachsten mit der Feststellung der Formbarkeit des Bodens erfasst werden. Dazu wird ein leicht angefeuchtetes Stück Erde mit den Händen geknetet und vorsichtig zu einer Kugel geformt und danach, wenn möglich, auch noch zu einem Strang gerollt. Eher sandiger Boden ist schlecht formbar und zerfällt schnell, vor allem die Herstellung eines Stranges ist hier nicht möglich. Feuchter Schluff fühlt sich buttrig an, lässt sich gut formen, allerdings ist er nicht stabil.

Toniger Boden hingegen lässt sich sehr gut dünn ausrollen, fühlt sich klebrig an und ist stabil wie Knetmasse. Boden mit ausgeglichener Partikelzusammensetzung, also lehmiger Gartenboden, liegt in der Mitte und lässt sich mäßig gut formen.

Wie sieht die Bodenstruktur aus? Wie ist das Bodengefüge?

Um das herauszufinden, wird ein mit einem Spaten oder einer Handschaufel entnommenes Bodenstück vorsichtig mit den Fingern zerteilt. Ein Boden mit guter Krümelstruktur zeigt dabei gut verkittete, rundliche Erdteilchen, die einen Durchmesser von einigen Millimetern bis hin zu ca. 2 cm haben und mit deutlich sichtbaren Poren und Pflanzenwurzeln durchzogen sind. Ein hoher Humusanteil ist an dunkelbraunen Färbungen und einem angenehm erdigen Geruch erkennbar. Boden mit schlechtem Bodengefüge und geringem Humusgehalt, wie z.B. regelmäßig gepflügte Ackerböden, zerbröselt in der Hand in seine Einzelteile. Deshalb hat Erosion durch Wind und Wasser bei solchen Böden besonders viel Zerstörungspotential, sie sind also generell viel anfälliger

1 So unterschiedlich können Böden gefärbt sein.

2 Kneten und formen – unsere Finger sind das richtige Werkzeug, um eine erste Einschätzung des Bodens zu bekommen.

gegenüber extremen Witterungsbedingungen als ein belebter, krümeliger Boden.

HUMUS AUFBAUEN

Kontinuierlicher Humusaufbau und -schutz ist eine zentrale Funktion, die dein Garten erfüllen muss, um langfristig gute Wachstumsbedingungen zu gewährleisten. Dazu ist es wichtig, dass dein Boden einerseits Nährhumus, der schnell verfügbare Nährstoffe liefert, andererseits aber auch die Bodenstruktur verbessernden Dauerhumus produziert. Nur eine Kombination aus beidem macht deinen Boden auf lange Sicht gesehen robust und fruchtbar.

Nährhumus fällt durch den Umsatz von organischem Material an, das relativ schnell wieder in seine Ausgangsstoffe zerlegt wird, also z.B. Gemüsereste, Grasschnitt, Obstreste. Er hält sich maximal ein Jahr im Boden und bringt den Nährstoffimpuls, den Pflanzen brauchen, um schnell zu wachsen sowie Samen und Früchte zu produzieren. Dieser Humus trägt selbst wenig zur Bodenstruktur bei, da er eben ruckzuck abgebaut ist.

Dauerhumus hingegen, der zum einen aus Ton-Humus-Komplexen und zum anderen aus schwer abbaubaren organischen Strukturen besteht, hält sich über einige Jahre (ca. 5 bis 7 Jahre) im Boden und ist ein guter Strukturbildner, der Nährstoffe und Wasser lange Zeit und in großen Mengen speichern kann. Er hat regulierenden Einfluss auf den Wasserhaushalt und die Belüftung des Bodens und ermöglicht ein krümeliges Gefüge, das Pflanzen optimal durchwurzeln können. Wichtige Basis für die Produktion von Dauerhumus ist eine ständige Mulchdecke, möglichst geringe Bodenbearbeitung und die Einbringung von Strukturmaterial bei der Kompostierung.

BODENSCHUTZ UND -PFLEGE

Bitte nicht wenden

Fruchtbarer Boden ist die wertvollste Ressource, die es in der Lebensmittelproduktion gibt. Böden, wie wir sie in naturnahen Lebensräumen wie Wäldern finden, weisen eine Schichtung aus verschiedenen Bodenhorizonten auf, die im Laufe der Bodenbildung entstanden sind. Die verschiedenen Bodenhorizonte, insbesondere jene nahe der Oberfläche, sind von einer großen Vielfalt an Lebewesen bewohnt (Pflanzenwurzeln, Insekten, Spinnen und andere Gliederfüßer, Ringelwürmer, grabende Kleinsäuger, Einzeller, Algen, Bakterien, Pilze), die das Bodenmaterial zwar ständig in Bewegung halten (durch Fressen, Graben, Wachsen …), aber die Schichtung der Horizonte bleibt (meist) erhalten. Bodenschutz bedeutet, die Schichtung des Bodens so wenig wie möglich zu stören, damit die Bodenlebewesen in Ruhe ihre Arbeit tun können, z.B. Humus aufbauen und dauerhafte Porenstrukturen schaffen, die für Belüftung und eine gute Wasserverteilung sorgen. Daher sollte auch dein Gartenboden nicht umgegraben und gewendet werden. Auch praktisch für uns GärtnerInnen oder?

Aktion – Reaktion

Bei der Beetvorbereitung, Bepflanzung, Aussaat, Ernte usw. wird der Gartenboden von dir bearbeitet bzw. betreten. Vor der Bepflanzung oder Aussaat ist es z.B. meist nötig, den Boden zu lockern. Um hier möglichst schonend vorzugehen, ist es wichtig zu wissen, dass die verschiedenen Bodenarten unterschiedlich auf Bearbeitung reagieren. Vor allem bei tonigen und lehmigen Böden ist die Bearbeitung nur bei eher trockenen Bedingungen sinnvoll, da sonst das Gefüge stark verdichtet und zerstört wird. Sind diese Böden zu feucht, merkt man das daran, dass man einsinkt. Durch achtloses Betreten, Umgraben oder maschinelle Bearbeitung kann die Bodenstruktur nachhaltig zerstört werden, es dauert Jahre einen verdichteten Boden wieder dauerhaft aufzulockern. Im Gegensatz dazu bringen sandige Gartenböden häufiger das Problem der Austrocknung und Winderosion mit sich, Verdichtung ist nicht so stark möglich wie bei tonigen Böden. Die Einbringung bzw. der Aufbau von Humus ist in jedem Fall der Schlüssel, um idealen Gartenboden aufzubauen. Sandiger Boden ist dadurch stabiler gegen Erosion, hat eine höhere Wasser- und Nährstoffspeicherfähigkeit und toniger Boden wird durch Humus robuster gegen Verdichtung, luftiger und für Pflanzen leichter durchwurzelbar.

So mag ich's

Zur schonenden Auflockerung wird die Grabegabel im Abstand von einigen Zentimetern ca. 25 cm tief in den Boden gestochen und dann leicht vor- und zurückbewegt, aber niemals wird der Boden ausgestochen und umgedreht. Je lockerer der Boden von sich aus ist, je mehr Struktur und Bodenleben er hat, desto weniger ist es nötig, hier nachzuhelfen. Es ist wichtig, den Boden beim Bearbeiten und Bepflanzen nicht unnötig zu verdichten. Trittsteine oder dauerhafte Bewirtschaftungswege sind nicht nur praktisch, sondern tragen auch das ihre zur Aufrechterhaltung eines lockeren Bodengefüges bei.

Mulchen!

Bodenpflege bedeutet, die Bodenlebewesen zu füttern. Im Wald passiert das von selbst: Laub, Früchte, Kot … Alles landet irgendwann am Boden und ist Ausgangsmaterial für die Humusbildung. Im Garten müssen wir da nachhelfen: die Ausbringung von Mulchmaterial (und gegebenenfalls auch Mist) ahmt die natürlichen Vorgänge im Wald nach und sorgt für die Aufrechterhaltung des Nährstoffkreislaufes.

Was ist Mulch?

Mulch imitiert die natürliche Streuschicht. Diese ist bekannterweise der Ort der Humusproduktion und wichtiger Lebensraum der Bodenorganismen und deshalb im Permakulturgarten ein Element, das eine zentrale Funktion erfüllt. Häufig wird Wiesenschnitt und Heu benutzt, aber auch Laub, Stroh, feines Häckselmaterial aus Holz, Rinde und Pflanzenstängeln sind gut nutzbar. Je nach Zusammensetzung liefert der Mulch entweder schnell Nährstoffe, weil er leicht abbaubar ist, wie etwa frischer Grasschnitt, oder trägt langfristig zum Aufbau einer guten Bodenstruktur bei, wie durch kohlenstoff-

1 Es kann nie genug Mulchmaterial geben.

2 Hackschnitzel eignen sich zum Mulchen.

3 Unser Gemüsegarten im Frühjahr: Zum Pflanzen wird die Mulchschicht nur leicht geöffnet

4 Die Mulchschicht erspart uns viel Zeit, die sonst für Gießen und Jäten aufgebracht werden müsste.

5 Keimlinge wie diese Ringelblumen durchdringen ganz problemlos eine dünne Mulchschicht.

haltige Materialien (Stroh und Holzhäcksel). Mulch muss aber nicht unbedingt organisch sein, für mediterrane Kräuter, egal ob im Beet oder Topf, eignet sich auch eine Mulchschicht aus Steinen, Sand, Kies oder Muscheln.

Was der Mulch alles kann

Er ist Futter für das Bodenleben, ist Nährstofflieferant und bietet Rohstoffe für den Aufbau von Dauerhumus. Durch die ständige Bodenbedeckung verringert er Verdunstung durch Wind und Sonne und sorgt so für bessere Wasserspeicherung. Außerdem reduziert er die Anfälligkeit des Bodens gegenüber Erosion und Verdichtung, da der Mulch eine Pufferschicht bildet, die den darunterliegenden Boden schützt.

Wie, wann und wie oft?

Unsere Gartenbeete sind über das ganze Jahr gemulcht. Wird ein Beet neu angelegt, bekommt es gleich nach der Fertigstellung eine Mulchschicht. Der Mulch wird dann über die kommenden Wochen und Monate von den Bodenlebewesen abgebaut, sodass regelmäßig Nachschub nötig ist.

Um ein Gartenbeet übers ganze Jahr mit Heu-Mulch zu versorgen, ist eine Wiesenfläche nötig, die ca. das Sechsfache der Beetfläche beträgt. Heu und Rasenschnitt ist deshalb ein sehr wertvolles Gut im Permakulturgarten und wird auch häufig untereinander eingetauscht.

Auspflanzen in die Mulchschicht

Werden Jungpflanzen gesetzt, wird die Mulchschicht im Bereich des Pflanzloches geöffnet und nach der Pflanzung wieder um die Pflanze geschlossen. Die Mulchschicht darf nur so hoch sein, dass Jungpflanzen noch genug Licht bekommen. Ein Kragen aus Mulch ist auch ein guter Schutz vor Wind und Austrocknung, was gerade bei Pflanzungen in trockeneren Perioden lebensrettend sein kann.

Aussaat in gemulchte Beete

Dafür wird die Mulchschicht dort, wo gesät werden soll, in Reihen oder auch flächig geöffnet und je nachdem, ob es sich um Licht- oder Dunkelkeimer handelt, direkt gesät oder eine Saatrille oder Löcher für größere Samen gemacht. Nach der Aussaat wird die Mulchschicht dann nur so dünn darübergegeben, dass die jungen Keimlinge durchschlüpfen können, aber doch vor Austrocknung geschützt sind. Als Faustregel gilt: je kleiner die Samen, desto dünner die Mulchschicht. So kommen z.B. große Samen von Erbsen beim Auskeimen leicht durch eine 5 cm dicke Mulchschicht, Karottensamen sollten hingegen nicht dicker als 1 cm abgemulcht werden. Als Mulch für Aussaaten eignen sich vor allem feinere Materialen wie z.B. gehäckselter Staudenschnitt, Getreidespelzen oder auch kurzer, getrockneter Grasschnitt.

Vor allem wenn keine Schnee(mulch)decke vorhanden ist, freuen sich mediterrane Kräuter über eine schützende Mulchdecke aus Heu oder Stroh.

Überwintern unterm Mulch

Auch in der kalten Jahreszeit hat Mulch Sinn. Die Bodenlebewesen machen ja keine Winterpause, sondern drosseln nur die Abbaugeschwindigkeit und konzentrieren ihre Aktivität auf geschützte Bereiche. Außer in Zeiten, wo der Boden tief durchgefroren ist, geht's also auch unter der Mulchschicht fleißig weiter. Deshalb bekommen die Beete auch eine extra dicke Wintermulchschicht. Mehrjährige Pflanzen, die sich in den Boden zurückziehen, werden dabei einfach übermulcht. Solche, die den Winter oberirdisch überdauern, werden gut mit Mulch eingepackt, sodass sie aber noch Luft bekommen. Im Frühling wird diese Zusatzschicht dann wieder entfernt, damit die Frühlingssonne die Bodenoberfläche erreichen kann, die mehrjährigen Pflanzen langsam wieder zu wachsen beginnen und sich die Beete für die Pflanzung und Aussaat erwärmen.

Bodenschätze, einmal ehrlich ...

Menschliche Aktivitäten führen seit Jahrtausenden eher zum Bodenabbau, als dass sie zur Boden- und Humusbildung beitragen. Auf intensiv maschinell bewirtschafteten landwirtschaftlichen Flächen geht jährlich über Bodenerosion wesentlich mehr Humus verloren, als aufgebaut wird, und trotz immer aufwändigerer Technologien werden die landwirtschaftlichen Erträge schlechter, wenn der Energieeinsatz ehrlich einkalkuliert wird. In reichen Ländern verschwindet außerdem mittlerweile ein erschreckend großer Teil der fruchtbaren Talböden unter Gewerbegebieten, Parkplätzen, Einkaufszentren und Warenverteilerzentren, die vorrangig minderwertige Billigwaren vertreiben ...
Wo ist unser Verantwortungsbewusstsein, wenn wir es brauchen? Lost in a small scale world on a display?

Nein, so einfach ist die Antwort nicht, und es ist auch noch lange nicht alles verloren! Denn Schritt für Schritt bekommt die Kostbarkeit Boden die Aufmerksamkeit, die sie auch wirklich verdient. Gemeinsam genauer hinschauen und kritisch sein, ist ein Schritt in die richtige Richtung. Ihn dann in die Tat umzusetzen, ist ein anderer. Ein weit größerer. Und wir können ihn gemeinsam tun.

Kleine Kompostanlage im Schatten eines Obstbaumes; hier werden Küchenabfälle und Jätgut verwertet.

Aus alt mach neu:
Kompostierung und Kompostanlage

KOMPOSTIERUNG ALS SCHLÜSSELPROZESS

Bei der Kompostierung werden alle in Haus und Garten anfallenden organischen Materialien als Ressourcen verwertet, um Nährstoffe und Bodenlebensraum für unsere Pflanzen und anderen Gartenbewohner zu erzeugen. Kompostierung ist der Schlüsselprozess des Nährstoffkreislaufes und ein Paradebeispiel dafür, wie aus Abfall neues Leben entsteht.

DER GROSSE KOMPOSTHAUFEN-TEST

Bei der Kompostierung erfährst du, wie du und dein Garten funktionieren, wie gut ihr zusammenarbeitet und wohin die Reise gehen könnte. Der Komposthaufen hat's also in sich, na dann überprüfe, wo du dich hier wiederfindest:

» Du hast einen Garten oder Balkon ohne Komposthaufen oder (Wurm-)Kompostkiste ... Vorerst durchgefallen, aber es ist nie zu spät zum Anfangen!

» Du hast einen Garten ohne Komposthaufen und bringst deine Gartenrete in den Wald oder sonst wohin ... Durchgefallen und ökologisch leider ein ganz schlechtes Vorbild. Also Stopp – Überdenken – Richtungswechsel. (Dem Wald schaden deine Gartenabfälle, da sie möglicherweise invasive Pflanzenteile enthalten, die sich ausbreiten könnten. Durch größere Ablagerungen können ganze Flecken von Wildkräutern abgestickt werden und eine Überdüngung findet statt, die die Biodiversität gefährdet.)

» Du hast zwar einen Komposthaufen, aber was tun mit all den Dingen, die ja eigentlich nicht drauf sollen? Also größere Mengen gekochte Essensreste, Zitrusschalen, Fleischreste, mit Pestiziden behandelte Lebensmittel? Die müssen bei größeren Mengen in den Restmüll, vor allem wenn regelmäßig etwas davon anfällt – also leider, was ökologische Lebensweise und Kaufentscheidungen betrifft, noch etwas verbesserungswürdig, aber immerhin schon Level 1!

131

» Du bist stolze/r Garten- & Komposthaufen-BewirtschafterIn und widmest dich mit Aufmerksamkeit und Interesse dem Ziel den Nährstoffkreislauf auf deinem Grundstück zu schließen ... Level 2 erreicht!

» Das Komposthaufen-Eldorado: Du kompostierst alle anfallenden organischen Materialien und beziehst vielleicht noch ausgewähltes Material von Nachbarflächen. Du bewirtschaftest eine Kompostanlage mit mehreren Kompost-Abteilungen, z.B. für Küchenabfälle, grobes holziges Material, eine Heißrotte für Beikräuter, eine Wurmkiste für Jungpflanzen ... und versorgst deinen Garten mit hochqualitativem Humus. Nicht kompostierbares organisches Material gibt's bei dir nicht – gratuliere, mit Level 3 bist du Kompost- & GartenmeisterIn erster Klasse! Bitte gib dein Wissen weiter!

WIE DIE KOMPOSTIERUNG FUNKTIONIERT

Wie im Kapitel über Humusaufbau und Bodenbildung (siehe Seite 126) beschrieben, geht's hier um gute Zusammenarbeit. Nämlich zwischen den Destruenten, also Organismen, die organische Materialien Schritt für Schritt abbauen und verwerten, und dir als GärtnerIn, indem du die Bodenlebewesen fütterst und ihnen gute Arbeitsbedingungen bietest. Bei der Kompostierung sind es vor allem verschiedene Arten von Kompostwürmern, Asseln, Springschwänzen, Bakterien und Pilzen, die die organischen Ausgangsmaterialien umsetzen und umwandeln: vom Abfall zum wertvollen Mullhumus.

DIE KOMPOSTANLAGE ALS HERZSTÜCK DES GARTENS

Sie erfüllt eine zentrale Aufgabe und wird je nach anfallendem Material unterschiedlich oft besucht und beerntet. Die Kompostanlage besteht deshalb meist aus mehreren Kammern, die je nach räumlichen Verhältnissen entweder zentral im Garten oder aufgeteilt auf unterschiedliche Gartenorte angelegt werden.
Es gibt verschiedene Typen von Komposten, die sich nach den anfallenden Materialien richten:

Küchenkompost – für frische Küchenabfälle; er braucht, um gut zu kompostieren, auch Strukturmaterial und einen Erdzuschlag (siehe unten)
Grobkompost – für holzige Abfälle wie Hecken- und Obstbaumschnitt, grober Staudenschnitt
Beikrautkompost – für Jätgut und Gemüsereste, wo eventuell noch keimfähige Samen oder langlebige Wurzelstücke enthalten sind
Mistkompost – für die Kompostierung von tierischem Mist, gemischt mit Strukturmaterial wie Stroh oder Hackschnitzel

Küchenkompost ist derjenige, der (neben tierischem Mist) die meisten Nährstoffe enthält und auch am schnellsten reif ist. Wenn der Kompost ein- bis zweimal im Jahr gewendet wird, geht die Reifung noch schneller. Die erste Ernte kann nach ca. einem halben Jahr erfolgen, wobei das Material dann noch sehr frisch, aber bereits gut für Starkzehrer (Kürbis, Zucchini etc.) geeignet ist. Das Wenden bringt allerdings auch Verluste mit sich, da mit jedem Eingriff auch viel Material veratmet wird und dadurch Kohlendioxid entsteht. Wenden ist bei guter Schichtung und, wenn man etwas Geduld hat, nicht nötig. Vor allem, wenn es mehrere Komposthäufen mit unterschiedlichem Alter und Reifezustand gibt, ist im Idealfall jeweils im Frühjahr und im Herbst eine Ernte reif.
Wichtig ist die gute Erreichbarkeit mit dem Schubkarren und ausreichend Platz in unmittelbarer Nähe für die Ernte der fertigen Erde und gegebenenfalls auch für das Wenden des Materials.
Die Beziehungen zu den anderen Elementen sind wieder einmal ausschlaggebend dafür, wo die einzelnen Elemente der Kompostanlage am besten aufgestellt werden:

» Küchenkompost: nahe der Küche

» Grobkompost: nahe der Hecken und den Obstbäumen

» Beikrautkompost: nahe den Gemüsebeeten

» Mistkompost: in die Nähe der Tierställe

1 Eine super Ernte: Hier wird gerade jede Menge fertiger Kompost gewonnen.

2 Bei der Kompost-ernte wurde eine Erdkröte entdeckt. Sie versteckt sich gern in den dunklen warmen Gefilden im Inneren der Kompostanlage ...

3 Auf die Schichtung kommt es an: gut durchmischt und nicht zu kompakt, ist wichtig!

WERTVOLL FÜR DIE BIODIVERSITÄT

Kompostplätze sind naturgemäß ein Ort der Vielfalt. Neben den unzähligen, oft unscheinbaren Bodenlebewesen bieten sie aber auch wertvollen Lebens- und Überwinterungsraum für Nützlinge, wie Erdkröten, Blindschleichen und Igel. Beim Umschichten und Ernten also vorsichtig sein, wer sich da versteckt!

DAMIT ALLES WIE AM SCHNÜRCHEN LÄUFT: ALLGEMEINE KOMPOSTIERREGELN

Die Schichtung ist wichtig
Beim Neuaufsetzen eines Komposthaufens ist auf ausreichende Drainage zu achten, damit Staunässe vermieden und die Belüftung gewährleistet ist, dazu eignen sich z.B. Äste. Auch beim weiteren Aufbau sind die abwechslungsreichen Schichten essentiell: Beim Küchenkompost ist eine Mischung aus ca. 1/3 Struk-turmaterial, wie beispielsweise zerkleinertem Ast- und Staudenschnitt, unbedruckten und unbehandelten Kartonagen, Bio-Stroh, Holzhäcksel und Sägespäne mit ca. 2/3 frischen Küchenresten, optimal, dazu kommen noch kleine Mengen mineralischer Erde wie Maulwurfserde, Erdaushub oder alte Topferde. Wichtig ist es, von nichts zu viel auf einmal aufzutragen und durch die Schichtung die Belüftung und Entwässerung zu gewährleisten.

Wird das vergessen, kommt es zu Fäulnisprozessen und Geruchsentwicklung. Ein gut geführter Kompost riecht nicht und kann problemlos sehr nahe am Haus, an der Terrasse oder an sonstigen Aufenthaltsplätzen angelegt werden.

Ein halbschattiger Standort ist ideal
Teilweise Beschattung, vor allem im Sommer, ist ideal für ein gutes Kompostklima. Laubabwerfende Bäume und Sträucher sind dafür sehr gut geeignet, da sie in den warmen Jahreszeiten Schatten werfen, im Winter aber doch etwas Sonne und Wärme zur Kompostanlage durchdringen lassen. Spendet auch Schatten: eine Mulchschicht!

Feuchtigkeit: Nicht zu viel und nicht zu wenig

Ein ausbalancierter Wassergehalt ist für die Kompostierung optimal. Erkennbar ist das daran, dass der Kompost weder schimmlig sein (dann ist er zu trocken), noch faulig riechen darf (dann ist er zu feucht). Nimmt man in einer Tiefe von ca. 20 cm eine Handvoll Kompost heraus und drückt diesen zusammen, sollte maximal ein Tropfen Wasser herauskommen. In trockenen Zeiten sollte der Kompost hin und wieder gegossen werden. In langen Regenphasen schützt eine Abdeckung aus Karton vor Übernässung.

» gespritzte Lebensmittel (wie Schalen konventioneller Früchte und Gemüse, wie Banane, Avocado, Mango, Zitrusfrüchte usw.)

» größere Mengen an verdorbenen Lebensmitteln, wie Käse, Fleisch, Brot, Speiseöl, Essig

» heiße Flüssigkeiten

» beschichtete Kartonagen, Kunststoffe, mit Holzschutzmittel behandeltes Holz

Wir dürfen nicht auf den Kompost!

Und warum darf das alles nicht rein? Weil diese Produkte Substanzen enthalten, die in der Natur nicht oder nur in Kleinstmengen vorkommen und für Bodenorganismen und Kompostlebewesen giftig oder auch tödlich sind. Dadurch wird der Kompostierungsprozess stark verlangsamt und beeinträchtigt. Nicht abbaubare Reste von Pestiziden bleiben langfristig erhalten und schädigen auf Dauer das System.

Wir dürfen nur hin und wieder auf den Kompost!

Fleisch- und Fischreste, Gesalzenes, Öliges und mit Essig versetzte Speisereste, ungespritzte Zitrusschalen, verdorbene Lebensmittel wie Brot und Käse, Asche (sie enthält konzentrierte Schwermetalle, die beim Verbrennungsprozess zurückbleiben)

Was darf also auf den Kompost?

Reste von pflanzlichen Bio-Lebensmitteln, Heckenschnitt, Laub, Gartenabfälle, Jätgut, unbehandeltes Holz, Kaffee- & Teesud, Algen aus dem Gartenteich, Topferde, zerkleinerte Eierschalen, Heu und Stroh (kann auch schon verdorben sein), unbeschichtete Kartonagen, Grasschnitt

Was tun mit …

… Nusslaub oder anderen nur langsam verrottenden Materialien wie Nadelstreu, Rinde? Sie können ebenfalls kompostiert werden, brauchen aber um einiges länger. Am besten funktioniert es, einen eigenen Kompost für sie anzulegen, in den auch immer wieder leicht abbaubare Abfälle, wie Jätgut und gebrauchte Topferde, hineingegeben wird.

… kranken Pflanzen, wie z.B. von Braunfäule befallenen Tomaten? Sie bekommen entweder ebenfalls einen eigenen Kompost, dessen Produkt dann keinesfalls wieder für den Tomatenanbau verwendet werden darf, sondern z.B. für Kürbisse oder Gartenblumen. Eine andere Möglichkeit ist die Vererdung. Hier werden Pflanzenteile in definierten Bereichen, z.B. nahe einer Hecke, wo keine Beete daneben sind, in der Erde vergraben und so in Humus umgewandelt, ohne die Krankheiten weiter zu übertragen.

… größeren Mengen an frischem Grasschnitt? Dieser wird am besten leicht angetrocknet und auf den Beeten vermulcht. In dünnen Schichten kann er auch kompostiert werden. Auf keinen Fall sollte frischer Grasschnitt auf einem Haufen gelegt werden, er erhitzt sich sehr schnell und verfault oder kann sogar zu glosen beginnen und wird damit zur Brandgefahr für die umliegenden Bereiche.

… Beikräutern oder Gemüseresten mit vielen keimfähigen Samen oder sehr wüchsigen Wurzeln und Sprossen? Sie werden auf einen eigenen Beikrautkompost gegeben, der auch Staudenschnitt sehr gern mag.

WEITERE MÖGLICHKEITEN DER KOMPOSTIERUNG

Flächenkompostierung: Die organischen Reste kommen direkt aufs Beet oder auf eine Fläche, die ein Beet werden soll. Sie werden flächig verteilt und kompostieren dann vor Ort.

Kompostmiete: Hier werden verschiedenste kompostierbare Materialien zuerst getrennt gesammelt und dann, wenn genug zusammengekommen ist, zu einer gut geschichteten Miete aufgebaut, die dann über mehrere Monate bis Jahre ungestört reifen darf, bis sie erntefertig ist.

Hügelbeet: Für den Aufbau von Hügelbeeten ist viel organisches Material nötig. Es nimmt vor allem große Mengen an Hecken- und Baumschnitt, Laub, Schilf, Rasenziegel, Jätgut, Staudenschnitt usw. auf.

Wurmkiste: Mit einer Wurmkiste ist die Kompostierung auch auf kleinstem Raum z.B. in einer Wohnung möglich und gleichzeitig ist das Produkt, der sogenannte Wurmkompost, ein sehr hochwertiger Humus, der sich vor allem für Jungpflanzen und Topfkulturen eignet. Die Kompostierungsbedingungen sind gleich wie bei den anderen Kompostarten: nicht zu sonnig, nicht zu trocken, nicht zu nass und – vor allem wichtig für kleine Wurmkisten – frostgeschützt im Winter, das heißt z.B. im Keller, Vorhaus oder gut geschützt am Balkon, überwintern. Die Würmer wollen sich im Winter in tiefere, nicht gefrorene Bodenschichten zurückziehen, diese müssen sie in der Kiste auch vorfinden.

Auch in dieser kleinen Wurmkiste ist Schichtung wichtig: Neben den zerkleinerten Küchenabfällen bekommen die Würmer immer wieder Kleinstmengen Erde.

WOHIN NUN MIT DEM WERTVOLLEN KOMPOST?

Es ist nicht nötig, flächig Kompost im Garten auszubringen, denn wir wissen ja bereits, dass nur manche Pflanzen vermehrt Nährstoffe brauchen und die dauerhafte Bodenbedeckung durch Mulch sowieso für Humusaufbau sorgt. Der wertvolle, fertige Kompost kann also gezielt den Pflanzen gegeben werden, die ihn besonders dringend brauchen: Starkzehrern wie viele Gemüsekulturen – z.B. Kohlarten, Nachtschattengewächse und Kürbisgewächse – und Rhabarber, Beerensträucher und auch Obstbäume. Werden einjährige Pflanzen gesetzt, so gib ihnen etwas Komposterde direkt mit ins Pflanzloch, bei Sträuchern und Obstbäumen verteilst du den Kompost locker an der Stammbasis, darüber kommt eine Mulchschicht. Die Verteilung und schonende Einarbeitung des Komposts übernehmen dann die Bodentiere. Auf Beete, die ausgemagert sind oder im nächsten Jahr mit starkzehrenden Pflanzen besetzt werden, lädst du im Herbst eine schöne Portion Kompost auf und verteilst sie gleichmäßig, damit sie im nächsten Jahr wieder einen guten Ertrag bringen.

Bei der Jungpflanzenanzucht mischst du für mittel- und starkzehrende Pflanzen ca. 1/6 bis 1/4 gut ausgereiften Kompost zur Topferde, damit die Pflanzen nach der Keimung mit Nährstoffen versorgt sind.

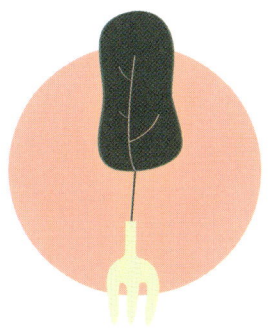

WECKE DIE PERMAKULTUR-LEIDENSCHAFT IN DIR:
KRÄUTER – GRÜNE MULTITALENTE

Kräuter können uns so vieles geben, ohne sie wär's richtig fad. Die richtige Würze in der Suppe, der betörende Duft mediterraner Kräuter in der Sommersonne, die heilenden Kräfte, die über Gewürze und Tees all unsere Organe und Sinne erreichen. Und noch dazu sind sie einfach anzubauen, wenn man ihnen eine gewisse Freiheit lässt. Kräuter sind ideal für EinsteigerInnen ins Gärtnern, die gleich zu Beginn bereit sind für die frohe Botschaft: Selbstbestimmende Pflanzen können mehr!

Schön, heilsam und unkompliziert: Ringelblumen sind allseits beliebt.

Wild, aromatisch, eigenwillig – und genau deshalb ideal für den Einstieg ins Selbstversorgungs–gärtnern

Viele aromatische und heilkräftige Pflanzen wurden früher üblicherweise in der Natur gesammelt: auf Wiesen, an Waldrändern und Bachläufen, auf Almweiden und im Wald. Würzkräuter aus anderen Regionen der Erde kamen bald hinzu und wurden dann gemeinsam mit den heimischen Kräutern auch in den Hausgärten angebaut. Trotz dieser Kultivierung sind Kräuter ihren wilden Vorfahren sehr ähnlich und deshalb – vorausgesetzt die Klima- und Bodenbedingungen in unseren Gärten sind denen ihrer bevorzugten Standorte ähnlich – widerstandsfähig und selbstständig.

In der Selbstversorgungspyramide (siehe Seite 49) stehen Kräuter ganz an der Basis: Sie sind mit geringem Aufwand und Platzbedarf in ausreichenden Mengen für die Selbstversorgung übers ganze Jahr anbaubar. Durch ihren unkomplizierte Anbau und ihre kulinarische Bereicherung sind sie ideale Einstiegskulturen ins Selbstversorgungsgärtnern.

Helden des Gartens: Das wilde Leben macht sie aromatisch und robust

Die Interaktion mit der Umwelt macht's aus: Pflanzen reagieren auf intensive Umweltreize wie starke Sonneneinstrahlung, Wind, Trockenheit, Frost, Herbivore und Besiedelung durch Mikroorganismen und Viren mit einer verstärkten Produktion von Sekundärstoffen. Diese unüberschaubar große und vielfältige Gruppe an Stoffen ist essentiell für das Überleben der Pflanzen in „freier Wildbahn": Sekundärstoffe schützen Pflanzengewebe, neutralisieren Giftstoffe, wirken gegen Parasiten und Krankheiten, reagieren miteinander und dienen als Botenstoffe und Kommunikationsmittel zwischen Pflanzen, Tieren und Mikroorganismen. Das ist bei allen Pflanzen so, aber vor allem bei vielen Wildpflanzen und von uns kultivierten Kräutern ist die Konzentration dieser Inhaltsstoffe so hoch, dass diese nur in vergleichsweise geringen Mengen von Menschen aufgenommen werden können. Sie schmecken scharf, würzig, bitter – und das in unterschiedlichsten Variationen, außerdem verströmen sie intensive Düfte.

Die Zusammensetzung der Sekundärstoffe ist niemals gleich, nicht nur verschiedene Pflanzenarten und -sorten unterscheiden sich hier typischerweise, auch der Standort und die Tageszeit sind von großer Bedeutung. So hat jede Kräuterpflanze ihr ganz persönliches Aroma. Also los geht's mit Kosten, Experimentieren, Variieren ... und dabei eigene Lieblingskräuter und -kombinationen entdecken.

Der Wildkräuter-Topfgarten

Auch im Topf fühlen sich viele Kräuter wohl und ziehen ohne Probleme zu dir in die Stadt, auf den Balkon oder die Terrasse: Ein Platz in der Sonne und etwas Aufmerksamkeit reichen ihnen und ermöglichen dir eine intensive Begegnung mit der Welt der Kräuter.

KRÄUTER IM TOPF – WARUM UND WOZU?

Kräuter und Wildpflanzen in Töpfen sind sie uns oft vertrauter als viele Pflanzen im Garten oder in der Natur. Durch ihr Dasein im Topf sind sie abhängiger von unserer Pflege als Pflanzen mit Bodenkontakt, dafür erleichtern sie uns aber die Ernte von frischen Kräutern fast rund ums Jahr. Ein Topfgarten macht besonders dann Sinn, wenn entweder kein Garten vorhanden oder dieser schwer zugänglich ist. Aber auch viele Menschen mit einem Garten rund ums Haus genießen es, wenn Oregano, Thymian, Basilikum, Lavendel und Co. direkt vor der Haustür, dem Küchenfenster oder am Balkon für die tägliche Ernte bereitstehen. Durch eine naturnahe Gestaltung mit Mischkulturen, blühenden Arten und Naturmaterialien ist ein Topfgarten nicht nur ästhetisch ansprechend, sondern bietet auch Nahrung und Unter-

schlupf für Wildbienen und Schmetterlinge, die zu fleißigen Besuchern und Bewohnern werden und so auch aus nächster Nähe zu beobachten sind.

WELCHE PFLANZEN EIGNEN SICH BESONDERS GUT FÜR DEN ANBAU IN TÖPFEN?

Da im Topf die Verfügbarkeit von Wasser und Nährstoffen limitiert und daher mit großem Pflegeaufwand verbunden ist, ist es sehr empfehlenswert Pflanzen zu wählen, die mit wenig von beiden Ressourcen auskommen. Außerdem sind Töpfe mikroklimatisch gesehen oft Lebensräume mit extremen Bedingungen, die starken Schwankungen unterworfen sein können. Die Erde in Töpfen erhitzt sich schneller und kühlt leichter wieder aus als Mutterboden, sie ist schneller wassergesättigt und trocknet auf der anderen Seite aber auch leicht aus. Die typische Umgebung des Topfgartens nahe an Hauswänden, auf Fliesen, Terrassendielen usw. reflektiert Wärmestrahlung besonders gut und weist meist eine geringere Luftfeuchtigkeit als Plätze im Garten auf. Welche Pflanzen könnten also unter diesen Bedingungen prächtiger gedeihen als Wildpflanzen aus mageren, trockenen Wiesen oder als aromatische, verholzte Kleinsträucher des Mediterranraums?

Folgende Pflanzen können, in den genannten Gruppen angeordnet, auch gut in Mischkulturen gesetzt werden. Der Platz im Topf oder Trog wird so optimal genutzt. Die Pflanzengruppen ergeben sich aus ähnlichem Wasser- und Nährstoffbedarf, gedeihen deshalb auch gut in derselben Erdmischung. Infos über das Mischen von Pflanzerden und die Anlage von Mischkulturen finden sich auf Seite 157 und Seite 159.

Mehrjährige, mediterrane Kräuter magerer, trockener Standorte:

Dazu gehören die verschiedenen Sorten von Thymian, Oregano, Lavendel, Salbei, Ysop, Currykraut, Heiligenkraut, Griechischer Bergtee.

Frostempfindliche oder nicht frostharte Kräuter dieser Kategorie sind Rosmarin und Zitronenverbene. Sie sollten einzeln in Töpfen gepflanzt werden, damit sie im Winter in geschütztere Bereiche, z.B. in einen kühlen, aber frostfreien Vorraum, gebracht werden können. Majoran ist meist einjährig, passt aber aufgrund seiner Ansprüche zu dieser Gruppe.

Heimische, mehrjährige, essbare Wildkräuter magerer Standorte:
Hierzu zählen Schafgarbe, Wiesenknopf, Quendel, Spitzwegerich, Dost, Johanniskraut (als Hausmittel).

Heimische, essbare Wildkräuter nährstoffreicherer Standorte:
Gundelrebe, Löwenzahn, Rotklee, Bärlauch, Knoblauchrauke, Beifuß sind mehrjährige Kräuter dieser Ansprüche, Vogelmiere dagegen ist einjährig.

Küchenkräuter, die gut in regelmäßig bewässertem, nährstoffreicherem Substrat gedeihen:
Das sind Petersilie (zweijährig), Schnittlauch (mehrjährig), Schnittknoblauch (mehrjährig), Kerbel (einjährig), Koriander (einjährig), Winterheckenzwiebel (mehrjährig).

Küchen- und Teekräuter, die gern allein im Topf sind, da sie viel Nährstoffe und Platz brauchen:
Hierhin gehören die verschiedenen Minze- (mehrjährig) und Basilikumarten (einjährig), als auch Melissenarten, Estragon und Brennnessel, die alle mehrjährig sind.

1 Der Thymian fühlt sich wohl im Tontopf, gemulcht wird mit Steinen.

2 Wildpflanzen-Tröge säumen einen Gartenzaun.

3 Topfkräuter in der Wintersonne.

4 Kräutermischkultur am Straßenrand

140

DIE BEZIEHUNGEN DES WILDKRÄUTER-TOPFGARTENS ZU ANDEREN GARTEN- ODER AUCH „GARTENFERNEN" ELEMENTEN:

Der Topfgarten steht mit vielen Elementen in enger Verbindung, die entweder im angrenzenden Permakulturgarten oder in „befreundeten" Grundstücken zu finden sind. Beginnen wir mit dem Komposthaufen, den Maulwurfshügeln und möglichen sandigen/steinigen Stellen im Garten, die Ressourcen für verschiedene Topferden liefern. Die passenden Pflanzen stammen ebenfalls aus einem Garten, wo Samen oder auch Einzelpflanzen entnommen werden können, natürlich können solche auch in einer Biogärtnereien oder auf Pflanzenmärkten gekauft oder auch getauscht werden. Weitere enge Beziehungen des Elements Topfgarten führen natürlich in die Küche, zu den Sitzplätzen (z.B. am Lehmofen) etc., wo die Verarbeitung und der Genuss stattfinden. Weiters gibt es natürlich eine Beziehung zum Regenwasserspeicher, der das nötige Gießwasser liefert.

Eine weitere Beziehung besteht zum Werkzeugschuppen und Materiallager, denn Holzgefäße können sehr gut aus übrig gebliebenen Brettern und Latten gebaut werden. Eine gute Quelle für recycelte Pflanzgefäße sind z.B. Flohmärkte, Wertstoffsammelzentren und NachbarInnen.

Das Mulchmaterial für Töpfe und Tröge kann bei nährstoffarmen Kulturen z.B. aus Kieselsteinen, schönen Steinen, Sand, Totholz oder Muscheln bestehen und stellt somit eine Beziehung zum Bach, Fluss, See, Meer oder Wald her. Nährstoffreichere Töpfe werden mit Heu, Stroh oder Kräuterstengeln gemulcht und stehen also mit der Wiese, dem Getreideacker oder einem Kräuterbeet in Verbindung. Und natürlich bestehen letztendlich durch die Blütengäste des Topfgartens vielfältige Beziehungen zu den naturnahen Orten in der Umgebung, wo die Hummeln, Wildbienen, Pflanzenwespen, Schmetterlinge, Käfer und Co. auch Nahrung, Unterschlupf, PartnerInnen, Brutplätze und Überwinterungsorte finden.

Schön und praktisch – Kräuter im Topf!

WO UND WIE?

Der richtige Ort für den (Wild)kräuter-Topfgarten ist natürlich möglichst nah am Haus, beim Sitzplatz bzw. nahe der Küche. Alle Kräuter brauchen Sonnenlicht, um aromatisch zu werden. Nur Tröge mit Kräutern, die kühlere Standorte bevorzugen, wie Gundelrebe, Bärlauch, Minzen, Melissen, Petersilie und Schnittlauch, können auch im Halbschatten gedeihen. Als Pflanzgefäße eignen sich am besten größere Töpfe oder Tröge mit einem Fassungsvermögen von 5 l bis 100 l, die sich auch für mehrere Pflanzen eignen. Optisch ansprechend und am ökologischsten sind Tongefäße sowie unbehandelte Holz- und Steintröge. Wichtig ist, dass alle Gefäße einen Wasserabfluss haben, damit es nicht zu Staunässe kommt. Um das zu verhindern, sollten sich am Gefäßgrund mehrere Abflusslöcher befinden und auch eine Drainageschicht eingelegt werden. Sie kann z.B. aus Tonscherben, Ziegelbruch oder Kies bestehen.

Achtung bei einfach gebrannten Tontrögen: sie sollten im Winter an frostgeschützte Orte gebracht werden, da sie durch feine Risse, in die Wasser eindringt und gefriert, zerspringen können.

Der Großteil der vorgeschlagenen Topfkräuter ist mehrjährig und kann auch über mehrere Jahre an einem Standort bzw. in demselben Topf bleiben, eine Tatsache auf die bei der Planung Rücksicht genommen werden sollte.

NUTZUNG & PFLEGE

Die Bepflanzung erfolgt am besten im Frühjahr mit robusten Jungpflanzen. Tipps zum Einpflanzen und zu passenden Erdmischungen gibt's auf Seite 151 und Seite 259. Nach der Bepflanzung wird die Mulchschicht aufgetragen. Übertöpfe und Untersetzer sind wichtig, um anfangs durchfließendes Gießwasser aufzufangen bzw. um eine Überhitzung der Töpfe vorzubeugen. Gute Wasserspeicher in der Topferde sind Humus, Schafwolle (am Topfgrund sehr zu empfehlen), Holzhäcksel und Lehmerde. Die Bewässerung erfolgt von Anfang an nur bei Bedarf, bevor die Erde austrocknet. Dazu einfach mit der Hand die Erde unter der Mulchschicht ertasten. Junge Pflanzen müssen, bis sie gut eingewurzelt sind, noch etwas regelmäßiger bewässert werden, bei bereits etablierten Töpfen und Trögen kann die Bewässerung seltener, dafür aber ausgiebiger sein. Erfahrungsgemäß ist im Hochsommer ein- bis dreitägiger Gießrhythmus unumgänglich, im Frühjahr und Herbst reicht oft wöchentliches Gießen. Regnet es in die Töpfe, solltet ihr überprüfen, wie viel Wasser sie auch tatsächlich aufnehmen, dementsprechend wird dann die Bewässerungsmenge verringert.

Es ist grundsätzlich darauf zu achten, dass die Mulchschicht dick genug ist, um unerwünschte Beikräuter zu unterdrücken. Kommen doch einzelne zum Vorschein, einfach auszupfen. Die Beerntung der Kräuter kann täglich je nach Bedarf erfolgen, im Sommer und Herbst kann auch eine größere Menge zum Trocknen abgenommen werden. Kräuter werden am besten an einem warmen, sonnigen Vormittag geerntet, dann sind sie besonders aromatisch. Wichtig ist, dass immer ein Teil

der Pflanzen blühen darf, um Nektar und Pollen für Insekten zu produzieren. Im Herbst werden Tröge mit mediterranen Pflanzen durch Abdecken oder Einhüllen mit Heu oder Schafwolle vor starken Frösten geschützt. Töpfe mit heimischen Wildkräutern sind an die Temperaturen angepasst, ein windgeschützter Ort gefällt ihnen gut, muss aber nicht unbedingt sein. Im Frühjahr werden verdorrte Pflanzenteile und Samenstände weggeschnitten, sie bleiben über den Winter stehen, um Überwinterungsmöglichkeiten für Insekten und Nahrung für Vögel zu bieten. Gedüngt müssen die Topfkulturen nur selten werden, je nach Nährstoffbedarf der Pflanzen ist eine kleine Kompostgabe alle 2 bis 3 Jahre zu empfehlen. Die Mulchschicht, so sie aus organischem Material besteht, ist ebenfalls eine Quelle an Nährstoffen. Wenn sie immer dünner wird, weil sie langsam von den Mikroorganismen „aufgefressen" wird, ist sie zu erneuern.

NATURNÄHE BRINGT VIELFALT

Gestaltungsmöglichkeiten gibt es viele, wenn du auf die folgenden achtest, wird dein kleiner Topfgarten ein Ort der Biodiversität!

» unterschiedliche Pflanzen zusammensetzen und immer etwas blühen lassen, damit Insekten Nahrung finden

» Substratoberfläche abmulchen und auch Totholz und Steine verwenden, damit Insekten Unterschlupf finden

» Brutorte für Insekten sollten in der Nähe sein, hier kann z.B. eine Nützlingsunterkunft gute Dienste leisten

Schnippeln, ernten, trocknen

Durch einen guten Schnitt hin und wieder werden Kräuter zum Wachsen angeregt, verzweigen sich stärker und werden dadurch buschig. Dazu wird entweder regelmäßig etwas für den täglichen Gebrauch abgenommen oder aber du führst einen relativ starken, kompakten Schnitt bei der Ernte zum Trocknen durch. Für die Insektenvielfalt und die Saatgutvermehrung ist es wichtig, dass du immer mehrere Kräuter einer Art anpflanzt, denn dann kann ein Exemplar beerntet werden, während das andere blüht, und erst nach der Samenreife geschnitten wird. Beim Schneiden achte darauf, wo die Pflanze danach wieder austreiben kann, das tut sie nämlich an den Knoten, also überall dort, wo die Blätter und auch Seitentriebe entspringen. Knapp über diesem Knoten sollte geschnitten werden, dann treiben die Pflanzen optimal nach. Das spielt bei sehr dicht wachsenden Kräutern wie Bohnenkraut weniger eine Rolle als bei spärlicher verzweigten wie Basilikum.

Die Entfernung der Triebspitze führt bei vielen Kräutern zu einer Verzweigung, die erwünscht ist, wenn man gern mehr ernten möchte, z.B. bei Basilikum, Salbei oder Rosmarin.

Kräuter sind unter Sonnenschein am aromatischsten, zum Ernten größerer Mengen sollte also unbedingt ein sonniger Tag gewählt werden. Zum Trocknen werden sie an einem luftigen, nicht sonnenexponierten Ort aufgehängt. Bestens geeignet und sehr schnell trocknend ist aber auch ein selbstgebauter Solardörrer (siehe Seite 281)!

Die Kräuter-böschung

Böschungen mit Kräutern zu bepflanzen, ist eine Win-win-Situation für alle Beteiligten, also für Gelände, Kräuter und GärtnerIn – alle haben wir etwas davon und uns allen geht's besser. Hänge sind befestigt und vor Erosion geschützt, Kräuter bekommen einen äußerst begehrten Standort an der Sonne und GärtnerInnen dürfen diese dann ernten.

WAS DIE ALLES KANN

Böschungen sind entweder am Grundstück schon vorhanden oder ergeben sich bei unterschiedlichsten Bauarbeiten als Geländestufen zwischen zwei ebenen Flächen, sind also typische Randzonen. Gestalterisch bieten Böschungen vielfältige Möglichkeiten, die insbesondere durch das Gefälle, die Exposition, die Licht-verhältnisse und die räumliche Beziehung zu anderen Gartenelementen geprägt sind. Gleichzeitig verlangen sie oft auch nach Gestaltung und sinnvoller Nutzung, da vor allem frisch aufgeschüttete, unbepflanzte Böschungen sehr erosionsanfällig sind. Böschungen müssen also gut befestigt sein und dafür braucht es die richtigen Pflanzen und gegebenenfalls auch Materialien. Stark sonnenexponierte Böschungen sind ideal für die Bepflanzung mit Kräutern, aber auch auf Böschungen, die zumindest halbtags sonnig sind, fühlen sich ausgewählte Kräuter wohl. Besonders niedere, steile Hänge sind sehr praktisch zu beernten, bei flacheren und höheren Böschung ist eine teilweise Erschließung mit Trittsteinen und Treppen sinnvoll.

Durch eine Neigung und Exposition nach Süden, Osten oder Westen erhalten Böschungen viel Sonnenlicht und fangen dadurch Wärme ein („Sonnenfalle"), was für Kräuter ideal ist, da sie dadurch aromatisch und robust werden.

WELCHE PFLANZEN FÜHLEN SICH AUF DER KRÄUTERBÖSCHUNG WOHL?

Sinn machen grundsätzlich Pflanzen, die mehrjährig, winterhart und an die Bodenverhältnisse auf der Böschung angepasst sind, denn nur so kann die Böschung dauerhaft bepflanzt und über viele Jahre ohne größeren Pflegeaufwand erhalten werden. Normale, eher magere Gartenerde ist ideal – hier wird so gut wie alles gut gedeihen. Die folgenden drei Gruppen aus Pflanzen unterscheiden sich in ihrer Wüchsigkeit und in ihren Nährstoff- und Wasseransprüchen, sie sind untereinander nur ganz bedingt mischbar, da kleine Pflanzen von größeren überwachsen werden.

Hohe bzw. sich stark ausbreitende, eher nährstoffliebende Kräuter:
Minzen- und Melissenarten, Beifuß, Stockrose, Estragon, Indianernessel (Goldmelisse), Pfefferkraut, Muskatellersalbei, Anis-Ysop, Eibisch, Engelwurz, Gewürzfenchel, Herzgespann, Teemalve, Süßdolde, Nachtkerze. Sie alle sterben im Winter oberirisch ab oder überwintern in einer Blattrosette und treiben im Frühjahr aus dem Wurzelstock wieder aus. Die Königskerze ist zweijährig und muss sich danach selbst aussäen dürfen, um dauerhaft Bestandteil der Böschung zu sein.

Besonders Minzearten eignen sich hervorragend zur Böschungsbefestigung, da sie mit ihren kriechenden Wurzeln und Ausläufern innerhalb kürzester Zeit eine beträchtliche Menge an Erdreich festhalten können.

Mittelhohe Kräuter mit geringem bis mittlerem Nährstoffbedarf:
Currykraut, Johanniskraut, Heiligenkraut, Lavendel, Dost, Ysop, Schafgarbe, Salbei, Katzenminze, Olivenkraut, Rosmarin, Färberkamille, Borretsch, Zitronen-Eberraute (Colakraut), Pimpinelle, Weinraute, Andorn, Wermut, Frauenmantel (mag feuchtere Bereiche)

Niedere Kräutern mit wenig Nährstoffbedarf:
Thymian, Quendel, Oregano, Berg-Bohnenkraut, Griechischer Bergtee

Kleine Steinterrassen befestigen diese Kräuter-Böschung.

DIE BEZIEHUNGEN DER KRÄUTERBÖSCHUNG

Böschungen sind Randzonen, die Elemente verbinden und gleichzeitig verschiedene Gartenräume schaffen. Böschungsbegleitende Wege und Stufen sind ideale Partnerelemente, wie sich auch Sitzplätze, Außenküche, Solardörrer und Teiche als tolle Nachbarn eignen. Der nötige Mulch für die Böschung kommt entweder von der Mulchwiese oder besteht aus zerkleinertem Staudenschnitt oder Häckselmaterial. Für niedere Pflanzen mit wenig Nährstoffbedarf kommt auch ein Mulch aus Steinen, die abrutschsicher in der Böschung verkeilt sind, in Frage, auch Totholz kann gut eingebaut werden. Die Jungpflanzen für die Bepflanzung sind beispielsweise selbstvermehrte Stecklinge oder stammen aus der eigenen Aussaat, Tausch oder Kauf von biologisch produzierten Kräutern ist natürlich auch möglich.

Zuerst gut gemulcht und dann mit jungen Kräutern bepflanzt: So findet auch eine eher steile Böschung Halt.

PLANUNG UND BAU

Wichtig ist es, die Böschung vor der Bepflanzung von Beikräutern zu befreien und deren Nachwachsen mit einer dicken Mulchschicht oder Steinen zu unterdrücken. Böschungen, die dicht mit Gras bewachsen sind und mit Kräutern bepflanzt werden sollen, können als Vorbereitung bereits im Herbst mit einer Lage Kartonagen und darauf Mulch abgedeckt werden. Im Frühjahr kann dann entweder direkt in den Mulch gepflanzt werden oder – wer ein feines Aussaatbeet möchte – die bereits vorkompostierten Reste der Gräser und Wurzeln leicht entfernen. Direkt bei der Bepflanzung sollten mit den Händen Mini-Terrassen angelegt werden, in die die Pflanzen hineingesetzt werden. Sie können zum Beispiel mit Steinen oder kleinen Erdwällen befestigt werden, so wird auch das Wasser besser zu den Pflanzen hingeleitet, was vor allem in der Anwuchsphase wichtig ist.

Die Bepflanzung erfolgt am besten im Frühjahr bis Frühsommer, wenn es warm genug ist, sodass die Pflanzen rasch wachsen. Der Abstand sollte so gewählt werden, dass die Pflanzen Platz haben sich auszubreiten. Nach dem Einpflanzen werden die Kräuter gut eingegossen. Im Idealfall ist das das einzige Mal, dass sie bewässert werden, denn die Mulchschicht hält die Feuchtigkeit im Boden. Nur in langen Phasen ohne Regen kann es vorkommen, dass die Pflanzen doch Wasser brauchen.

Böschungen können, wenn sie frei von Bewuchs sind und oberflächlich aufgelockert wurden, auch direkt mit Kräutersaatgut eingesät werden. Da es so aber schwer ist, den Abstand und die Anordnung der Pflanzen vorzubestimmen, ist das Ergebnis mehr dem Zufall überlassen als bei der Bepflanzung. Nach der Aussaat wird eingegossen und dünn übermulcht. Die Keimlinge müssen feucht gehalten werden und es kann auch ein Ausdünnen nötig sein, wenn zu viele Pflanzen gekeimt sind.

NUTZUNG UND PFLEGE

Regelmäßig beerntet werden auf der Böschung nur jene Pflanzen, die gut erreichbar sind (z.B. neben dem Weg). Die anderen werden je nach Bedarf max. ein Mal im Jahr beerntet und getrocknet.

Der Rückschnitt abgestorbener Pflanzenteile erfolgt im Frühjahr, wenn der neue Austrieb zu wachsen beginnt. Auch das Mulchen ist im Frühjahr nach dem Rückschnitt am einfachsten, wenn noch genug Platz auf der Böschung ist. Bewässerung ist, wenn die Pflanzen einmal angewachsen sind, meist nicht notwendig.

Dauerblüher wie dieser Drachenkopf machen die Kräuterböschung zum Treffpunkt für NektarliebhaberInnen.

ES SUMMT, ZIRPT, BRUMMT UND RASCHELT: BIODIVERSITÄT AUF DER KRÄUTERTERRASSE

Ungestörte, sonnenexponierte Böschungen gehören zu den vielfältigsten Gartenbeeten, da sie verschiedene Blüten und Unterschlupfmöglichkeiten bieten. Noch interessanter für die Tierwelt wird es durch die Einbeziehung von Gestaltungselementen wie Trockensteinmauern, Lehmwänden und Totholz.

Das Frischkräuter–Salat–Beet

Salat und Kräuter passen einfach zusammen, nicht nur als Gericht, sondern auch im Beet sind sie durchaus ein gutes Team. Vitamine, Mineralstoffe, tolles Aroma – und das jeden Tag in einer neuen Mischung je nach Lust und Laune. Ein Frischkräuter-Salat-Beet ist eine Bereicherung für jeden Garten.

FÜR DIE TÄGLICHE SCHÜSSEL VOLL WÜRZIG FRISCHEM SALAT

Salat gehört einfach dazu, das ist klar. Frisch geerntet und mit würzigen Kräutern veredelt kann er auch als Hauptmahlzeit bestehen, auf jeden Fall hat er mehr Aufmerksamkeit verdient, als einfach nur zartgrüne Beilage zu sein. Mit einem eigenen Salatbeet mit den dazu passenden Frischkräutern sieht die Welt gleich ganz anders

aus. Erfunden haben den Salat übrigens schon die Römer, sie legten Kräuter und die Vorfahren des Salates in Salz ein, davon kommt auch der Name inSALata, und nahmen ihn auf diese Art haltbar gemacht als Vitaminspender mit auf ihre Feldzüge. Was soll also unser Salatbeet können, damit es seinem Namen gerecht wird?
Es soll in der Vegetationszeit täglich Salat liefern und im Idealfall auch im Winter regelmäßig kleine, vitaminreiche Ernten bieten: für den täglichen Salat, aber auch als Deko für Speisen und als Suppengrün.

WELCHE PFLANZEN PASSEN INS BEET?

Früh-, Sommer-, Herbst- und Wintersalate, die zu den Lattich- und Zichoriensalaten gehören, aber auch verschiedene Asia-Salate, Rucola und Feldsalat passen gut ins Beet. Sie werden in Mischkulturen mit Kräutern und gern auch Wildkräutern angebaut. Bei der Kräuterauswahl ist zu beachten, dass sie unter denselben

1 Salate, Spinat und Radieschen sind ernteberereit und machen bald Platz für die nächste Pflanzengeneration.

2 Schnittlauch, Schnittsellerie, Majoran und junger Chinakohl-Salat teilen sich dieses Beet.

Bedingungen wachsen wie unsere Salate, also in mäßig nährstoffreicher, eher lockerer Erde mit ausreichender Wasserversorgung an einem halbsonnigen Ort. Solche Voraussetzungen mögen diese Kräuter:
Petersilie, Schnittlauch, Lauch, Schnittknoblauch, Knoblauch, Schnittsellerie, Liebstöckel und Kerbel. Dazu passen aber z.B. auch noch Borretsch, Schildampfer, Winterheckenzwiebel, Radieschen, Bärlauch, Hirschhorn-Wegerich, Spitzwegerich, Dille und Löwenzahn.

SO SIND WIR VERBUNDEN

Nahe am Haus oder direkt am täglichen Weg in den Garten ist der beste Platz für dieses Beet. Zudem in der Nähe eines Wasserspeichers – also bei Bedarf leicht zu bewässern –, das sind die wichtigsten Standorteigenschaften des Frischkräuter-Salat-Beetes. Die Pflanzen

darin sind Schwach- bis Mittelzehrer und wollen gut gelockerte, tiefgründige Erde. Mulch, eine sparsame Kompostgabe und bei Bedarf die Auflockerung mit der Grabegabel schaffen die besten Voraussetzungen dafür. Die Pflanzen werden zum Teil in Aussaatkisten vorgezogen oder auch direkt gesät. In kühlen Nächten oder im Winter verlängert eine Abdeckung aus Gartenvlies, Folie oder Glas die Ernteperiode.

PLANUNG UND BAU

Es gibt keine festgelegte Form für dein Frischkräuter-Salat-Beet. Ob als Hochbeet, als Pflanztrog am Balkon oder als Flachbeet im Garten, alles ist möglich.

NUTZUNG UND PFLEGE

Das Beet setzt sich aus schnell und langsam wachsenden einjährigen und mehrjährigen Pflanzen zusammen und kann deshalb mehrere Mischkulturen pro Saison beherbergen. Regelmäßiges Nachmulchen, Bewässern nach Bedarf, Ernten und Nachpflanzen oder Nachsäen gehört dazu.

BIODIVERSITÄT

Vielfalt bietest du mit blühenden Mischkulturen, die aber auch du als Blütendeko nutzen kannst, das wären in diesem Fall z.B. Borretsch, Ringelblume, Kornblume, Rucola, Dill.

„Biodiversität in der Salatschüssel" – eine Vitaminbombe der anderen Art

Zutaten:

etwas Blattsalat als „grüne Basis" (die natürlich auch rot sein darf), gern auch mit Rucola und, wer's gern sauer mag, mit Schild-Ampfer

einige Blätter folgender Wildkräuter aus der Wiese, den Gemüse- oder Blumenbeeten, fein geschnitten:
Löwenzahnblätter, Spitzwegerich (Blätter und Samen), Wiesenknopf, Borretsch, junge Baumspinatblätter, junge Malvenblätter, Gundelrebe, Echtes Labkraut

und diese feingehackten Kräuter, auch aus dem Garten:
Schnittknoblauch, Fenchelblätter, Pfefferminze, Dost, Thymian, Winterheckenzwiebel

nicht nur zur Dekoration ein paar essbare Blüten: Borretsch, Nachtkerze, Ringelblume, Rotklee, Goldmelisse, Pfefferkraut

Den Salat mit etwas Essig und Öl marinieren und mit Salz abschmecken.

Außerdem sehr zu empfehlen dazu:

» ein hartgekochtes Enten- oder Hühnerei
» geröstete Sonnenblumenkerne, Kürbiskerne oder Walnüsse
» eine Portion Schafkäse
» selbstgebackenes Brot aus dem Lehmofen

Guten Appetit!

BACKSTAGE IM PFLANZENREICH

Über Pflanzen gibt's viel zu wissen und es lohnt sich, sie genauer kennenzulernen. Auch wenn sie sich ruhig und unauffällig verhalten und wir nicht weiter über sie nachdenken, sind die doch diejenigen unter uns, die zum Überleben auf der Erde am allermeisten beitragen (Stichwort Primärproduzenten, siehe Seite 116). Damit sie sich im Garten wohlfühlen, ist es von Vorteil ihre Eigenheiten zu kennen.

DARF ICH VORSTELLEN: PFLANZE!

Pflanzen haben sich im Laufe der Evolution so gut wie möglich an die Gegebenheiten ihrer Umwelt angepasst, dazu gehören unterschiedliche klimatische und topographische Einflüsse genauso wie die Interaktion mit anderen Lebewesen. Wie immer geht es darum, „sich eine Existenz aufzubauen", wie es so schön heißt. Für die meisten Pflanzen bedeutet das, sich an einem Standort zu etablieren, Wurzeln in die Erde zu bohren, Spross und Blätter zur Sonne zu wenden, Energie, Wasser und Nährstoffe aufzunehmen und möglichst effizient zum Leben einzusetzen, sich zu vermehren und gleichzeitig mit all den Faktoren zu interagieren, die tagtäglich, Jahr um Jahr, ihr Leben prägen: Interaktionen mit dem Bodenleben, den Mikroorganismen, Tieren, Pflanzen und Großpilzen ihres Lebensraumes, den Wetterereignissen, Nährstoff- und Wasserverhältnissen und allem, was diese beeinflusst, und natürlich den Jahres- und Tageszeiten. Pflanzen erleben also so einiges in ihrem Leben, auch wenn sie nur so dastehen.

Wurzel, Sprossachse und Blätter – Pflanzenorgane in Aktion

Pflanzen bestehen primär aus drei Organen: den Wurzeln, der Sprossachse und den Blättern. Wurzeln sind einerseits zum Verankern da, um sich also bei

1 Die Behaarung auf den Blättern dieser Vexiernelke dient als Schutz.

2 Die Leitbündel einer Kürbispflanze: Sie transportieren Wasser oft viele Meter weit.

3 Mischkulturen beobachten und kennenlernen ist auch lebenslanges Lernen.

Wind und Wetter gut festzuhalten – dazu werden die stark ausgebildeten Haupt- und Seitenwurzeln benutzt. Davon abzweigende Feinwurzeln und Wurzelhaare haben eine riesige Oberfläche und die Aufgabe Wasser und Nährstoffe aus dem Boden aufzunehmen und mit den Bodenorganismen und anderen Pflanzen in Kontakt zu treten. Besonders den mehrjährigen Pflanzen dienen die Wurzeln auch als Speicherorgan, um Energie fürs Überwintern und das Austreiben im nächsten Jahr zu haben. Manche dieser Pflanzen sind uns GärtnerInnen als Wurzelgemüse (Karotten, Pastinaken, Schwarzwurzeln usw.) gut bekannt, wobei hier die Ausprägung der Speicherorgane durch Züchtung gefördert wurde.

Das Wachstum der Sprossachse wird vom Licht gesteuert. Diese leitet in ihren Leitungsbahnen das Wasser und die Nährstoffe von den Wurzeln nach oben in die Blätter und den in den Blättern erzeugten Zucker zu den Wurzeln nach unten. Außerdem hält sie die Pflanze aufrecht und widerstandsfähig. Blüten, Seitenverzweigungen und Blätter werden aus dem Spross gebildet. In den Blättern findet die Photosynthese statt, bei der mit Hilfe von Sonnenenergie aus Wasser und Kohlendioxid Zucker produziert wird: Sie sind die Kraftwerke einer Pflanze und mit einer artspezifischen Wachsschicht überzogen, die bei manchen Blättern als gräuliche, oft abstreifbare Schicht (z.B. bei Lauch, Gartenmelden) oder als robuste, stark glänzende Schicht (z.B. bei Eichen) zu erkennen ist. Diese Wachsschicht schützt die Pflanze, teilweise zusammen mit einer Behaarung, vor starker UV-Strahlung und Wasserverlust. Durch zahlreiche sogenannte Spaltöffnungen leitet die Pflanze für die Photosynthese nötiges Kohlendioxid ins Blatt und verdunstet gleichzeitig Wasser. Ist es heiß und die Pflanze verdunstet zu viel, schließt sie zum Schutz aktiv Spaltöffnungen, was natürlich auch die Aufnahme von Kohlendioxid stark einschränkt.

Blüten bilden sich dann, wenn Tageslänge und Temperatur für die Pflanzen vielversprechend sind, Ziel ist die Bestäubung und die Ausbildung von keimfähigen Samen.

Wuchsformen und Lebenszyklen:
Da gibt's viele Möglichkeiten

Bei den Lebens- bzw. Wuchsformen von Pflanzen geht es darum, wie sie ungünstige Jahreszeiten überstehen, wie sie sich vermehren und wie lange sie leben.

Sogenannte einjährige Pflanzen durchlaufen ihren ganzen Wachstumszyklus in einer Vegetationsperiode. Das heißt, sie keimen, wachsen, blühen, fruchten, bilden Samen und überdauern die kalte Jahreszeit als Samenkorn. Typische Beispiele dafür sind unter anderem Gartenblumen und Beikräuter wie Ringelblume, Sonnenblume, Klatschmohn, Kornblume und Gänsefuß. Sie nutzen kurzfristig verfügbare, günstige Standorte und sind mittels ihrer Samen sehr mobil.

Zweijährige Pflanzen bilden im ersten Jahr nur einen Spross, z.B. eine Blattrosette, aus, überdauern den Winter und treiben im zweiten Jahr einen Blütenstand zur Samenbildung. Die Pflanze stirbt nach der Blüte und Samenreifung ab. Beispiele dafür sind Wildpflanzen wie Königskerze, Nachtkerze und Natternkopf, aber auch Gemüsearten wie Weiß- und Rotkohl.

Mehrjährige Pflanzen hingegen leben einige Jahre bis Jahrzehnte, manche sogar Jahrhunderte, blühen und fruchten meist mehrere Male (oft jährlich). Einige mehrjährige haben zusätzlich zur Verbreitung über Samen auch die Möglichkeit sich vegetativ, also z.B. über Ausläufer, zu vermehren.

Zu den mehrjährigen Pflanzen gehören etwa Stauden, die in unterirdischen Überdauerungsorganen (Wurzeln oder Rhizome) die kalte Jahreszeit überleben. Oberirdische Teile sterben teilweise während des Winters ab, im Frühling erfolgt ein Neuaustrieb von unten. Einige Beispiele für Stauden sind Brennnessel, Herbstaster, Goldrute, Pfingstrose, Ampfer, Liebstöckel, Melisse, Minze und viele Gräser.

Sogenannte Frühlingszwiebelpflanzen sind auch mehrjährig: Schneeglöckchen, Bärlauch, Krokus und Co. verharren den Großteil der Zeit in einer verdickten Zwiebel im Boden und nutzen die Sonne und günstigen Lichtverhältnisse des Vorfrühlings, um Blüten, Blätter und Samen auszubilden.

Mehrjährige verholzte Zwergsträucher wie z.B. Thymian, Bohnenkraut und die echte Heidelbeere überdauern den Winter sogar mit grünen Blättern und im Idealfall unter einer schützenden Schnee- (oder Mulch)decke. Auch diese Arten können viele Jahre alt werden.

Letztendlich gehören zu diesen Pflanzen auch alle Sträucher und Bäume, die über Jahre und Jahrzehnte an einem Standort wachsen, den Boden mit ihrem Wurzelsystem besonders intensiv aufschließen und ungünstige Jahreszeiten zum Teil durch Laubwurf und durch stark vor Kälte und Trockenheit geschützte (Nadel-)Blätter überdauern.

Aus einer mach viele – Pflanzenvermehrung

Es gibt zwei verschiedene Vermehrungsarten bei Pflanzen, die in der Tabelle auf der nächsten Seite gezeigt werden. Einerseits die geschlechtliche Vermehrung durch Blüte-Befruchtung-Samenbildung (generative Vermehrung), andererseits die ungeschlechtliche, vegetative Vermehrung (durch Wurzelausläufer u.ä.).

Ein einfaches Beispiel für die generative Vermehrung ist Gartensalat der Gattung der Lattiche. Um Samen zu gewinnen, lässt du die Pflanze blühen – der Salat wächst aus, bildet einen ca. 0,7 m hohen Blütenstand und darauf viele kleine gelbe Blütenköpfchen. Da Gartensalat ein Selbstbestäuber ist, brauchst du dir über Verkreuzungen keine Gedanken machen. Nach der Blüte reifen die zahlreichen Samen in den Samenköpfchen langsam aus. Geerntet werden ganze Samenstände, die in einem großen Papiersack gut nachtrocknen können. Die sich aus den Samenständen lösenden Samen werden dann in kleinere Gefäße abgefüllt, beschriftet und bis zur nächsten Aussaat trocken gelagert.

Wurzelausläufer bildende Minzearten sind ein besonders einfaches Beispiel für die vegetative Vermehrung. Hier werden stark wachsende Individuen geteilt, oder auch nur einige Ausläufer abgetrennt und gesetzt. Die beste Jahreszeit dafür ist das Frühjahr.

GENERATIVE VERMEHRUNG	VEGETATIVE VERMEHRUNG
Quellung des Samens (passive Wasseraufnahme)	Verbreitung durch Wurzelausläufer, Teilung von Zwiebeln, Anwachsen von oberirdischen Sprossen
Keimung	Ausbildung von eigener Wurzel und Spross
Aufwachsen des Schösslings bis zur ausgewachsenen Pflanze	Aufwachsen des Schösslings bis zur ausgewachsenen Pflanze
Fortpflanzung durch Blüte, Bestäubung, Samenbildung	Fortpflanzung durch erneute vegetative Vermehrung, oft auch zusätzlich durch Samenbildung (wie bei generativer V.)
Verbreitung der Samen (durch Wind, Tiere, sonstiges ...)	Verbreitung durch Wurzelausläufer, Teilung von Zwiebeln, Anwachsen von oberirdischen Sprossen (Stecklinge)
teilweise sehr lange Ruhephasen möglich, Keimfähigkeit der Samen Jahre bis Jahrzehnte je nach Pflanzenart und Bedingungen	Keine langen Ruhephasen möglich, Wurzelausläufer oder Zwiebel dürfen nicht ganz austrocknen, um wieder anwachsen zu können

Plant love!

Ja, wie pflanzen sich Pflanzen eigentlich fort? Verschiedene Blütentypen und Bestäubungswege führen in eine etwas andere Welt der Vermehrung.

Zuallererst treffen wir da auf die Unterscheidung zwischen „einhäusigen" und „zweihäusigen" Pflanzen. Einhäusige bilden auf einer Pflanze männliche (Staubblätter mit Pollen) und weibliche (Narbe mit Fruchtknoten und Samenanlage) Organe aus. Auf diesen Pflanzen können die Blüten dann entweder zwittrig (also mit Staubblättern und Narbe innerhalb einer Blüte) sein: Dieser häufige Fall findet sich z.B. bei Tomaten und Kohlgewächsen. Bei Kürbisgewächsen hingegen sind die männlichen und weiblichen Organe in getrennten Blüten auf einer Pflanze zu finden. Im Unterschied dazu haben zweihäusige Pflanzen zwei Geschlechter. Im Fall von Spinat, Hanf und Sanddorn gibt es zum Beispiel männliche und weibliche Pflanzen – für die Vermehrung sind also mindestens zwei Pflanzen unterschiedlichen Geschlechtes nötig.

Die Bestäubungswege sind ebenfalls abenteuerlich. Insektenbestäubte Arten haben sich in ausgiebiger Koevolution zum Teil sehr auf bestimmte Bestäuberinsekten spezialisiert bzw. auf Bestäubergruppen eingestellt, von denen ihre weitere Existenz abhängt und für die sie auffällige Blüten in großer Farben- und Formenvielfalt ausbilden (z.B. Obstbäume und viele Wiesenblumen). Andere verlassen sich auf den Wind, um Pollen zu verbreiten, wie z.B. Hasel und Süßgräser. Und dann gibt's noch die, die es einfach selber machen: Sogenannte Selbstbestäuber haben sich für eine unabhängigere Variante der Vermehrung entschieden. Viele Salate, Tomaten und Buschbohnen gehören dazu. Wie das Leben eben so spielt, gibt's aber auch immer Ausnahmen und seltene Sonderfälle, was an so manchen unerwarteten Kreuzungen sichtbar wird.

WIE DEINE PFLANZEN
SO RICHTIG AUFBLÜHEN!

**Was brauchen deine Gartenpflanzen, damit es ihnen gut geht?
Einen ihren Vorlieben entsprechenden Standort, gute Beziehungen
zu ihren pflanzlichen, tierischen und mikrobiellen Kollegen,
Wasser, Nährstoffe und genügend Platz – so einfach ist das.
Jedenfalls auf den ersten Blick ...**

Der richtige Standort macht's aus

Standortsansprüche stellen viele. Aber glücklicherweise sind Pflanzen recht geübt im Nischen finden und im optimalen Nutzen ihrer Möglichkeiten und so finden sich in den unterschiedlichsten Biotopen einzigartige Pflanzengemeinschaften zusammen. In Gärten ist das nicht anders, vor allem dann, wenn diese unterschiedliche Nischen, also Lebensräume, zu bieten haben und diese von GärtnerInnen in der Pflanzen- und Standortsauswahl bedacht werden. Pflanzenarten und Standorte passen zusammen wie der eine Deckel auf den einen Topf, auch wenn's manchmal zu unvorhergesehenen Überlappungen kommt. Aber etwas ist so gut wie sicher und hilft bei der Planung und Gestaltung enorm: Egal ob es sich um naturnahe, bereits vorhandene Lebensräume handelt oder um von uns gestaltete Beete und andere Gartenelemente, du musst deinen Garten kennen wie deine Westentasche, um den richtigen Platz für deine Pflanzen zu finden. Also lass dir helfen: In der Tabelle auf der nächsten Seite findest du einen Überblick über verschiedene Gartenlebensräume und ihre typischen BewohnerInnen.

Neben dem gut gewählten Standort, der auch optimale Lichtverhältnisse aufweist, brauchen Pflanzen aber auch entsprechend Platz: von klein auf bis zur vollen Entfaltung und vielleicht über viele Gartenjahre hinweg.

Keine Nährstoffe ohne Wasser!

Pflanzen nehmen Wasser über ihre Wurzeln aus dem

GARTENLEBENSRÄUME UND EINIGE
IHRER TYPISCHEN PFLANZENBEWOHNERINNEN

TROCKENBIOTOPE MIT GERINGER NÄHRSTOFFVERFÜGBARKEIT	
Kräuterhügel, Kräuterspirale	Mediterrane und heimische Kräuter mit geringem Nährstoff- und Wasserbedarf
Kräuterterrasse	
Topf-Kräutergarten	
Magere Blumenwiese	Wildblumen, Wiesengräser
Trockensteinmauer	Mauerritzenpflanzen, Mediterrane Kräuter
trockene Kuppen & Böschungen und Waldsäume für Gehölze	trockenheitstolerante Kräuter, Stauden und Wildsträucher wie Schlehen, Wildrosen, Weissdorn, Brombeere usw.

NÄHRSTOFFREICHE ELEMENTE	
Gemüsebeete	Gemüse, Frischkräuter, manche Teekräuter
Bauerngarten-Blumenbeet	Blühstauden und Teekräuter
Komposthaufen	Starkzehrer wie Kürbis, Zucchini, Holunder, Brennnessel
Geflügelauslauf, Obstwiese	Obstbäume, Wiesengräser und -kräuter
Fettwiese	nährstoffliebende Wiesengräser und -kräuter

FEUCHTBIOTOPE	
Gartenteich	Wasser- und Uferpflanzen
Feuchte, magere Blumenwiese	Binsen, Wildblumen, Wiesengräser
Sumpfbeet, Moorbeet	Heidelbeeren, Moose, Farne, Gräser
gut mit Feuchtigkeit versorgte Bereiche für Gehölze	Weiden, Pappeln, Erlen, Hasel, Johannisbeere, Himbeere usw.

Boden auf. Klingt logisch und einfach, ist aber gar nicht ohne. Um Wasser aus dem Boden aufzusaugen, müssen Pflanzen eine Saugspannung aufbauen, die über einen durch die Verdunstung von Wasser an den Spaltöffnungen erzeugten Unterdruck aufrechterhalten wird. Pflanzen sind also von einem kontinuierlichen Wasserstrom durchflossen, der sie quasi zwischen Bodenwasser und Atmosphäre einspannt – „alles fließt" trifft hier also zu. Mit dem Wasser nehmen Pflanzen aber auch gelöste Mineralstoffe und organische Stoffe aus der Bodenlösung auf, die sie für den Aufbau von Biomasse und ihren Stoffwechsel nutzen. Die Beschaffenheit des Bodens ist besonders ausschlaggebend dafür, wie viel Wasser und damit auch im Wasser gelöste Nährstoffe den Pflanzen zur Verfügung stehen. Belebter, humusreicher Boden mit guter Krümelstruktur und einer dicken Mulchschicht ist ein geeigneter Wasserspeicher und -versorger für Pflanzen, während verdichteter, unbelebter, nackter Boden sich nur unzulänglich um die Pflanzen „kümmern" kann.

Bewässern im Garten
Bei Bedarf werden Pflanzen punktuell bewässert. Um wertvolles Trinkwasser zu schonen, sollten die Pflanzen mit Regenwasser gegossen werden. Da Pflanzen Wasser über ihre Wurzeln aufnehmen, bringt es also wenig, das Gießwasser von oben auf sie herab zu schütten, effektiver und wassersparender ist es, es punktgenau zu ihren „Füßen" zu gießen. Manche Pflanzen reagieren auch empfindlich auf die Darüberschüttmethode und sind anfällig für Pilzkrankheiten und Verbrennungen.

Pflanzerde mischen, ob so oder so, ist eine Tätigkeit, die Konzentration braucht: die gewünschten Zutaten in den richtigen Mengen, und dann soll es auch noch gut durchmischt sein.

Es ist besser, Pflanzen seltener und dann dafür intensiver zu gießen, als häufig und nur oberflächlich. Sie werden so dazu angeregt in tiefere Bodenschichten vorzudringen und versorgen sich dadurch selbst effektiver mit Wasser.

Pflanzerden

Gartenpflanzen haben unterschiedliche Ansprüche an den Boden bzw. an die Pflanzerde im Trog oder Topf. Ihr Wuchs wird deshalb auch beeinflusst von der Bodenvorbereitung im Garten sowie von der Erdmischung bei Topf- und Jungpflanzen.

Pflanzerden sind generell Substrate, die für die Jungpflanzenanzucht oder auch für die Kultivierung von Topfkulturen verwendet werden. Die Verwendung selbst gemischter Pflanzerden, die aus belebten, natürlichen und regionalen Zutaten hergestellt werden, ist die beste Voraussetzung für gutes Wachstum, außerdem ökologisch unbedenklich und kaum mit Kosten verbunden.

Pflanzerden für Jungpflanzen oder Topfkulturen können relativ einfach selbst gemischt werden, wenn man einmal herausgefunden hat, wo es in der Nähe die nötigen Ressourcen dafür gibt. Oft es ist nicht nötig, dafür in ein Geschäft zu gehen, weil viele der Zutaten im eigenen Garten, im Garten von FreundInnen, in der Natur oder als Reststoffe anfallen.

Basis ist fast immer einfache, feinkrümelige Gartenerde, die frei von Steinen und Wurzeln ist. Eine solche ist z.B. das Produkt der Tätigkeit eines fleißigen Mitarbeiters im Garten, des Maulwurfes nämlich. Er häuft am Ausgang seiner Gänge feinkrümelige Erde an, die er von Wurzeln, Beikräutern und Samen befreit hat. Sie eignet sich deshalb sehr gut als Basis für alle möglichen Erdmischungen. Im Idealfall ist diese Erde leicht lehmig und von mittlerem Nährstoffgehalt, Abweichungen davon können mit etwas Erfahrung gut mit anderen Zutaten der Mischung ausgeglichen werden.

Ist kein Maulwurf als Mitarbeiter vorhanden, kann eventuell ein Nachbarsgarten damit dienen oder sich ein Spaziergang mit Kübel und Schaufel auf eine Wiese lohnen. Alternativ dazu kann Gartenerde auch selbst entnommen werden, am leichtesten klappt das, wenn in der Nähe gerade Erde ausgehoben wird. Diese wird dann z.B. mit einem Sieb von Steinen und Pflanzenresten befreit.

Die wichtigsten Zutaten für Pflanzerden sind:

» „normale Gartenerde" (Maulwurfserde), lehmig bis sandig, mittlerer Nährstoffgehalt – bildet die Basis der Mischung

» reifer Kompost aus Küchenabfällen oder auch gut abgelegener, kompostierter Mist (z.B. von Pferden, Schafen, Rindern oder Geflügel) oder Regenwurmhumus – liefert Nährstoffe, Mikroorganismen und speichert Wasser

» Sand, Kies und kleine Steine (Körnung zwischen 0,5–10 mm) – machen die Erde durchlässig für Wasser und Luft und erleichtern die Durchwurzelung

» Biokohle (Pflanzenkohle) – unterstützt die Pflanzengesundheit, beugt Infektionen vor und hilft bei leichten Verletzungen durch Pikieren oder Umtopfen

» Ziegelbruch – ist leicht und reduziert das Gewicht des Substrats, ist luftdurchlässig und speichert Wasser

» organisches Material wie Holzhäcksel und Schafwolle – lockert das Substrat auf, speichert Wasser, liefert langfristig Nährstoffe

In der angeführten Tabelle werden einige Erdmischungen vorgestellt, die sich für den Anbau unterschiedlicher Pflanzengruppen in Trögen oder Töpfen eignen.

PFLANZERDEN FÜR UNTERSCHIEDLICHE PFLANZENGRUPPEN IN TRÖGEN ODER TÖPFEN

PFLANZENGRUPPE	EIGENSCHAFTEN DER BEVORZUGTEN PFLANZERDE	ANTEILE AN MISCHUNGZUTATEN					
		Maulwurfserde	Sand, Kies, Steine	reifer Kompost	Pflanzenkohle	Ziegelbruch	Holzhäcksel, Schafwolle
Nährstoffliebende, einjährige Gemüsekulturen							
Nachtschattengewächse, Kohlgewächse, Kürbisgewächse usw.	nährstoffreich, gut wasserversorgt	●●●	●	●●●	▩	▩	▩
Anspruchslosere, einjährige Gemüsekulturen u. Salate							
Salate, Zwiebelgewächse, Kartoffeln, Wurzelgemüse	mittlerer Nährstoffgehalt, locker, gut wasserversorgt	●●●	●	●			
Frische Küchenkräuter, ein- u. mehrjährig							
Schnittlauch, Petersilie, Kerbel, Koriander, Minzen, Melissen, Estragon	mittlerer Nährstoffgehalt, gut wasserversorgt	●●●	●	●	▩	▩	▩
Mehrjährige, mediterrane Kräuter							
Thymian, Oregano, Rosmarin, Lavendel, Ysop	durchlässig, nährstoffarm	●●●	●●●		▩	▩	▩
Kleine Obstbäume und Beerensträucher, mehrjährig							
Spalierobst, Johannisbeeren, Himbeeren, Erdbeeren	mittlerer Nährstoffgehalt, gut wasserversorgt	●●●	●	●	▩	▩	▩
Gartenblumen, ein- und mehrjährig							
Ringelblume, Cosmea, Löwenmäulchen, Phlox, Akelei usw.	mittlerer Nährstoffgehalt, gut wasserversorgt	●●●	●	●	▩	▩	▩
Heimische Kräuter der mageren Standorte							
Schafgarbe, Dost, Quendel, Spitzwegerich	durchlässig, eher nährstoffarm	●●●	●●		▩		
Heimische Kräuter der nährstoffreicheren Standorte							
Gundelrebe, Vogelmiere, Knoblauchsrauke, Löwenzahn, Bärlauch, Brennnessel	mittlerer Nährstoffgehalt, gut wasserversorgt	●●●	●	●	▩		
Aussaaterde allgemein							
Gemüse, Kräuter, Blumen	nährstoffarm, locker, durchlässig	●●●	●●●	●	○		
Aussaaterde für Kürbisgewächse							
Aussaaterde für Kürbisgewächse	eher nährstoffreich, locker, durchlässig	●●●	●	●●	○		▩

○ wenig   ▩ optional

DENN AUF DIE MISCHUNG KOMMT ES AN!

Ganz logisch oder, dass es gemeinsam leichter ist, wenn's um das Besiedeln neuer Lebensräume geht: die Erschließung und optimale Nutzung von Ressourcen, die Kommunikation und Zusammenarbeit mit den „ansässigen" Mikroorganismen, die Einbindung in den Wasserhaushalt und den Nährstoffkreislauf des Standorts und überhaupt der Umgang mit den zahlreichen Klima- und Wetterphänomenen. Da ist eine/r allein, und sei es auch in unzähligen Ausgaben seiner/ihrer selbst, doch ziemlich aufgeschmissen, was die nötigen Fähigkeiten betrifft eine gesunde Pflanzengesellschaft aufzubauen. Wie auch immer die Idee der landwirtschaftlichen Monokulturen entstanden ist und sich etabliert hat, ausgezahlt hat sich der entstandene Energieaufwand, die Ressourcenverschwendung und der Verlust von Lebensräumen jedenfalls nicht. Die Natur beobachten und sich weiterbilden hilft aber beim Augenöffnen und Umdenken.

Ob Ackerfläche, Wiese oder Kleingarten, Mischkulturen nutzen Ressourcen wie Wasser, Licht und Nährstoffe effizienter, unterstützen die Widerstandskraft der einzelnen Pflanzen gegenüber Trockenheit, Krankheiten und Mitessern und bieten vielfältige, geschmacksinten-

Ackerbohne, Palmkohl, Kürbis, Kornblume usw.: Es ist nicht immer leicht in Mischkulturen mit vielen Arten den Überblick zu behalten, aber die Produktivität ist enorm.

sive Ernten. Durch ihre Vielfalt an Wuchsformen, Strukturen und Lebensweisen haben Mischkulturen auch einen begünstigenden Einfluss auf das Mikroklima der Fläche, bieten z.B. guten Windschutz, regulieren die Luftfeuchtigkeit und halten Wasser effizienter in der unter- und oberirdischen Biomasse fest.

Auf Ebene des gesamten Permakultursystems bedeutet Mischkulturpflanzung die Verzahnung von mehrjährigen und einjährigen Pflanzen und die Gestaltung von Lebensräumen für unterschiedliche Vegetationsgemeinschaften. Waldgärten und Agroforstsysteme, aber auch Polykulturen mit inkludierter Tierhaltung beruhen ebenfalls auf dem Prinzip der Mischkultur. Auf Ebene des Gartenbeetes heißt Mischkultur, dass vor allem die Pflanzenfamilien regelmäßig gewechselt werden, da sie sich in ihren Ansprüchen zu sehr gleichen und den Standort einseitig beanspruchen würden.

Erfolgreiche Mischkulturpflanzungen beruhen auf Erfahrungswerten vieler GärtnerInnen und LandwirtInnen, die in zahlreichen Mischkulturtabellen in Büchern und im Internet mit allen, die sich dafür interessieren, geteilt werden. Vor allem Tipps für gute und schlechte Nachbarschaften im Gemüsebeet werden hier häufig weitergegeben. Einige wichtige dazu sind:

» Pflanzen mit ähnlichen Nährstoffvorlieben zueinander setzen, das heißt, Beete als Lebensräume für sogenannte Starkzehrer (brauchen viele Nährstoffe), Mittelzehrer (haben mittlere Ansprüche) oder Schwachzehrer (vertragen hohen Nährstoffgehalt schlecht) gestalten und nicht untereinander mischen, da sie andere Standortsansprüche haben. Typische Schwachzehrer sind mediterrane Kräuter und viele Wild- und Heilpflanzen, unter den Gemüsen gehören auch Radieschen und viele Salate zu dieser Gruppe. Zu den Mittelzehrern gehören z.B. Karotten, Zwiebeln, Rote Rüben, während Starkzehrer z.B. Kürbis, Kohl und Tomaten sind.

» Innerhalb eines Beetes die Pflanzen z.B. in Reihenmischkulturen setzen, in denen die botanischen Pflanzenfamilien abgewechselt werden. Die wichtigsten Pflanzenfamilien im Gemüsebeet sind die Korbblütler (z.B. Salate), die Doldenblütler (z.B. Karotten, Pastinaken, Petersilie), die Kreuzblütler (z.B. Kohl, Kohlrabi, Brokkoli), die Nachtschattengewächse (z.B. Tomaten, Paprika, Auberginen), die Kürbisgewächse (z.B. Kürbis, Zucchini, Gurke), die Gänsefußgewächse (z.B. Mangold, Spinat, Rote Rübe), die Schmetterlingsblütler (z.B. Erbsen, Bohnen) und die Zwiebelgewächse (z.B. Lauch, Zwiebel, Knoblauch).

» Auf keiner zu großen Flächen nur ein Beettyp (z.B. Gemüsebeete mit verschiedenen Nährstoffverhältnissen) anlegen, sondern kleinstrukturiert gestalten. Vor allem blühende Kräuter und Blühstauden sollen immer wieder einbezogen werden. Sie locken zahlreiche nützliche Insekten an und sehen auch noch gut aus.
» Wuchshöhen, Platz- und Lichtbedarf der Einzelpflanzen beachten.

Letztendlich geht es aber auch darum, selbst Erfahrungen durch eigene Beobachtungen zu sammeln. Das Mischkulturkonzept, das in Hausgärten lange Tradition hat, beruht nämlich vor allem darauf, dem System Garten eine gewisse Selbstorganisationsmöglichkeit zu überlassen – denn viele der heimlichen Beziehungen und Kommunikationswege laufen über für uns verborgene Wurzelausscheidungen, Duftstoffe, komplexe Wechselwirkungen mit Mikroorganismen und Umweltreizen. Die gesammelten Beobachtungen dienen dann als wertvolle Informationen für zukünftige Pflanzentscheidungen und führen zu immer passenderen Kombinationen. Eine klassische Aufwärtsspirale also. Und aus Fehleinschätzungen zu lernen, ist ja eine der besten Möglichkeiten Systeme zu optimieren.

In Reih und Glied, gut gemulcht und mit verschiedenen Pflanzenfamilien, die sich abwechseln: Hier ist gut Überblick zu behalten, und die Pflanzen mögen es auch, wie es scheint.

„Ich teile mein Beet mit …"

„… allen, die auf meiner Wellenlänge sind."

Starkzehrer bleiben gern untereinander und suhlen sich in den fetten Nährstoffen: Kürbis-, Kohl- und einige Nachtschattengewächse teilen sich ein frisch angelegtes Hügelbeet. Da kann's aber schon mal passieren, dass der eine den anderen überwächst – schulterzuckend sagen wir: „So ist das eben."

„… einer Nachtkerze."

Einfach deshalb, weil die sich immer und überall einschleicht und einfach zu schön ist, um ihr einen Ortswechsel zu empfehlen.

„… einem uralten Birnbaum,"

berichtet die Färberkamille begeistert. „Er bewirft mich zwar manchmal mit Obst, aber ich leuchte einfach sonnengelb zurück."

ZEIT FÜR EIN BISSCHEN WELLNESS!

Bei der Pflanzengesundheit geht's logischerweise ganz stark ums Vorbeugen. Die wichtigste Voraussetzung für gesunde Pflanzen ist ein arten- und strukturreicher Garten mit standortangepasster Bepflanzung, naturnaher Bewirtschaftung, Humusaufbau und durchdachten Nährstoff- und Wasserkreisläufen – ganz so wie ein Permakulturgarten eben sein soll.

Lebendige Gärten haben glücklicherweise ein unglaubliches Potential Probleme selbst zu lösen und sich selbst zu heilen, da sie Nützlingen die Möglichkeiten bieten sich anzusiedeln. Gut beobachten, tief durchatmen und kleinere Verluste als notwendig hinnehmen ist manchmal schon der Schlüssel zur Lösung, denn mit etwas Glück hat der Garten schon seinen eigenen Weg gefunden, mit dem wir uns gut anfreunden können (und etwas abschauen können).

Gegen ein bisschen Wellness haben unsere Gartenpflanzen aber trotzdem nichts! Jauchen und Tees aus Brennnessel, Schachtelhalm und Beinwell werden besonders gern eingesetzt, um Pflanzenabwehrkräfte zu unterstützen und zu stärken.

Brennnesseljauche

Brennnesseltriebe und Blätter sammeln und ein Gefäß damit anfüllen. Mit Wasser auffüllen und über einige Tage stehen lassen und täglich umrühren, bis die Jauche nicht mehr schäumt, dann ist sie als Pflanzenstärkungsmittel anwendbar. Das Gefäß am besten mit Vlies oder Brettern abdecken, damit keine Tiere hineinfallen und ertrinken. Wem der Geruch zu unangenehm ist, kann ihn mit einer Handvoll Urgesteinsmehl binden. Die fertige Jauche wird dann je nach Bedarf ca. 1:10 bis 1:20 verdünnt und an die Pflanzen und den umliegenden Boden vergossen. Sie ist ein guter Dünger und wirkt auch krankheitsvorbeugend.

Beinwelljauche

Beinwellblätter sammeln und genauso wie bei der Brennnesseljauche verfahren. Beinwelljauche enthält viele Mineralstoffe und wirkt pflanzenstärkend.

1 Beinwell liebt frische bis feuchte Standorte und breitet sich gern aus, wenn er sich an einem Ort wohlfühlt. Wir freuen uns darüber, denn Beinwelljauche tut den Pflanzen gut und er selbst hat wunderbare Blüten.
2 In Regentonnen lassen sich gut größere Mengen Jauche ansetzen. Die fertige Jauche sollte verschlossen und bald verbraucht werden.

Schachtelhalmtee

Ein aus frischem oder getrocknetem Ackerschachtelhalm gekochter, kieselsäurehaltiger Tee beugt Pilzkrankheiten vor und unterstützt allgemein die Pflanzengesundheit. Nach dem Köcheln darf der Tee auskühlen, wird abgeseiht und kann dann unverdünnt entweder an die Pflanzen vergossen oder auch mit einem Zerstäuber auf die Blätter gesprüht werden.

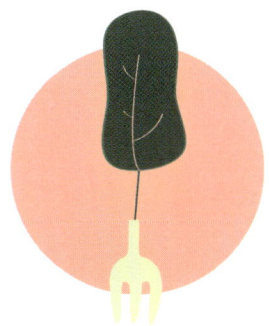

WECKE DIE PERMAKULTUR-LEIDENSCHAFT IN DIR:
LUST AUF OBST?

Obstbäume und Beerensträucher sind doch die heimlichen Helden des Gartens. Im Gegensatz zur Schnelligkeit des Alltags sind sie stille, gemächliche Begleiter und dabei selbstständig und eigenwillig. Sie verzeihen aus Unwissen begangene Fehler oft geduldig, zum Beispiel wenn sie unpassend oder zu stark geschnitten wurden oder sie in Vergessenheit geraten. Das heißt zwar nicht, dass ihnen das guttut, aber sie finden eine Lösung und passen sich äußerst kreativ an die neuen Gegebenheiten an.

Obstbäume sind richtige Permakulturpflanzen!

Langlebig, selbstständig, multifunktional. Neben den Früchten, die einfach geerntet werden können, spenden sie Schatten, halten Wasser am Grundstück, puffern Temperaturschwankungen ab, speichern langfristig Kohlendioxid, schützen vor Wind und den Boden vor Erosion. Das von ihnen erzeugte Laub ist eine essentielle, nährstoffreiche Ressource für abbauende Lebewesen, die durch ihre Aktivitäten den Humusaufbau gewährleisten. Und ihr Holz dient letztendlich als wertvolles, lang haltbares Baumaterial für Möbel und Gebrauchsgegenstände, das am Ende seiner Lebenszeit als Brennholz für den Lehmofen dienen kann oder als Totholz Lebensraum für viele Insektenlarven bietet.

EIN PROJEKT FÜR GENERATIONEN UND KULTIVIERTE ÖKOSYSTEME

Obstbäume begleiten Menschenleben und verbinden sie miteinander. Sie sind oft die letzten, die übrigbleiben – ein schiefer, knorriger alter Birnbaum an den verbleibenden Grundmauern eines Hofes – und die ersten, die da sind, wenn neue BesitzerInnen und GestalterInnen kommen. Im Permakulturgarten ist Obstertrag nur eines von vielem, was ein Baum uns schenken kann. Ein Obstbaum muss nicht gleich weg, weil er alt ist. Bäume altern und verändern ihre Form, werden gebrechlich, stützen sich manchmal mit einem Ast am Boden ab, zeigen großen Lebenswille und blühen und fruchten manchmal noch, obwohl sie umgestürzt sind und werden so zu immer charakteristischeren Gestalten. Es gibt in der Kulturlandschaft nirgends so viele Lebensräume zu entdecken, wie in alte Gärten mit alten Bäumen. Wer ein neues Grundstück übernimmt, sollte, wenn irgendwie möglich, bestehende Bäume erhalten, sie in die Gartenplanung integrieren und versuchen herauszufinden, welche Obstsorten vorhanden sind.

Obstbäume bringen unsere Gärten nah an die Dauerhaftigkeit und Selbstregulierungsfähigkeit natürlicher

Obstbäume sind herausragende Elemente im Permakulturgarten.

Ökosysteme heran. Durch ihre vielen Funktionen können wir von ihnen lernen und unsere Gärten Jahr für Jahr widerstandsfähiger und enkeltauglicher gestalten. Was vor allem auch dazugehört, ist Geduld, denn viele Sorten brauchen etwas Zeit, bis sie fruchten und ihre Eigenschaften voll entwickeln.

WOZU APFELWÜSTEN?

Ihre Früchte sind, wenn überhaupt, etwas fürs Foto und vielleicht gut als Schaufenster-Deko. Apfelwüsten oder auch andere Obstbäume als Niederstamm in Intensivplantagen gezogen sind nach wenigen Jahren schon ausgepowert und werden durch neue ersetzt, sind überspannt mit Schutznetzen, um die Tierwelt auszuschließen, gespritzt, gestutzt und mit viel Energie und Chemie bewirtschaftet. Die vielen Funktionen, die Obstgehölze erfüllen können, sind hier nicht einbezogen und den Früchten mangelt es an Vitaminen und Geschmack und sie duften nicht. Warum sollten wir das essen?

Früchte und Laub sind die schönsten Geschenke der Obstbäume an uns.

OBST IN HÜLLE UND FÜLLE

Auf extensiv bewirtschafteten Streuobstwiesen mit Hochstammbäumen, von Obstbäumen und Beerensträuchern aus dem eigenen Garten oder sogar vom Balkon und von Bäumen und Sträuchern in Siedlungen und im öffentlichen Raum kann Obst in Hülle und Fülle produziert werden. Wenige tragende Bäume und Beerensträucher sind schon ausreichend, um eine ganze Familie mit einem Jahresvorrat an Obst zu versorgen. Haltbarmachen durch Einkochen, Dörren, Entsaften, Pressen und Pasteurisieren oder auch Einfrieren verteilt den Fruchtgenuss auf das ganze Jahr und mit FreundInnen und NachbarInnen zu tauschen, bringt neue Geschmacksrichtungen auf den Tisch.

Auch Wildobst, wie Heidelbeeren, Preiselbeeren, Hagebutten, Vogelbeeren, Himbeeren, Brombeeren, Mispeln, Kornelkirschen, Elsbeeren und Früchte von Holunder, Schlehdorn, Weißdorn und Sanddorn zu sammeln und zu verarbeiten, ist eine tolle Sache!

Eine Ode an das Laub, endlich!

Obstgärten sind laubwerfende Biotope, und das ist gut so! Denn was wäre ein Garten ohne Laub? Völlig verwahrlost, wie es so „schön" heißt!

Laub ist eine tolle Ressource, die wir brauchen können – als Mulchschicht für Gartenbeete, als Winterschutz für Beeren, Kräuter, Sträucher, als Überwinterungsort für Kleintiere und Insekten, als „Zutat" zum Kompostieren und als nützliche Schicht im Hügelbeet.

Guter Wurf! Der Laubfall im Herbst schafft Nischen. Er beeinflusst zentral den Lichteinfall auf die Bodenoberfläche. Die saisonale Änderung der Lichtverhältnisse im Unterwuchs schafft Nischen für Frühlingsblüher, Frühsalate und erste (Wild-)Kräuter – schichten und stapeln zeitlich gesehen!

Laub ist also vor allem der jährliche Struktur- und Nährstoffeintrag, der in Form einer Streuschicht Lebensraum einer sehr diversen, produktiven, totes organisches Material zerlegenden Lebensgemeinschaft ist. Kleintiere, Pilze und Mikroorganismen sind hier aktiv, die den Nährstoffkreislauf schließen, indem sie organische Reste zum Leben nutzen, Teile davon ausscheiden und irgendwann selbst sterbend zur neuerlichen Ressource werden.

Im Garten kann Laub demnach über den Winter einfach liegen bleiben oder auch sofort oder im Frühjahr unter Bäume, Sträucher oder auf Gartenbeete ausgebracht werden, wo es kompostiert wird und wertvoller Humus entsteht. Das „Laubproblem", sollte es denn eines geben, ist also gelöst, und Laubsauger gehören endlich der Vergangenheit an!

Die Streuobstwiese

Streuobstwiesen sind mittlerweile selten gewordene Landschaftselemente und besonders wertvolle, vielfältige Lebensräume. Ihnen wieder mehr Raum und Daseinsmöglichkeiten zu geben und gleichzeitig alte schmackhafte, gesunde Obstsorten zu ernten, ist ein wichtiger Beitrag zur Erhaltung der Vielfalt.

OBSTWIESEN HABEN LANGE TRADITION

Genauso wie Obstalleen entlang von Straßen waren Obstwiesen früher sehr häufig anzutreffen. Rund ums Jahr mit eher überschaubarer Arbeit, wie etwa Mähen und Beweiden, zur Erntezeit dann mit größerem Aufwand verbunden – Äpfel & Birnen pflücken oder vom Boden aufsammeln, sortieren, verarbeiten – eine Tätigkeit für viele fleißige Hände und süße, vitaminreiche Ernten für viele Monate.

Eine Streuobstwiese ist etwas ganz Besonderes. Irgendwie selbstverständlich, entsteht sie doch aus dem Zusammenspiel zweier ganz wunderbarer Elemente: Da wäre die Wiese, in der Gräser und Kräuter so lange wachsen dürfen, bis sie erntereif sind, also langstielig und bereit zum Mähen mit der Sense oder dem Balkenmäher, um als Heu für Tiere oder Mulch genutzt zu werden. In dieser Wiese zirpen die Heuschrecken und Grillen und vielleicht streifen sogar Hühner und Laufenten zwischen den hochstehenden Gräsern hindurch und dösen während der heißen Mittagsstunden im Schatten der großen Bäume. Mittel- und hochstämmige Obst- und Nussbäume unterschiedlicher Altersstufen stehen verstreut darin – daher kommt höchstwahrscheinlich auch der Name „Streuobstwiese".

Die Obstwiese erfüllt viele Funktionen. Sie produziert schmackhaftes Obst in vielfältigen Sorten, Mulch- und Kompostmaterial wie Astschnitt und Laub, bietet Schatten, Windschutz, Brutplätze, Nahrung und Verstecke für Vögel, Insekten, Reptilien, Amphibien, Fledermäuse und andere kleine Säugetiere. Und für uns ist sie natürlich auch Aufenthaltsort und Spielplatz mit ihren Hängematten- und Kletterbäumen.

Wunschlos glücklich: in einer Hängematte zwischen den blühenden Obstbäumen

STREUOBSTWIESEN VERBINDEN

Andere Elemente des Permakultursystems stehen in regem Austausch mit der Obstwiese. Daraus gewonnener Grasschnitt oder Heu versorgen Gartenbeete mit Mulch. Gesammelte Wiesenkräuter werden entweder frisch verarbeitet oder getrocknet aufbewahrt, die Obsternte wird im kühlen (Erd-)Keller gelagert oder in der Küche zu verschiedensten Köstlichkeiten veredelt. Besonders reiche Apfel- und Birnenernten können zu Saft gepresst werden und sind so über viele Monate haltbar. Geflügel wie Hühner, Laufenten, Gänse, aber auch Schafe und Rinder finden auf der Obstwiese einen idealen Auslauf, der gesunde und vielfältige Nahrung und Strukturen bietet. Durch den Schatten, den die Bäume spenden, den Windschutz, den sie bieten, die Wasserspeicherung in der Biomasse und im Boden und den Dauerhumus, den diese Biotope produzieren, sind Streuobstwiesen besonders ausgleichende, Extreme abpuffernde Elemente in der Landschaft.

STREUOBSTWIESEN SIND SEHR SELBSTSTÄNDIG

Sie sind mit geringem Arbeitsaufwand verbunden und eine Verortung in Zone 3 bis 4 ist für sie ideal. Damit Obstbäume gut gedeihen, ist eine passende Sortenauswahl wichtig, die die regionalen und mikroklimatischen Gegebenheiten berücksichtigt. Da Bäume dauerhafte Elemente sind und uns oft sogar überleben, ist es wichtig, sich bewusst für bestimmte Sorten zu entscheiden. Typisches Obst für höher gelegene, etwas rauere Gebiete sind z.B. Zwetschge, Apfel, Mirabelle und Birne. In geschützteren Lagen kommen Kirsche, Quitte, Kirschpflaume und auch die Walnuss zurecht. Letztere ist zwar kein Obst, aber passt gut dazu und liefert mineralstoffreiche, ölhaltige Nüsse. Aprikosen und Pfirsiche brauchen bereits Weinbauklima und die empfindlichen Feigen sehr warme, gut geschützte Plätze an Steinmauern oder Wänden. Und natürlich gibt es noch zahlreiche weniger häufige Obst- und Nussarten und -sorten, die sich für Obstwiesen in unterschiedlichen Regionen eignen, wie z.B. Mandel, Edelkastanie, Speierling, Indianerbanane, Kaki usw. Die klimatische Eignung einer Sorte bestimmt vor allem der Blühzeitpunkt, die Anfälligkeit gegenüber Spätfrösten und die Reifezeit. Auch die Bodenansprüche der Bäume sind unterschiedlich und sollten im Detail beim Kauf besprochen werden. Um Jungbäume zu setzen, sind der Herbst und der frühe Frühling besonders gut geeignet.

MÄHEN, SCHNEIDEN UND WEITER NUTZEN

Die Wiese wird ein- bis maximal zweimal pro Jahr gemäht. Auch die Beweidung mit Schafen oder Rindern ist möglich. Der Wiesenschnitt ist wichtig, damit die Wiese nicht verbuscht und damit ihr Artenreichtum erhalten bleibt. Auch für die Obsternte ist es sehr nützlich, wenn die Wiese gemäht ist. Wer schon einmal Äpfel und Nüsse im hohen Gras gesucht hat, weiß warum.

Frisch gesetzte Bäume sollten, bis sie angewurzelt sind, immer wieder mit reichlich Wasser versorgt werden, wenn es nicht regnet. Etablierte Bäume und Sträucher besitzen bereits reich verzweigte und tief reichende

1 In manchen Jahren biegen sich die Bäume.
2 Im Hochsommer müssen Obstbäume oft in tiefen Bodenschichten nach Wasser suchen, um grün zu bleiben.

Wurzeln, die sich Wasser von weit unten holen können. Bei längeren Trockenperioden sind sie aber auch sehr dankbar für eine Portion Wasser, die tief in den Boden eindringt und ihnen für eine Zeitlang als Depot zur Verfügung steht.

Ein Obstbaumschnitt ist bei erwachsenen Streuobstbäumen meist nur alle paar Jahre nötig und auch hier ist es sehr wertvoll, sich von Fachleuten Unterstützung zu holen und sich langsam einzuarbeiten.

Obstbäume setzen, vor allem langlebige Hochstamm-Obstbäume auf einer Streuobstwiese, ist eine hoffnungsvolle Investition in die Zukunft. In einigen Jahrzehnten, wenn diese Bäume im besten Alter sind und viele Früchte tragen werden, lüftet sich das Geheimnis, wer sie beernten wird, Saft presst, auf die Bäume klettert und die Wiese mäht ... Also ganz liebe Grüße an euch in der Zukunft!

Der Apfel fällt ziemlich weit vom Stamm und rollt auch noch davon

Dass neugezüchtete Apfelbäume oft mit den alten Sorten wenig gemeinsam haben, ist bekannt. Hochstämmige Bäume sind selten geworden und auch die gerbstoffhaltigen Holzapfel- und Holzbirnensorten, die früher zur Klärung beim Mostpressen beigemengt wurden, kommen kaum noch zum Einsatz und überdauern hie und da verstreut an Wegrändern oder in Wäldern. Ortsbezeichnungen wie „Holzäpfeltal" zeugen noch von ihrer früheren Häufigkeit. Gerbstoffe in Obst verfärben es nach dem Anschneiden braun, schmecken leicht bitter bis holzig und wirken gesundheitsfördernd und keimhemmend, Eigenschaften, die bei vielen modernen Sorten weggezüchtet wurden. Holzäpfel- und auch Holzbirnenbäume eignen sich gut als Bestandteile naturnaher (Baum-)Hecken und bilden kleine, nach der ersten Frosteinwirkung nutzbare Früchte.

Der Beerengarten

Beerensträucher bleiben meist klein, wachsen schnell und tragen bald Früchte, sind also für kleine Gärten und für möglichst baldige Erträge sehr zu empfehlen. Beeren zu naschen lieben so gut wie alle – Menschen von jung bis alt, Vögel, Kleinsäuger und Insekten.

ZUM NASCHEN, BACKEN, KOCHEN UND HALTBARMACHEN

Wie wäre es mit einem Gartenbereich oder auch einer niederen Hecke aus verschiedenen Beerensträuchern, die einerseits zum direkten Herunternaschen einladen und andererseits eine Vielfalt an sammel- und verarbeitbaren Früchten zu bieten haben? Beerensträucher sind schnell wachsend und fruchttragend und schon nach wenigen Jahren sehr ertragreich. Durch ihre teilweise geringe Größe sind sie auch für kleinere Gärten geeignet und zum Teil auch gut in großen Trögen anbaubar.

Aber natürlich sind sie nicht nur für Menschen wertvoll. Beerensträucher blühen und spenden Nektar und Pollen, sind Versteck und Nistplatz und bieten Vögeln und anderen Tieren die eine oder andere Frucht.

EINE BEERIGE WAHL

Sehr unkomplizierte, schnell wachsende und fruchtende und eher kompakt bleibende Beerensträucher, die es in unterschiedlichen Sorten gibt, sind z.B. Johannisbeeren, Maibeeren, Apfelbeeren und Stachelbeeren.
Ebenfalls schnell wachsend und fruchtend und sich durch lange Ruten und Wurzelausläufer ausbreitend sind Himbeeren, Brombeeren, Gojibeeren und Japanische Weinbeeren.
Heidelbeeren, Preiselbeeren und Cranberries kommen ursprünglich aus eher sauren Wäldern und leicht moorigen Standorten und fühlen sich in einem sogenannten Moorbeet am wohlsten. Dazu wird ein halbschattiger, eventuell staunasser Bereich im Garten genutzt, etwas vertieft und mit Erde, die mit Nadelbaumschnitt (z.B. vom biologisch produzierten Christbaum) vermischt

1 Japanische Weinbeeren wachsen schnell und üppig.

2 Gemeinsam Brombeeren naschen und vielleicht auch ein paar ernten.

3 Weißdorn ist sehr trockenheitstolerant.

4 Wenn die Brombeeren blühen, sind die Honigbienen emsig bei der Arbeit.

wurde, angereichert. Eine Beetbegrenzung aus Totholz, das sich gut mit Feuchtigkeit ansaugt, unterstützt das passende Mikroklima.

Rankende Sträucher wie Weinreben und Kiwis brauchen etwas zum Festhalten. Rankgerüste in Form von Pergolen, Rosenbögen, Spalieren an Hauswänden oder berankbare Zaunelemente sind eine Möglichkeit, wenn sie stabil genug gebaut sind.

Auch Wildsträucher wie Sanddorn, Schlehdorn, Weißdorn, Hagebutte, Berberitze, Holunder, Felsenbirne, Vogelbeere, Kornelkirsche, Mispel und Elsbeere liefern schmackhafte, gesunde (Beeren-)Früchte. Sie brauchen Platz, um sich auszubreiten, und sind am besten in einer Wildsträucherhecke angesiedelt.

Erdbeeren, die ebenfalls mehrjährig sind, aber nicht verholzen und niedrig bleiben, eignen sich z.B. als Unterpflanzung bei größeren Sträuchern, für Baumscheiben-Beete oder als Mischkulturpartner im Gemüsebeet. Sie sind sehr effektive Bodendecker.

WIE IMMER MULCH!

Alle Beerensträucher lieben Mulch. Sie sind meist Flachwurzler und beziehen Nährstoffe und Wasser aus der oberen Bodenschicht. Laub, Grasschnitt, Heu, Häckselmaterial oder Rindenreste sind dazu geeignet und werden bei Bedarf nachgereicht. Der Mulch hält die Feuchtigkeit im Boden, regt das Bodenleben an und unterstützt dadurch die Bodenauflockerung.

PFLANZUNG UND PFLEGE

Durch Beerensäume oder -hecken lassen sich Gartenbereiche einfassen, Grenzen markieren und beleben (z.B. eine mit dem Nachbargrundstück geteilte Beerenhecke), sie bieten Windschutz und speichern Wasser.

Angesiedelt in Zone 1 bis 3 sind sie besonders geeignet als lineare, wegbegleitende Elemente. Jungsträucher können gut in Schichtmulchbeete (siehe Seite 108) gepflanzt werden bzw. passen in die Randzone des Baumscheiben-Beetes.

Alle 1 bis 2 Jahre bekommen die Sträucher eine Düngung mit gut gereiftem Kompost. Sie müssen in der Regel nicht bewässert werden, wenn für eine ausreichende Mulchschicht gesorgt ist. Die Vermehrung der Beerensträucher erfolgt z.B. durch Absenken von Ruten, durch die Teilung von Wurzelstöcken oder durch das Stecken von Steckhölzern. Außer bei Wildsträuchern, die kaum geschnitten werden, fördert ein Schnitt der vergreisenden Äste die Verjüngung und die Fruchtbildung.

Gute Beziehungen im Permakulturgarten pflegt der Beerengarten also zur Küche, zum Gartensitzplatz, zum Kinderspielplatz, zur Wiese, zum Komposthaufen, zur Wildsträucherhecke und über den regen Austausch zwischen Insekten, Vögeln und Co. zu Obstbäumen und zur Wildniszone.

Das Obstbaum-scheiben-Beet

Das Obstbaumscheiben-Beet ist ein Element für kleinere und größere Gärten und wird auch Obstbaumlebensgemeinschaft genannt. Sie entsteht durch eine Mischkultur aus Pflanzen mit sehr unterschiedlich langer Lebensdauer und -form, wird von vielen Wildtieren genutzt und liefert besonders vielfältige Ernten.

ERNTEN, SCHICHTEN UND STAPELN

Das Besondere am Obstbaumscheiben-Beet ist seine Schichtung und Struktur, die naturnahe Baumgruppen und Waldränder zum Vorbild haben. In der Größe der Obstbaumkrone wird um den Stamm herum am Boden ein Beet angelegt, das sich je nach Lichtverhältnissen und Vorlieben zum Anbau von Teekräutern, Frisch-

kräutern, Salaten, Wildkräutern, Gartenblumen, (Wild-) Gemüse und Beeren eignet. Durch die gepflanzte Vielfalt gibt es fast immer etwas zu ernten und eine kleine Fläche ist zu einem äußerst produktiven Beet geworden.

Die oberste horizontale Schicht des Beetes bildet der Obstbaum. Die Bäume sind die Überhalter, sie bilden Kronen, die sich schützend über den Bereich darunter ausbreiten und ein eigenes, feuchteres und milderes Mikroklima schaffen.

Die Strauchschicht wird von Beerensträuchern gebildet, die am besten am äußeren, nordöstlichen Rand des Beetes gepflanzt wird. Der Strauchhalbkreis wirkt als Windbarriere und Sonnenfalle zugleich. Für die Bepflanzung eignen sich z.B. Himbeeren, Johannisbeeren, Stachelbeeren, Maibeeren und Hecken-Rosen.

Die Bepflanzung der Krautschicht wird dann je nach den Standortverhältnissen und persönlichen Vorlieben ausgewählt. Gut funktionieren vor allem mehrjährige

1 Minzen, Melissen, Gladiolen, Brennnesseln teilen sich dieses Baumscheibenbeet.

2 Zwei Jahre davor wurden die Jungpflanzen dafür gesetzt. Sie fühlen sich sichtlich wohl.

3 Ein wegbegleitendes Baumscheibenbeet wird mit Pflastersteinen begrenzt.

4 Hier wurde die Grassode vorsichtig entfernt, um eine Blühmischung für Insekten einzusäen.

pflegeleichte Kulturen, damit die obere Bodenschicht nach der Bepflanzung nicht mehr gestört wird. Das sind z.B. Mischkulturen aus Erdbeeren, Teekräutern wie Melissen, Johanniskraut und Salbei, Frischkräutern wie Schnittlauch, Knoblauch, Estragon, Schnittknoblauch, Winterheckenzwiebel und Gewöhnliches Tellerkraut, verschiedene Pflücksalate und Gartenblumen wie Ringelblume, Borretsch, Kapuzinerkresse usw.

Da das Obstbaumscheiben-Beet vor allem im Herbst, Winter und Frühjahr, wenn der Baum keine Blätter hat, viel Licht erhält und im Sommer eher schattig ist (außer der Baum steht im Hang oder ist sehr hoch), ist es sinnvoll die Pflanzenauswahl daran anzupassen.

UND WARUM DAS GANZE?

Die besonders effektive Platzausnutzung ist die eine Sache, die vor allem bei kleineren Gärten eine Rolle spielt. Ein zweiter vorteilhafter Effekt ist die gute Nachbarschaft zwischen dem Obstbaum und seinen Unterwuchspflanzen. Gräser, die ansonsten meist typischer Unterwuchs von Obstbäumen sind, konkurrieren stark mit den Bäumen um Wasser und Nährstoffe und sind dabei oft schneller. Gräser von den Baumscheiben fernzuhalten, ist deshalb eine Möglichkeit, das Wachstum und die Gesundheit von Obstbäumen zu fördern. Und die Geschichte geht noch weiter, kommen ja auch noch die nützlichen Beziehungen in der Obstbaumlebensgemeinschaft dazu. Ringelblumen, Kapuzinerkresse und Beinwell sind z.B. bekannt dafür, durch Wurzelausscheidungen die Baumgesundheit zu fördern. Die Blütenvielfalt lockt Insekten an, diese wiederum Vögel und Fledermäuse und so bietet die vorhandene Vielfalt auch schneller eine Lösung, wenn manchmal Organismen wie Blattläuse Überhand nehmen. Igel, Blindschleichen, Kröten und Frösche besuchen ebenfalls das Beet, um nach Schnecken, Würmern und Insekten zu suchen. Und die Mulchschicht durch das Laub und das ergänzend aufgebrachte Heu ist Nahrung für abbauende Kleinstlebewesen.

ZONIERUNG UND NEUANLAGE

Solche Beete eignen sich vorwiegend für Zone 1 bis 3. Die Anlage eines Obstbaumscheiben-Beetes empfiehlt sich insbesondere, wenn Bäume neu gepflanzt werden, weil bereits offener, von einer etwaigen Grasnarbe befreiter Boden vorhanden ist. Aber auch um erwachsene und ältere Obstbäume können Baumscheiben-Beete angelegt werden. Dazu wird der Bereich unter der Baumkrone am besten im Herbst mit einer Mulchschicht abgedeckt, um das darunterliegende Gras langsam abzubauen. Im darauffolgenden Frühjahr kann dann mit der Bepflanzung mit vorgezogenen Jungpflanzen begonnen werden. Für die Ernte von Obst, Kräutern und Co. empfiehlt sich die Anlage von schmalen Mulchwegen oder das Verlegen von Trittsteinen.

WELCHE PFLEGE BRAUCHEN SIE?

Baumscheiben-Beete sind pflegeleicht. Nach der Bepflanzung wird gut eingegossen, bei Bedarf nachgemulcht und ansonsten einfach beobachtet und geerntet. Die im Winter absterbenden Überreste von Stauden werden erst im Frühjahr zurückgeschnitten, damit Überwinterungsorte für Insekten und Nahrung für Vögel vorhanden sind.

NÄHRSTOFFE FÜR DAS ÖKOSYSTEM

Alle wollen groß und stark werden, wachsen und gedeihen (oder sind es vielleicht schon?). Das wünschen wir natürlich auch unserem Garten. Voraussetzung dafür ist die Produktivität deiner biologischen Mitarbeiter, die den Nährstoffkreislauf am Laufen halten, also die Produktion, die Nutzung und den Abbau von Biomasse. Ohne den Nährstoffkreis hätten wir ziemlich sicher ein Problem. Gerade im Permakulturgarten gibt es diesbezüglich besonders viel zu entdecken und zu verstehen, weil die Natur als unsere Lehrmeisterin da und dort ihre Vorzeigebeispiele präsentiert.

ALLES HAT EIN ENDE, NUR DEIN NÄHRSTOFFKREISLAUF NICHT.

Energie und Nährstoffe vorhanden und erneuerbar, was wollen wir mehr? Energie- und Nährstoffkreislauf sind eng miteinander verwoben. Energie muss zuerst einmal eingefangen und umgewandelt werden, damit sie auch für Lebewesen verfügbar wird, die keine Photosynthese betreiben können – das sind wir und die vielen anderen Konsumenten auf unserem Planeten. Grüne Pflanzen und viele Bakterien als Primärproduzenten binden Sonnenenergie in organischen Molekülen. Diese eingefangene Energie kann dann von einer Vielzahl von Konsumenten und Destruenten genutzt werden: Sie wird von einem zum nächsten weitergegeben und bei jedem dieser Übergänge zum Teil auch in

1 Nacktschnecken wie diese Rote Wegschnecke leben in der Streuschicht und zerlegen abgestorbenes Pflanzenmaterial, sie tragen so zur Humusbildung bei. **2** Der Feuersalamander lebt räuberisch in der Streuschicht, auch die Rote Wegschnecke würde ihm schmecken. Seine Ausscheidungen werden von Pilzen und Bakterien gefressen und so ist auch er ein Teil des Stoffkreislaufes.

Wärmeenergie umgewandelt. Mit diesem Energieeinsatz wird aber auch der Nährstoffkreislauf des Ökosystems betrieben: Nährstoffe aus dem Boden und aus der Luft werden ins System eingetragen, umgesetzt, gespeichert und wieder ausgetragen.

Die Speicherpools für Nährstoffe liegen einerseits in der lebenden Biomasse selbst, aber vor allem auch im Boden und in der Streuschicht sowie auch in Wasser, Luft und Gesteinen.

Auch in der Natur gibt's den Brutto-Netto-Rechner

Die gesamte über die Photosynthese erzeugte Produktion steht dem System grundsätzlich zur Nutzung zur Verfügung, sie wird als Brutto-Primärproduktion bezeichnet. Bevor die Primärproduzenten aber die von ihnen gewonnene Energie an andere Lebewesen abgeben, nutzen sie selbst einen Teil davon, um ihren eigenen Bedarf zu decken, das heißt, sie veratmen energiereiche Verbindungen, um zu wachsen und ihren Stoffwechsel zu betreiben. Für die Konsumenten und Destruenten bleibt deshalb nur ein Anteil der Brutto-Primärproduktion übrig, die sogenannte Netto-Primärproduktion. Diese ist ausschlaggebend dafür, wie produktiv ein System ist. Besonders produktive Ökosysteme sind tropische Regenwälder, Feuchtgebiete und Marschen, aber auch der laubwerfende Wald der gemäßigten Zonen.

Es ist Zeit für Produktivität – deshalb lass deinen Garten „selber machen"

Was macht deinen Garten produktiv?

In der Theorie wissen wir bereits, wichtig ist Sonnenenergie, Nährstoffe, Wasser, Pflanzen und die „Rohstoffnachlieferung" durch Destruenten.

Was heißt das in der Praxis?

Wichtig sind vor allem folgende Dinge: Damit dein Nährstoffkreislauf funktioniert, brauchst du einerseits ein gesundes, produktives Bodenleben, das ausreichend mit totem organischem Material versorgt wird, um Nahrung für die Pflanzen bereitzustellen. Das heißt, dass alle organischen Reste – sei es Heckenschnitt, Jätgut, Küchenreste, Grasschnitt, Restholz, Laub usw. – der Kompostierung auf dem Grundstück zugeführt werden. Andererseits braucht dein Garten eine ausreichende Wasserversorgung, denn Wassermangel hemmt die Produktivität enorm – sei es das Pflanzenwachstum oder auch die Abbautätigkeit der Destruenten. Die Wasserversorgung deiner Pflanzen wird aber nicht in erster Linie durch dein Bewässerungskonzept bewältigt, sondern durch den Boden und seine Streuauflage: durch die Bodenart, den Gehalt an wasseraufnehmenden und -speichernden Partikeln wie Humus und Tonmineralen, die Qualität und Dicke der Mulchschicht und natürlich die Pflanzen selbst. Essentiell ist es zu guter Letzt auch noch die richtigen Pflanzen am richtigen Ort zu haben. Die Standortfrage, die einerseits von Überlegungen zu Nährstoffgehalt, Wasserverfügbarkeit und Sonnenscheindauer an unterschiedlichen Orten im Garten und andererseits von Informationen über Pflanzen zu Wasser- und Nährstoffbedarf, Empfindlichkeit gegenüber Frost, UV-Licht, Krankheitserregern usw. geprägt ist, entscheidet letztendlich darüber wie produktiv dein Garten ist.

Und besonders wichtig ist es, nicht auf die Idee der „totalen Überdüngung" zu kommen, also Mist, Kompost und Humus an allen Ecken und Enden – denn die Vielfalt braucht vielfältige Standortbedingungen und nicht alle Pflanzen sind dann am produktivsten, wenn sie viele Nährstoffe bekommen – Ansprüche unterscheiden sich und im Permakulturgarten gibt es genau deshalb viele Dancefloors zum Auswählen – viva la diversity!

Möglichst geschlossene Nährstoffkreisläufe im Permakultursystem

Ökosysteme, genauso wie auch Permakultursysteme, können nur dann dauerhaft weiterbestehen, wenn die nötigen Ressourcen für ihre tierischen, pflanzlichen und mikrobiellen Bewohner vorhanden sind. Das funktioniert einerseits, indem Ressourcen innerhalb des Systems in Kreisläufen geführt und wiederverwendet werden und sich andererseits Ein- und Austräge über die Systemgrenzen hinweg in einem bestimmten Zeitintervall ausgleichen. In der Permakultur streben wir möglichst geschlossene Stoffkreisläufe innerhalb unseres Systems an, dadurch wird der Selbstversorgungsgrad unserer Grundstücke erhöht, der Energie- und Material-Input von außen kann stark verringert werden und außerdem werden Abfälle zu Ressourcen. Denn nicht vergessen: Die Primärproduktion ernährt alle Konsumenten, und die Konsumation und der schrittweise Abbau durch die Destruenten erzeugen wiederum die nötigen Rohstoffe für die Primärproduktion – we are all connected ...

Aus diesem abgefallenen Blatt wurde schon fleißig gezehrt: Das Wasser löst Nährstoffe heraus und Mikroorganismen zerlegen langsam seine Zellen.

Die Aktivisten auf einen Haufen!

Da sammeln sie sich ... auf einem Haufen, oder wenn man genau hinschaut, doch überall verstreut – die Nährstoffkreislauf-Aktivisten auf dem Weg zur Produktivität. Immer der Sonne nach, lautet die erste Devise – sich biegen und strecken und ausbreiten, um so viele Strahlen wie möglich zu erhaschen und das auch noch möglichst lange. Dann Energie einfangen, bündeln, umwandeln, Pakete schnüren mit immer wieder unterschiedlichen chemischen Strukturen – wenn die Chemie stimmt, so gedeihen die Wildpflanzen, Obstbäume, Kräuter und Gemüsepflanzen in unseren Gärten. Dann beginnt das Fressen, Zermalmen, Auswaschen, Zerlegen (oder Ernten, Waschen, Zubereiten, Genießen), bis aus dem letzten Quäntchen organischer Materie auch noch Energie gewonnen wurde. Diese Aufgabe teilen wir Menschen uns mit anderen Konsumenten und dabei sind wir natürlich gut vernetzt: Himbeeren, Honig, Frühstücksei – wir bekommen so manches leckere Häppchen ab. Und auch wenn wir jetzt nicht ganz nachvollziehen können, dass es auch den Destruenten schmeckt – leckere Häppchen der anderen Art (abgestorbene Pflanzen und Tiere, Mikroorganismen, Kot) verhelfen ihnen zu florierendem Leben und halten gleichzeitig auch noch den Nährstoffkreislauf in Gang.

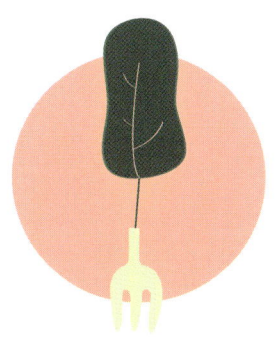

WECKE DIE PERMAKULTUR–LEIDENSCHAFT IN DIR:
ENTDECKE DEINE BLUMIGE SEITE!

Blumen sind einfach in den Garten zu integrieren. So schmuck und so vielseitig – das muss ihnen erst mal wer nachmachen. Wo und wie wir sie haben wollen? Natürlich so nah wie möglich am Haus und bei den Aufenthaltsorten im Garten, damit wir sie auch entsprechend bewundern können. Vor allem wollen wir aber auch Lebensraum für Wildblumen schaffen und erhalten. Blumen sind Multitalente, wenn man ihnen ihren Freiraum gibt, beleben sie den Garten wie kein anderes Element.

Blumen – so schön, so heikel, so selten, so wunderbar

VERLOCKEND SCHÖN

Was sind Blumen eigentlich? Für uns Menschen alle Pflanzen, die blühen und „hübsch" sind, für Samenpflanzen der Teil ihres Körpers, der für die Fortpflanzung zuständig ist, für Insekten und andere Blütenbesucher eine Nektar und Pollen spendende Futterquelle. Vom Frühlingsblüher zur nachtblütigen Schönheit, vom Mauerblümchen zur Dauerblüherin – Blumen sind Juwelen in der Landschaft, werden von unterschiedlichen Augen in vielfältigen Farbnuancen wahrgenommen und sind auffällig kennzeichnend für Lebensräume und Lebensgemeinschaften. Schneeglöckchenfelder in Laubwäldern, Trollblumen- und Narzissenwiesen in alpinen Tälern, gut gedüngte, gelb gepunktete Löwenzahnwiesen, hellrosa Heidekraut-Berghänge und bunte, artenreiche Magerwiesen. Blumen locken mit Farben, Formen und Duftmarken Bestäuberinsekten an, die für ihre Fortpflanzung unentbehrlich sind. Viele haben sich in einer sogenannten Koevolution sehr spezifisch aneinander angepasst und kommen nicht ohne einander aus.

SO HEIKEL

Schöne und weniger schöne Blumen und schöne und weniger schöne Gärten sind ein emotionales Thema, weil man damit schnell jemandem zu nahe tritt. Die Blumen eines Gartens sind ein bisschen wie Spiegelbilder unserer sehr privaten Art zu gestalten, die uns wegführt von der Funktionalität eines „Nutzgartens" und uns hin zur persönlichen Gartenästhetik bringt. Aber reduziert Blumen nicht auf ihre Schönheit, darauf reagieren sie beleidigt.

WER KENNT WILDBLUMEN BEIM NAMEN?

Das sind die Blumen am Wegesrand, an Ackerrainen, in Blumenwiesen, am Bachlauf, am Waldrand, an Hängen.

Sie sind züchterisch nicht verändert und vielerorts sehr selten oder im privaten und öffentlichen einheitlichen Grün fast ganz verschwunden – und in der Agrarlandschaft sowieso.

Die meisten Wildblumen haben nichts übrig für Fastfood. Es sind vor allem die mageren und trockenen, aber auch die mageren und feuchten Lebensräume, in denen sie sich mit anderen Pflanzen und Tieren zu artenreichen Lebensgemeinschaften zusammenfinden und große Blütenvielfalt hervorbringen. Überdüngung bringt sie schnell an den Rand ihrer Überlebenskunst, auch wenn sie mit so mancher Herausforderung, mit der unsere Kulturpflanzen kämpfen wie Trockenheit, Frost und Fraßschäden, sehr gut umgehen können und gerade deshalb auch Vorbilder sein könnten. Die Vielfalt an Wildblumen ist gemeinsam mit jener der Insekten in großer Gefahr, weil ihre Lebensräume zerstört werden – und das nicht immer, weil der Platz für „Nützlicheres" gebraucht wird, sondern oft einfach aus Gleichgültigkeit.

WAS IST DEINE LIEBLINGSWIESE?

Wiesen und Weiden gab es früher viele, je nach Höhenlage, Boden, Gelände und Bewirtschaftungsart. Trespenwiesen mit Wiesensalbei und Kartäusernelken, unzähligen Schmetterlingen und Heuschrecken. Glatthaferwiesen mit Flockenblumen, Bocksbart und nächtlichen Glühwürmchen. Feuchte Pfeifengraswiesen mit Knabenkraut und Schwertlilien.

Wiesen, die unzählige Heilkräuter für die Hausapotheken lieferten, die insektenreich und einfach „schön" waren – und zum Nutzen da! Das heißt zum Beweiden, Mähen und bei Bedarf zum Kräutersammeln!

Heute sind die bunte Blumenwiesen vielerorts verschwunden. Hochleistungsgräser sind energiereicher als Wiesenkräuter und bringen höhere Milchleistungen. Durch starke Düngung und oftmaliges Mähen werden

1 Finden Insekten Blumen so schön wie wir?

2 Wildblumen und Gartenblumen setzen bereichert den Garten und die GärtnerInnen.

3 Magerwiesenblumen wie diese Esparsetten blühen nur dort, wo sie nicht überdüngt und häufig gemäht werden.

4 Herbstastern blühen bis spät in den Herbst und produzieren viel Nektar. Die Gottesanbeterin erwartet auch Bestäuber, aber aus anderen Gründen …

die Blumenwiesen verdrängt und seit vielerorts die Kühe zusätzlich immer mehr mit Kraftfutter gefüttert werden und die heilsamen Wiesenkräuter durch synthetische Medikamente ersetzt werden, sind die Blumenwiesen genauso im Verschwinden wie die „glücklichen" Kühe.

„Richtige" wilde Blumen sind also selten geworden, deshalb freuen sie sich umso mehr, wenn sie auch in naturnahen Gärten mit passenden Standortbedingungen (Über-)Lebensraum finden. Zusammen mit sogenannten „Gartenblumen", also züchterisch veränderten, meist pflegeleichten Stauden und einjährigen Pflanzen können sie deinen Permakulturgarten oder -balkon erblühen lassen und außerdem Schmetterlinge, Wildbienen und Co. mit Pollen und Nektar versorgen.

BLUMEN HEREINSPAZIERT!

Blumen können viel und sind im Garten wunderbare PartnerInnen für Gemüse, Kräuter, Obst und Gräser. Sie fühlen sich an unterschiedlichsten Plätzen und Randzonen wohl, ob Wiese, Heckenrand, Teichufer und neben Sitzplätzen und Wegen, und erfüllen viele Funktionen. Sie sind ästhetische Gestaltungselemente und Treffpunkt für Menschen, Wildbienen, Honigbienen, Schmetterlinge, Gottesanbeterinnen, Krabbenspinnen und Co. Sie duften, liefern Hausmittel, Teezutaten und bunte Dekoration und beleben die Sinne.

Das Bauerngarten-Blumenbeet

Die Sonnenbraut blüht in der allerheißesten Zeit

Verlässliche EventmanagerInnen: Üppig blühende, insektenverwöhnende, unglaublich selbstständige und pflegeleichte Bauerngartenblumen machen uns das Gartenleben besonders einfach. Sie brauchen uns fast nicht und veranstalten gut besuchte Blütenfeste.

BEEINDRUCKEND SCHÖN DURCH DAS BLÜTENJAHR

In klassischen, rechteckig eingezäunten Bauerngärten wuchsen früher diverse Gemüsesorten, Frisch-, Tee- und Heilkräuter eingesäumt von einer Vielfalt an Blühstauden, einjährigen Blumen und niederen Strauchhecken als Abgrenzungen. Die sogenannten Bauerngartenblumen sind als Elemente dieser Gärten geblieben und bilden hie und da noch wild wuchernde Blütenmeere, in denen es vor Besuchern nur so wimmelt. Bauerngartenblumen sind meist größblütige, pflegeleichte Stauden oder sich gern selbst aussäende einjährige Blumen, die für Insekten reichlich mit Nektar und Pollen ausgestattet und teilweise so hoch sind, dass sie einem über den Gartenzaun freundlich zuwinken. Solche NachbarInnen loben wir uns.

Sie mögen etwas nährstoffreichere Standorte als viele Wildblumen und sind einfach und unkompliziert anzusiedeln und zu halten. Auch Saat- und Pflanzgut liefern die wüchsigen Gartenblumen sehr großzügig.

ALL YOU NEED IS ...

Ein sonniger bis halbschattiger Standort mit mittlerem Nährstoffgehalt im Boden ist ideal. Jeder „normale" Gartenboden reicht aus, da Bauerngartenblumen geringe Ansprüche stellen. Über eine kleine Kompostgabe alle paar Jahre freuen sie sich aber. Bauerngarten-Blumenbeete sind sehr selbstständig in der Wasserversorgung, gegossen wird nur in langen Trockenperioden, wenn den Pflanzen bereits Wassermangel anzusehen ist. Wie immer wird auch hier gemulcht, z.B. mit Heu, frischem oder leicht angetrocknetem Grasschnitt oder auch Häckselmaterial.

BEZIEHUNGEN & NACHBARSCHAFTEN

Blumenbeete angrenzend an Sitzplätze, Terrassen, Außenküchen, Lagerfeuerstellen, Picknickplätze und Schlafplätze im Garten sind super – wenn man Blumen

1 Pfingstrosen sind typische Bauerngartenblumen, wurzeln äußerst tief und werden viele Jahre alt.

2 Cosmeen, oder auch Schmuckkörbchen genannt, sind da etwas spontaner: Als sich gern selbst aussäende Einjährige sind sie immer für eine schöne Überraschung gut.

3 Stockrosen werden riesengroß. Die Blütenblätter sind essbar und lassen sich zum Teil auch zum Färben verwenden

4 Fingerhut ist eine wunderschöne Gift- und Arzneipflanze. GartennutzerInnen sollten darüber Bescheid wissen.

besonders nah sein will. Also wird es wohl Zone 1 oder 2 werden. Weitere Beziehungen pflegt das Blumenbeet zu den Insekten der Umgebung. Dabei ist darauf zu achten, dass nur nektarspendende Arten gepflanzt werden, was vor allem bei gefüllten Blüten meist nicht der Fall ist. Auch mit der Mulchwiese und der Kompostanlage steht das Beet in Beziehung. Schnittgut von Blühstauden kann gut im Grobkompost verwertet werden; hohle Pflanzenstängel sind aber auch ideale Nisthilfen für Wildbienen. Küche, Teeregal und Hausapotheke profitieren ebenfalls davon, wenn's ein Blumenbeet gibt. Und was sagt der Gartenteich dazu? Spiegelt die Blumen und macht noch mehr daraus!

DEN BODEN BEREITEN

Für die Anlage eines solchen Beetes und die Bodenvorbereitung gibt's mehrere Möglichkeiten.

Wer vorwiegend mit Jungpflanzen beginnen möchte und nicht aussäen will, hat es leicht. Ein Schichtmulchbeet (siehe Seite 108), in das die Pflanzen direkt in kleine Pflanzlöcher, gern auch noch mit etwas Kompost, gesetzt werden, ist eine schnelle, einfache Möglichkeit. Wenn das Beet auf einer Rasen- oder Wiesenfläche angelegt werden soll und man gern nicht nur pflanzen, sondern auch Blumen säen möchte, dauert die Anlage schon etwas länger, denn für die Aussaat ist ein Saatbeet nötig. Dafür wird im Herbst ein Schichtmulchbeet als Beetvorbereitung angelegt, in dem Graswurzeln und Bewuchs abgebaut werden. Im Frühjahr wird dann die Mulchschicht wieder abgehoben und der von Kompostwürmern, anderen Kleintieren und Mikroorganismen bereits begonnene Auflockerungsprozess vorsichtig mit der Grabegabel fortgesetzt. Danach wird gesät, gemulcht und bepflanzt. Vergesst nicht auf das Eingießen!

WELCHE PFLANZEN PASSEN INS BEET?

Besonders robust und langlebig sind mehrjährige Stauden, hier nach ihrer ungefähren Wuchshöhe geordnet: Herbstastern, Herzgespann, Sonnenhut, Japan-Anemone, Goldfelberich, Phlox, Chrysanthemen, Geißraute, Sonnenauge, Lampionblume, Pfingstrose, Färberkamille,

1 Die Nachtkerzenblüten öffnen sich bei Dämmerung, blühen und duften intensiv über Nacht und bleiben meist noch am Vormittag des folgenden Tages geöffnet. Jede Einzelblüte blüht nur eine einzige Nacht, aber die Pflanze hat Blüten für jede einzelne Sommernacht auf Lager ...
2 Anis-Ysop ist ein Dauerblüher und ein absoluter Liebling bei den Insekten.
3 Mariendisteln sind einjährige Heilpflanzen und säen sich selbst aus: Ihre Samen sind sehr gutes Vogelfutter.

Vexiernelke, Mädchenauge, Bartnelke usw.
Zweijährige Blumen, die im ersten Jahr eine Blattrosette bilden und dann im zweiten blühen und unzählige Samen produzieren, sind z.B. Stockrose, Nachtkerze,

Königskerze, Natternkopf, Nachtviole und Weberkarde. Sie entwickeln ebenfalls mittel- bis hochwachsende Blütenstände.
Einjährige Blumen, ihrer ungefähren Wuchshöhe nach geordnet, sind: Sonnenblume, Cosmea, Zinnie, Jungfer im Grünen, Lein, Mohn, Kornblume, Ringelblume, Kapuzinerkresse usw.

Kombinieren kannst du diese Blumen auch mit einigen blühenden Tee- und Würzkräutern wie Ysop, Lavendel, Katzenminze, Goldmelisse, Currykraut, Anis-Ysop, Gewürzfenchel, Colakraut usw. Auch Frühlingsblüher wie Krokus, Blaustern und Traubenhyazinthe passen gut dazu und nutzen eine Zeit zum Blühen, wenn die anderen noch in Winterruhe sind.
Bei der Bepflanzung ist auf die Komposition zu achten: hoch wachsende nach hinten oder mittig, kleinere in die vorderen Reihen – wie beim Klassenfoto in der Schulzeit.

BEWIRTSCHAFTUNG UND PFLEGE

Mehrjährige Stauden sterben oberirdisch über den Winter ab, sie dürfen aber (unbedingt!) als Winterquartier für Insekten stehenbleiben. Winterliche Staudenbeete sind auch ein Sammelplatz für samenfressende Vögel, wie Distelfinken und Meisen, und bieten Verstecke für Rotkehlchen und Zaunkönig. Keine Sorge, wenn das nicht so gepflegt aussieht, wie sich das vielleicht irgendjemand (oder auch man selbst?) vorstellt. Ordnungsvorstellungen im Garten haben z.B. dann Sinn, wenn es um das Wiederfinden von Werkzeugen und das sinnvolle Anordnen von Gartenelementen geht, auch ästhetische Ansprüche spielen natürlich eine Rolle. Wer sich traut, findet winterliches Gestrüpp einfach schön – probier's mal, tut nicht weh!
Der Schnitt der abgestorbenen Staudenteile erfolgt im Frühjahr, wenn die Frühlingsblüher blühen und spätestens, wenn der Neuaustrieb sichtbar wird. Nach dem Schnitt ist außerdem ein guter Zeitpunkt die Pflanzen mit etwas Kompost zu versorgen und eine Mulchschicht aufzutragen, falls nicht genug vorhanden ist. Staudenbeete wachsen oft so dicht, dass während der Vegetationszeit nicht mehr gemulcht werden muss.

Möglichst durchgehendes Blütenangebot ist nicht immer leicht zu erreichen. Es hilft, verschiedene Arten und Sorten anzubauen und zu beobachten, wie sie sich verhalten.

Die geballte Kraft der Blume!

„Essen ist fertig!" Ein vielversprechender, beglückender Ruf, wenn er an dein Ohr gelangt, und ein stolzer, zufriedener Moment, wenn man selbst gerufen hat. Schön wär's nur, wenn sich das regelmäßig, am besten mehrmals täglich so abspielt ... bei Menschen genauso wie bei Insekten! Ein Blütenangebot, das vom Vorfrühling bis in den Spätherbst verlässlich Nektar und Pollen liefert und nicht nur zur Hauptblütezeit im Frühling und Frühsommer, ist lebenswichtig für die Insektenvielfalt. Achte im Garten darauf, so lang wie möglich im Jahreskreislauf einen gedeckten Tisch zu bieten: Hasel, Weide, Schneeglöckchen, Krokus, Veilchen, Löwenzahn, Schlehe, Mirabelle, Kirsche, Apfel, Birne, Weißklee, Hornklee, Borretsch, Katzenminze, Mauerpfeffer, Thymian, Steinklee, Gewürzfenchel, Johanniskraut, Mariendistel, Wegwarte, Flockenblume, Herbstaster, Efeu ... blühen zum Beispiel nacheinander von Februar bis November!

Die Blumenwiese

Barfuß durchs taunasse Gras gehen, Wiesenblumen pflücken, die wogenden Gräser im Wind beobachten oder einfach nur in der Wiese liegen und Schmetterlingen zuschauen. Alle sehnen sich nach einer Blumenwiese. Sie im eigenen Garten zu haben, ist wie ein Ticket ins Paradies.

ALLES, NUR KEIN FERTIGPRODUKT

Blumenwiesen werden nicht im Handumdrehen angelegt, im Garten genauso wenig wie die in der Kulturlandschaft durch Beweidung und Mahd entstandenen Wiesen. Sie entwickeln und verändern sich je nach Standort und Bewirtschaftung und bilden mit der Zeit charakteristische Pflanzengesellschaften und interagierende Tiergemeinschaften aus. Wiesen bestehen aus einem Mosaik vorwiegend mehrjähriger, mehr oder weniger schnitttolerante Gräser und Wiesenkräuter. Gräser als die typischen Wiesenbewohner sind sehr unempfindlich gegenüber Schnitt, da sie immer wieder von unten austreiben können und so nach der Mahd einfach weiterwachsen. Wiesenblumen sind hingegen darauf angewiesen, dass der Schnitt nicht zu häufig erfolgt, damit sie ausreichend Zeit zum Blühen und Fruchten haben. Eine ein- bis zweimalige Mahd pro Jahr ist für viele Wiesenblumen ein guter Rhythmus. Die bunten Wiesen sind, wie bereits oben erwähnt, nur auf nährstoffärmeren Standorten zu finden. Die regelmäßige, aber nicht zu häufige Mahd erhält die Wiese am Leben. Wird sie unterlassen, beginnt die Wiese zu verbuschen und sich Schritt für Schritt zum Wald zu entwickeln.

WIESE STATT RASEN

Es gibt nichts Schöneres als Blumenwiesen. Wenn sie blühen und es zwischen den Blüten und Gräsern summt, zirpt und schnarrt, da stimmen sicher viele Menschen zu. Aber auch verblühte Wiesen haben ihren Scharm, und mit der Mahd liefern sie das strukturreiche Mulchmate-

1 Hollywoodschaukel mit Aussicht auf die Wiesenlandschaft

2 Wiesenwege zum Gehen und Staunen schützen auch die Wiese.

3 Wenn schon Rasenmähen dann z.B. so! Aber Achtung: Schafe brauchen viel Platz, denn sie haben viel Hunger, und die Fläche muss sich dazwischen gut und ausgiebig erholen können ... eine wandernde Schafherde wäre schön.

4 Nachdem das Heu getrocknet ist, wird es zusammengerecht und im Gemüsegarten zum Mulchen verwendet.

rial, das auf Gartenbeeten besonders wertvoll ist, weil es trotz dichter Packung noch ausreichend Luft zum Boden lässt. Eine Wiese im Garten schließt nicht nur aufgrund der Mulchproduktion die Lücke im Nährstoffkreislauf, sondern ist auch ein naturnahes Element, das pflegeleicht ist und in dem es immer etwas zu beobachten und entdecken gibt. Da Wiesen nicht wie Rasen dauernd gemäht werden, ist es ideal sie in Gartenbereichen anzulegen, die nicht regelmäßig als Flächen (z.B. zum Fußballspielen) genutzt werden. Sie liefern auch Heu als Tierfutter für Kleintiere oder als Einstreu für den Geflügelstall sowie Wiesenkräuter für Hausmittel, Tee und als Gewürz. Und auch Saatgut von Wiesenblumen und -gräsern ist ein Produkt, das bei jeglichen Wiesenneuanlagen besonders gefragt ist.

RASENMÄHER ADIÓS

Gemäht werden Wiesen im Idealfall mit der Sense oder auch mit einem Balkenmäher. Der übliche Rasenmäher ist kein Freund von Permakulturgärten, weil er in seinem Schnitt- und Zermalmwerk alle aufsitzenden Insekten mitsamt den Gräsern und Kräutern einfach vermust, während Käfer, Heuschrecken, Bienen und Co. bei der Mahd mit Sense und Balkenmäher einfach davonfliegen oder -hüpfen können.
Der Zeitpunkt der Mahd richtet sich nach dem Entwicklungsrhythmus der Wiesenpflanzen. Als Anhaltspunkte können bei zweimaligem Schnitt z.B. Juni und September und bei einmaliger Mahd z.B. Juli bis September gelten. Tatsächlich muss aber jede/r WiesenbewirtschafterIn hier eigene Beobachtungen anstellen. Das Heu kann entweder sofort vermulcht werden oder an einem vor Regen geschützten Ort im Freien gelagert werden.

DIE WIESENZONE

Im Permakulturgarten eignen sich Zone 3 und 4 besonders gut für die Anlage einer Wiesenfläche. Wiesen brauchen außer der Mahd und dem Abtransport des Schnittgutes keine Betreuung und müssen deshalb nicht mit den täglichen Wegen erreichbar sein. Gut kombinierbar sind Wiesenflächen mit Obstbäumen (siehe Obstwiese Seite 166), solange genug Platz zwischen den hochstämmigen Bäumen ist, um genug Licht zur Wiese zu lassen.

EINE BLUMENWIESE ANLEGEN

Auf Rasenflächen
Je nachdem wie nährstoffreich der Boden ist, geht es mehr oder weniger schnell einen Rasen in eine Blumenwiese zu verwandeln. Mit etwas Glück wurde der Boden nicht gedüngt bzw. nicht mit Komposterde aufgeschüttet, dann ist die Wahrscheinlichkeit groß, dass die Wiese bald gelingt. Am Beginn steht natürlich mit dem regelmäßigen Mähen aufzuhören und auf einen ein bis zweimaligen Schnitt pro Jahr umzustellen und zu beobachten, was passiert. Was kommt da? Das sorgfältige Entfernen des Mähguts und eventuell vorsichtiges Abmagern der Bodenoberfläche mit Sand beschleunigen die Entwicklung zur Wiese. Das funktioniert, wenn aus der Umgebung Wiesenkräuter in entstehende Lücken einwandern können, was auch durch gezielte Aussaaten oder Pflanzungen unterstützt werden kann.

Welche Wiese passt zum Grundstück?
Je nach Boden und Standort (eher sonnig, halbschattig, trocken oder feucht), werden sich unterschiedliche Wiesenpflanzen bei dir im Garten wohlfühlen. Wenn es in deiner Nähe Wiesenflächen auf vergleichbaren Standorten gibt, kannst du dort Saatgut sammeln. Ausgewählte Bio-Samengärtnereien bieten ebenfalls Wiesenblumen- und Gräsermischungen für verschiedene Standorte an und helfen bei der Auswahl.

Wenn über Jahre immer nur Gräser wachsen oder auch Beikräuter wie Melden und Brennnesseln, dann ist der Standort offensichtlich zu nährstoffreich – in dem Fall solltest du diesen für deine Wiese überdenken ...

Typische Kräuter und Gräser für Blumenwiesen
Auf feuchten und leicht feuchten Standorten fühlen sich z.B. wohl: Kohlkratzdistel, Echtes Mädesüß, Beinwell, Sumpfdotterblume, Wiesenschaumkraut, Kuckuckslichtnelke, Großer Wiesenknopf, Rohrglanzgras, Wolliges Honiggras, Flatterbinse, Wiesenfuchsschwanz, Glatthafer und Rasenschmiele.
Auf frischen bis mäßig trockenen Standorten gedeihen

1 Echtes Labkraut wurde früher in der Käseherstellung verwendet und wächst auf mageren Wiesen.

2 Die Breitblättrige Platterbse ist eine Zeigerpflanze für extensive Nutzung .

3 Viele Wiesengräser sind auch Schmetterlingsraupen-Futterpflanzen.

4 Der Wiesensalbei wird von Wildbienen bestäubt.

z.B.: Wiesenkerbel, Wiesen-Glockenblume, Wiesen-Labkraut, Wiesen-Margerite, Echte Pastinake, Wiesenbocksbart, Glatthafer, Knäuelgras, Wiesen-Schwingel und Ruchgras.

Wie legt man eine Blumenwiese auf einer offenen, mageren Fläche an?

Die Fläche wird oberflächlich leicht aufgekratzt und dünn mit Heu oder frischem Schnittgut bedeckt, das von einer artenreichen Wiese mit ähnlichen Standortbedingungen stammt. Das funktioniert natürlich nur dann, wenn auch genug reife Samen im Heu bzw. Schnittgut sind. Die dünne Mulchschicht aus langstieligen Grashalmen und Samenständen ist ideal für die Keimung und Etablierung der Jungpflanzen. Sie schützt vor Austrocknung und Wind. Es macht Sinn die Fläche nach der Mulchung leicht anzugießen, um Samen in die Erde zu spülen.

Wenn du keinen samenreichen Mulch deiner Lieblingswiese bekommen kannst, dann gibt es die Möglichkeit standortgerechte Wiesenblumen- und Grä-sermischungen von ausgewählten Bio-Samengärtnereien zu beziehen. Zum Aussäen werden sie am besten in einer Schubkarre mit Sand und magerer Gartenerde vermischt, leicht angegossen und wieder durchmengt und dann breitwürfig ausgesät. Auch hier ist eine dünne Mulchschicht gegen Austrocknung sinnvoll. Als Unterstützung bei der Etablierung der Wiese können auch Initialpflanzungen gemacht werden, beispielsweise indem ausgewählte Rasenziegel eingesetzt werden.

Bald wirst du sehen, was passiert (vorausgesetzt du erkennst Keimlinge, ansonsten musst du noch etwas warten). Wer sich genau wo und wann ansiedelt, liegt nicht in unserem Einflussbereich und viele Wildkräuter keimen nicht sofort. Aber trotzdem wird schnell sichtbar, ob die Gräser keimen, ob dazwischen kleine „Nichtgräser" hervorsprießen (das ist die banalste Unterscheidung, die wichtig ist) oder ob Beikräuter wie Gänsefuß die Fläche dominieren und über die Gräser hinauswachsen. Letzteres ist leider kein besonders gutes Zeichen, da war die Fläche dann wohl doch zu nährstoffreich.

Unverblümt

Was muss man eigentlich über Blumen wissen, bevor man sie in die Pflanzen-WG holt? Dass manche sich einfach gern selbst entscheiden, wo sie wachsen wollen und wo nicht, und man das besser gleich so akzeptieren sollte. Solche Diven sind z.B. Königskerzen und Nachtkerzen. Dass eine einzelne Stockrose so ziemlich alles in den Schatten stellen kann, dass Kornblumen und Ringelblumen ewig blühen und Nachtkerzenblütenknospen super im Salat schmecken, dass spätherbstliche Chrysanthemen im Nebel bestechend schön sind und die Selbstaussaat von Vergissmeinnicht an einer schattigen Hausseite ganz toll funktioniert. Wir können Blumen verschiedenst nutzen, angefangen beim Dankeschön-Sträußchen zum Muttertag bis hin zur Ringelblumensalbe für allerhand Wehwehchen, im Gegensatz dazu brauchen sie wenig von uns – außer einem guten Platz im Garten.

Zeit für die erste Mahd ist dann, wenn die Gräser bereits eine gute Höhe haben und stabil im Boden angewachsen sind. Die erste Mahd stimuliert die Bestockung der Gräser, also den dichten Austrieb von der Sprossbasis.

Gibt's auch: die große Mulch-Ausnahme

Die Wiese ist der Ort, wo der Mulch herkommt und keinesfalls liegen bleiben darf! Frisch gemähtes Gras wird entweder sofort als Mulch auf den Beeten verteilt oder bleibt zum Trocknen unter einmaligem Wenden für einige Tage liegen (dazu vorher die Wetterprognose einholen), bevor das Heu entweder eingelagert oder gleich vermulcht wird.

Liegengebliebener Grasschnitt zerstört die Wiese langfristig, da Kräuter, Blumen und Gräser unter dem Mulch ersticken und zusätzlich Nährstoffe aus dem Grasschnitt ausgewaschen werden, die die Wiese überdüngen und die Blütenvielfalt Jahr für Jahr verringern.

Gärtnern in und mit der Natur: Wasser braucht dein Garten

Und du und die Landschaft auch. Der Wasserkreislauf verbindet Welten und ist ein zentraler Faktor unseres Klimas, deshalb geht er uns auch alle etwas an. Wie du deinen Garten dabei unterstützen kannst, Wasser besser aufzunehmen und zu speichern, damit deine Pflanzen gesund und stark werden und wie du deinen Garten wassersparend bewirtschaften kannst, erfährst du hier.

So läuft das Wasser rund.

MIT DEM WASSER BEGINNT ES

Wasser als für alle Organismen lebensnotwendige Ressource ist der Beginn allen Lebens. Im Garten genauso wie an allen anderen Orten. Die Verfügbarkeit von Wasser ist der größte limitierende Faktor für die Produktivität von Lebensgemeinschaften, Landschaften und ganzer Ökosysteme. Der Wasserhaushalt eines Gebietes hängt von der geografischen Lage, der Topographie und der Klimazone ab, in der es sich befindet. Weitere wesentliche und immer deutlicher wahrnehmbarere Faktoren sind die Landnutzung – die vergangene genauso wie die gegenwärtige – und die Auswirkungen von klimatischen Veränderungen.

Wir alle sind, so wenig es uns auch bewusst ist, mitverantwortlich für das Potential einer Region oder eines Grundstückes Wasser zu speichern. Der Garten und seine Umgebung führen uns aber ganz deutlich vor, ob unsere Aktivitäten wohlbedacht und dem Wasserhaushalt dienlich sind oder ob wir achtlos Gebiete dehydrieren oder überschwemmen und immer verwundbarer machen.

DIE GROSSEN SPEICHERPOOLS UND DIE AUSTAUSCHPROZESSE ZWISCHEN IHNEN BILDEN DEN WASSERKREISLAUF

Zum Speichern von Wasser nutzt die Natur die Atmosphäre, den Boden mit seinem Humus, der Streuschicht sowie seinen Poren und Grundwasserströmen, die Gletscher und Polkappen, Oberflächengewässer wie Ozeane, Seen, Teiche, Flüsse und Bäche und die Lebewesen selbst, die ja zum Großteil aus Wasser bestehen. Gespeichertes Wasser bedeutet also: Kraft und Energie für Lebensräume und Organismen. Wie kommt nun das Wasser vom einen zum anderen Speicherpool? Wege gibt es viele, da wäre etwa die Verdunstung des Wassers an Oberflächen, die Transpiration durch Lebewesen, die Kondensation in der Atmosphäre oder an Oberflächen,

der Niederschlag in all seinen Varianten, die Versickerung, der Oberflächenabfluss, das Gefrieren und Wiederauftauen und die aktive Aufnahme des Wassers durch Pflanzen und andere Lebewesen.

DER WASSERKREISLAUF ERFÜLLT ESSENTIELLE FUNKTIONEN

Während sich Wasser durch die Speicherpools und Transportströme des Wasserkreislaufes bewegt, erfüllt es zahlreiche Funktionen, die unsere Lebensräume prägen, stabilisieren, regenerieren, aber auch verändern. Wasser transportiert Wärme, arbeitet also als Wärmetauscher – auf dem Niveau einer Körperzelle bis hin zu globalen Dimensionen. Der Wasserkreislauf ist ein zentraler Faktor unseres Klimas und der Motor unserer Fließgewässer. Wasser ist der Nährstofftransporter schlechthin, in ihm gelöst werden Stoffe aufgenommen und ausgeschieden. Wasser ist Lebensraum für unzählige Wasserorganismen und die Lebensader, an der Siedlungen und Städte erbaut werden. Als Landschafts-

1 Wasser hat viele Gestalten.

2 Naturnahe Bäche transportieren auch viel Material.

WASSERKREISLAUF GLOBAL

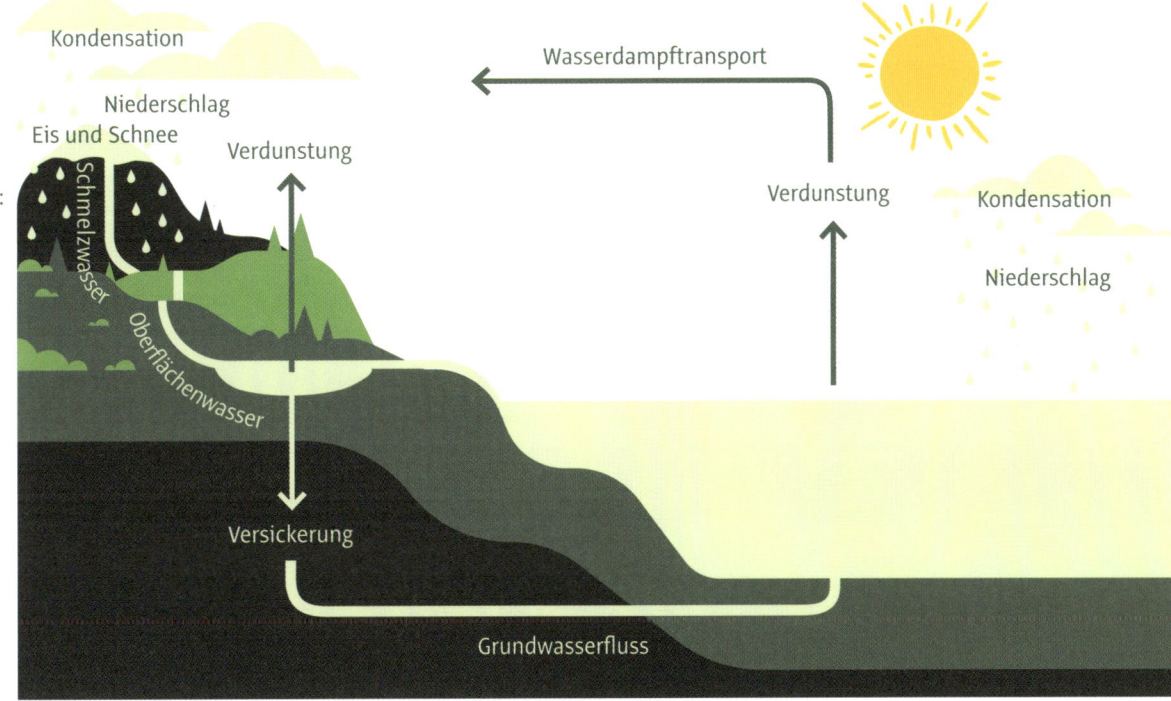

Wasser-
speicherpools:
Humus,
Lebewesen,
Gletscher,
Seen, Meere,
Flüsse,
Grundwasser,
Atmosphäre

gestalter erodiert und verfrachtet Wasser gigantische Materialmengen und lagert sie an anderen Orten wieder ab, schafft fruchtbare Talböden und Flusstäler genauso wie Schluchten und Höhlen. So beeindruckend, vor Kraft strotzend und manchmal bedrohlich der Wasserkreislauf sich auch präsentiert, so reagiert er doch äußerst sensibel auf unsere Eingriffe.

DER WASSERHAUSHALT IN DEINEM GARTEN

Dein Garten braucht Wasser, damit er und seine BewohnerInnen glücklich sind. Umgekehrt beeinflusst der achtsame und intelligente Umgang mit der Ressource Wasser in Gärten, auf landwirtschaftlichen und anderen Grünflächen ganz wesentlich den Wasserhaushalt jeder Region, es geht also nicht nur um dich und deinen Garten allein.

Eine wesentliche Aufgabe im Permakulturgarten ist es also, das Grundstück aufnahmebereit für Wasser zu machen, Wasser zu speichern und zu verteilen, damit

Pflanzen und Tiere sich möglichst selbstständig versorgen können. Der beste Wasserspeicher im Garten ist Boden mit hohem Humusgehalt, der Regenwasser bereitwillig aufnimmt, ohne zu verschlämmen oder gar ausgeschwemmt zu werden. Das erreicht man durch eine Mulchschicht, sie puffert den Aufprall von Regen auch bei starken Niederschlägen ab und verbessert durch die Minderung der Verdunstung die Speicherung von Bodenwasser – genauso wie der Wald das auch tut. Wasser auf dem Grundstück versickern zu lassen, ist wesentlich für die Auffüllung der Bodenporen und letztendlich für die Grundwassererneuerung. Bodenverdichtung fördert hingegen vor allem den Oberflächenabfluss, also das schnelle Abfließen von Wasser in die nächsten Senken, was zur Dehydrierung höher gelegener Bereiche und zu Staunässe oder Überschwemmungen in den tiefer liegenden führt.

Regenwasser wird natürlich aber auch von Pflanzenwurzeln aufgenommen, es haftet an Oberflächen, wird eingelagert und Schritt für Schritt wieder verdunstet. Wälder

1 Wer möchte einen Schluck heißbegehrtes Regenwasser?
2 Auch für die Entenbadewanne nutzen wir Regenwasser.

Schlussendlich ist es im Permakulturgarten das Ziel, dass das Wasser nach der (mehrmaligen) Nutzung das Grundstück so sauber wie möglich verlässt. Im Garten fällt kaum überschüssiges Wasser an, aber unsere Haushalte produzieren diverse Abwässer. Wer die Möglichkeit dazu hat, reinigt diese in eigenen Pflanzenkläranlagen oder macht mittels Trockentoiletten einfach weniger Wasser schmutzig. Ohne größere Eingriffe kommst du diesem Ziel aber z.B. auch durch den sparsamen Einsatz von biologisch gut abbaubaren Reinigungsmitteln näher.

INTELLIGENTE WASSERNUTZUNG NOCHMAL ZUSAMMENGEFASST

» Humus aufbauen, den Boden so schonend wie möglich bearbeiten und mulchen, dadurch wird Erosion und Auswaschung von Nährstoffen stark verringert und die Wasseraufnahme gefördert

» die Auswahl der Gartenelemente an den örtlichen Bedingungen orientieren und angepasste Pflanzen/Tiere nutzen

» Regenwasser sammeln, speichern, verteilen und vielseitig nutzen (z.B. zum Gießen, erdiges Gemüse vorwaschen, Planschen oder für die Toilettenspülung)

» Wasser als Lebensraum bereitstellen (siehe Seite 197)

und andere dicht bewachsene Flächen erzeugen sich auf diese Art ihr eigenes, lebensfreundliches Mikroklima – Wälder sind Regenmacher! Dauerhafte Bepflanzungen sind also ein weiterer wichtiger Faktor, um Wasser im Garten zu sammeln und zu halten. Es liegt auf der Hand, dass die Versiegelung so gering wie möglich gehalten werden muss: Gründächer schaffen Ausgleichsflächen für verlorene Bodenflächen und wasserdurchlässige Terrassen, Parkplätze und Wege aus Schotterrasen und schwimmend verlegte Bodenplatten oder -steine ersetzen gekonnt den üblichen Beton und Asphalt.

Gartenbewässerung kann dann ausschließlich auf Notsituationen reduziert werden und muss keinesfalls, wie häufig angenommen, zu den täglichen Gartenarbeiten zählen. Vor allem gut an den Standort angepasste Pflanzen sind clever und sparsam im Umgang mit der Ressource Wasser. Schauen wir uns das mal ab und vor allem: Wassersprinkler ade!

Ich mag Regenwetter

〜〜〜

Wenn der Boden endlich zu trinken bekommt und sich die ersten schweren Tropfen gierig in den Untergrund saugen, wenn die Regenwasserzisterne wieder angefüllt wird und die Regenwürmer ihre Körper aus den vor Trockenheit schützenden Knäueln bewegen. Regenwetter ist zwar nicht unbedingt Badewetter, aber noch lang kein Schlechtwetter – auch wenn uns das der Wetterbericht so verkündet. Wenn Böden und Gebirge trinken, passieren außerdem faszinierende Dinge: Sie speichern und filtern Wasser und spucken es plötzlich als reinstes Trinkwasser in riesigen Mengen wieder aus. Wie die Kläfferquelle in Wildalpen in der Steiermark, deren Wasser bis nach Wien geleitet wird – sehenswert. Wassertrinken kann aber auch ganz anders aussehen, als wir es gewohnt sind. Ein Bild, das ich nie vergessen werde: Als ein Passant auf einer schlammigen Dorfstraße in Äthiopien sich nach einem Regenguss niederkniete, um aus einer Pfütze zu trinken.

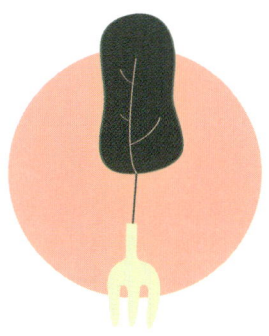

WECKE DIE PERMAKULTUR-LEIDENSCHAFT IN DIR:
ABKÜHLUNG FÜR ALLE!

An heißen Sommertagen, an denen die Luft vor Hitze knistert, die Sonne auf unsere Köpfe scheint und ein Eis in unserer Hand schneller schmilzt, als wir es aufessen können – das sind Tage, an denen man sich nichts sehnlicher wünscht als ein kühles Nass. Das Schöne ist: Die Ressource Wasser zu schonen, heißt nicht, dass wir sie aus unserem Garten verbannen. Ganz und gar nicht. Wir sammeln Wasser in Regentonnen, bauen kleine Oasen für unsere Gartenbewohner, oder vielleicht sogar einen Regenwasser-Speicherteich? Möglichkeiten gibt es genug.

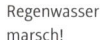

Versammelt an den Wasserlöchern

Wasser hat eine enorme Anziehungskraft. Wasserelemente – insbesondere offene Wasserflächen – in den Garten oder auch am Balkon zu integrieren, erweitert die Perspektive. Nicht nur weil spiegelnde Wasseroberflächen das Sonnenlicht und am Himmel ziehende Wolken auf Augenhöhe bringen, sondern auch weil (Kleinst-)Gewässer als Lebensraum eine enorme Vielfalt an mittlerweile seltenen Lebewesen anziehen, sie Orte zum Verweilen und für faszinierende Beobachtungen sind und sie als clever integrierte Elemente für die Wasserversorgung unserer Pflanzen einsetzbar sind.

Wasser kühlt. Die Verdunstung von Wasser hilft Pflanzen dabei, nicht zu überhitzen. Zusammen mit dem verdunstenden Wasser aus Gartenteichen hat die Vegetation auf diese Weise aber auch eine ausgleichende Wirkung auf das Mikroklima des Gartens.

Gerade weil im Permakulturgarten die Bewässerung nur nach Bedarf erfolgt, ist es in trockenen Zeiten wichtig, genug Wasser zu haben. Es geht darum, den Niederschlag dann einzufangen, wenn er fällt, und die Wasserspeicherkapazität deines Gartens, z.B. durch Teiche, Tonnen und Zisternen, möglichst hoch zu halten. Erfahrungsgemäß werden Wasserspeicher für bis zu 2 trockene Monate gebraucht. Wie viel Wasser benötigst du in zwei Monaten?

Wasser in humusreichen Böden und in Vegetation sowie in Teichen, Zisternen und Co. zu speichern und Überschusswasser am eigenen Grundstück versickern zu lassen, ist aber nicht nur wichtig, um für trockene Zeiten vorzusorgen: Auch Überschwemmungen werden vorgebeugt, wenn Wasser von der Landschaft aufgenommen statt möglichst schnell (zum Nachbarn) weitergeleitet wird.

Der Miniteich am Balkon

Aber beginnen wir klein – wenn du stattliche/r BesitzerIn eines Balkons oder einer Terrasse bist und der Platz für den Gartenteich daher begrenzt ist, gibt's neben der Regentonne für die Pflanzenbewässerung noch ein schönes kleines Element, das deinen Garten lebendiger macht und deinen Experimentiergeist erfreut – den Miniteich.

KLEIN, ABER FEIN

Miniteiche in Trögen, Tonnen, Wannen und Kübeln sind leicht integrierbare Elemente in Kleinstgärten auf Balkonen und Terrassen. Sie sind zwar aufgrund ihrer Größe und des eher temporären Charakters nicht mit Gartenteichen zu vergleichen, aber ermöglichen trotzdem die Schaffung eines ganz besonderen Lebensraumes und beeinflussen das Mikroklima der direkten Umgebung positiv. Sie eignen sich für Pflanzen, die in „freier Wildbahn" an Gewässerufern wachsen und gelegentliche Trockenheit, als auch vollständiges Durchfrieren ihres Wurzelballens vertragen. Das sind z.B. Sumpf-Schwertlilie, Kalmus, Fieberklee, Froschlöffel sowie einige Arten Binsen und Seggen.

Sorgt man dafür, dass der Miniteich nicht vollständig zugewachsen ist, ist er ein geeigneter Lebensraum für Kleintiere, die mit fluktuierenden Bedingungen umgehen können. Dazu gehören beispielsweise Spitzschlammschnecken und Posthornschnecken, flugfähige Wasserbewohner wie Wasserkäfer, Rückenschwimmer und Wasserläufer, als auch Kleinstorganismen wie Wasserflöhe und Flohkrebse. Miniteiche eignen sich auch gut als Trink- und Badeplatz für Singvögel, wenn darauf geachtet wird, dass sie eine flache Randzone haben. Diese Randzonen sind auch wichtige Ausstiegshilfen für trinkende Insekten. Übrigens trinken auch Katzen äußerst gern aus solchen Miniwasserstellen.

Spitzschlammschnecken in einem Miniteich. Sie sind eher unempfindlich gegenüber Temperaturschwankungen.

WAS UND WO

Als Standort ist ein Platz im Halbschatten ideal, da der Miniteich dann einige Sonnenstunden abbekommt, sich aber nicht so stark erwärmt wie in der Vollsonne. Das kleine System ist anfälliger für hohe Wassertemperaturen, Nährstoffüberfluss und friert aufgrund seines geringen Volumens schneller als größere Wasserstellen. Es ist deshalb wichtig, den Miniteich so groß wie möglich zu gestalten. Eine gewisse Tiefe fördert die Wasserqualität klarerweise mehr als ein größeres flaches Becken. Als recycelte Miniteich-Gefäße eignen sich z.B. Tröge, Tonnen, Wannen und Kübel mit einem Mindestvolumen von ca. 50 l. Die Gefäßwände und der Boden sollten stabil und dick sein, die Behältnisse können aus Kunststoff, Stein und Metall sein. Im Winter sollte der Miniteich außerdem nur wenig gefüllt sein, da es durch die Ausdehnung des Wassers beim Durchfrieren zu Sprüngen im Gefäß kommen kann. Aus diesem Grund sind auch dünnwandige Tröge und Tongefäße schlecht geeignet.

MINITEICH-PFLANZEN

Für die Bepflanzung wird der Boden des Miniteiches einige Zentimeter hoch mit Steinen, Kies und grobem Sand gefüllt. Die Teichpflanzen werden dort dann hineingesetzt, wobei bei Miniteichen meist nur ein bis zwei Arten Platz haben. Soweit möglich sollte auch eine Mini-Uferzone gebaut werden, z.B. aus größeren Steinen und Totholz, und ein freier Bereich nur mit Wasser bleiben.

Es ist wichtig, dass der Miniteich so wenig Nährstoffe wie möglich erhält und das Wasser sich nicht zu stark erhitzt.

WASSERZUFUHR

Bei kleinen Gefäßen ist es meist überflüssig einen automatischen Zu- und Abfluss anzulegen, da ein Auffüllen mit Regenwasser bei Bedarf schnell geht und ein zu starker Durchfluss den Miniteich mehr stört als er ihm nutzt. Ein Untersetzer ist sinnvoll, um gegebenenfalls überfließendes Wasser aufzufangen. Erhält der Miniteich direktes Regenwasser, kann ein Überlauf in Richtung der Balkontröge und Töpfe durchaus Sinn machen.

BALKONSAFARI

Miniteiche sind ideale Beobachtungsorte – egal ob mit dem Frühstückstee oder -kaffee in der Hand oder vom Liegestuhl daneben. Trinkende Insekten, badende Vögel, üppig wachsende Teichpflanzen, blühende Sumpf-Schwertlilien... so klein und schon ein echtes Gewässerchen.

Was sagt das körpereigene Thermometer? Badetemperatur?

Wasserspiele

Wasser sammeln, stauen, umleiten – die Faszination dafür wird bei den meisten von uns schon in der Kindheit geweckt!

Mit Dämmen kleine Bäche aufstauen, Brücken aus Steinen und Holz darüber bauen, unfassbar tiefe (Schwimm-)Becken ausheben und mittels eingebauter Schleusen ein Stück Schwemmholz, ein kleines Schiff oder sich selbst bachabwärts tragen lassen, um sich danach auf einer Schotterbank zu sonnen. Es gibt kaum einen schöneren Kinderspielplatz als einen naturnahen Bach zwischen Wald und Wiese.

Ein selten gewordener Anblick, sowohl die Bäche als auch die dazugehörigen Kinder. Aber Wasser steht für Erneuerung und spült gleichzeitig fast vergessene (Landschafts)-Muster frei. Lasst uns also endlich wieder eiskaltes Wasser zwischen die Zehen leiten und die Experimentiergeister wiederauferstehen!

Der Regenwasser-Speicherteich

Ein Gartenelement, dessen Planung und Bau etwas mehr Know-how und
Arbeitseinsatz erfordern, das man aber keinesfalls wieder missen möchte,
wenn es einmal seine Funktionen entfaltet hat – hier erfährst du die Grundlagen und
wichtige Tipps für die Gestaltung eines Regenwasser-Speicherteiches.

MULTIFUNKTIONAL, WIE ES IM BUCHE STEHT

Teiche sind wirklich multifunktionale Elemente im Garten und sollten deshalb entsprechend geplant werden, damit die verschiedenen Funktionen auch optimal erfüllt werden. Der Aufwand, einen Teich zu planen und anzulegen, rentiert sich einmal mehr, wenn

» er sich zu einem dauerhaften Lebensraum für heimische Tier- und Pflanzenarten entwickeln kann.

» er am Gelände so platziert ist, dass er Regenwasser gut auffängt, Wasser aus ihm auch verteilt werden kann und der Überlauf vielleicht sogar ebenfalls am Gelände genutzt wird oder versickert.

» er durch seine Form, Gestalt, Größe und Lage eine möglichst gute Wasserqualität aufweist.

» Wege und Sitzplätze so verlaufen bzw. angelegt sind, dass sie den Teich gut ins System einbinden.

» die Lichtreflexion und Spiegelung der Wasseroberfläche genutzt werden, um Sitzplätze, Terrassen und Wintergärten mit mehr Licht und Stimmung zu versorgen.

» die Randzone möglichst geschwungen verläuft, da sie als Übergangszone zwischen Feuchtlebensraum und den anderen Gartenbereichen besonders produktiv ist.

» das gespeicherte Wasser für die Bewässerung in Trockenphasen genutzt wird.

Dieser kleine Regenwasserteich nimmt 5 m³ Dachwasser auf.

WASSER SAMMELN SOLL ER KÖNNEN

Sogenannte Himmelsteiche werden ausschließlich von Regenwasser gespeist, das direkt in sie hineinfließt und fallen gelegentlich auch trocken. Gartenteiche haben sinnvollerweise zusätzlich einen Zufluss, über den sie mit Regenwasser gespeist werden. Regenwasser sammeln geht besonders gut über Dachflächen.

Hier eine kleine Rechenübung: Wie viel Wasser kannst du bei Regen mit einer Niederschlagsmenge von 20 mm einfangen? Richtig, die Dachfläche wäre gut zu wissen, die beträgt der Einfachheit halber 100 m². 20 mm Niederschlag heißt, dass auf 1 m² auf einer versiegelten Fläche das Wasser 20 mm hoch stehen würde und das sind 20 l Wasser pro m². Eine 100 m² große Dachfläche sammelt also theoretisch 2000 l Wasser. Theoretisch deshalb, weil eine geringe Wassermenge immer an den Oberflächen haften bleibt und verdunstet und weil das Sammeln natürlich nur klappt, wenn es eine anzapfbare Regenrinne gibt.

PLANUNG UND ANLAGE

Teichbau ist etwas für Fachleute oder solche, die es werden wollen und sich deshalb intensiv ins Thema einarbeiten. Vor allem bei größeren Teichvorhaben ist die Einbeziehung von erfahrenen PlanerInnen und Ausführenden eine gute Idee. Für die Umsetzung ist, je nach Dimension des Projekts, ein (Klein-)Bagger sehr nützlich und eine Person, die gut damit umgehen kann. Die Umsetzung des Teiches sollte auf jeden Fall vor jener der angrenzenden Gartenelemente erfolgen, weil durch die nötigen Erdarbeiten und das Aushubmaterial viel Platz nötig ist.

Der richtige Ort wird meist vom Grundstück vorgeben, vielleicht stehen aber auch mehrere Möglichkeiten zur Auswahl. Der Teich sollte in der Nähe einer Dachfläche sein, damit Dachwasser gesammelt werden kann. Meist wird es so sein, dass der passende Ort durch die Faktoren Geländeform, Anbindung an Dachwasser und Gartenplanung bestimmt wird.

Eine teilweise Beschattung durch Bäume und Sträucher oder auch Gebäude ist für die Aufrechterhaltung der Wasserqualität durchaus wünschenswert, der Teich sollte aber nicht im Vollschatten liegen.

Die Größe ist je nach Möglichkeiten und Bedarf variabel. Da ein Regenwasser-Speicherteich auch mit schwankendem Wasserspiegel zurechtkommen muss, sollte er zumindest so groß sein, dass ihn weder der theoretische Gießwasserbedarf in einer Trockenphase vollständig leert, noch ein mittelstarker Regen gleich zum Überlaufen bringt und einen vollständigen Wasseraustausch bewirkt. Das ist wichtig, weil der Teich ja nicht nur Wasserreservoir, sondern vor allem auch Lebensraum sein soll. Es geht hier also darum, vorab Informationen zu sammeln: die Sammelkapazität der Dachfläche zu berechnen, den Wasserbedarf grob abzuschätzen und die Möglichkeiten des Grundstückes auszuloten.

Der gelegentliche Durchfluss von Regenwasser sollte bei dieser Art von Teich ausreichen, um das Wasser klar und frei von stärkeren Algenblüten zu halten. Wichtig dafür sind erfahrungsgemäß eine Mindesttiefe von ca. 1 m an der tiefsten Stelle und ein minimales Fassungsvermögen von ca. 5 m³ für sehr kleine Gartenteiche. Wenn man bedenkt, dass sich Regenwasser-Speicherteiche aber

Wohin mit dem Aushub? Irgendwo wird er auf alle Fälle gebraucht, z.B. um eine Teichböschung aufzuschütten und diese dann mit Kräutern zu bepflanzen.

auch wunderbar als Naturschwimmteiche gestalten lassen, wird der Teich – zumindest in Gedanken – schnell größer ...

Teiche brauchen unterschiedliche Wassertiefen, damit sie für Pflanzen und Kleintiere als Lebensraum taugen und vielleicht sogar zum Schwimmen geeignet sind. Vor allem die Flachwasserbereiche (0–1 m Tiefe) sollten nicht zu kurz kommen, da viele Teichpflanzen genau in diesem Bereich gut wachsen. Die Tiefenzone (ca. 1–3m), in der sich auch Unterwasserpflanzen wohlfühlen, ist wichtig als Wasserreservoir in Trockenperioden, als Ausgleich für die Wassertemperatur und für den ganz persönlichen Sprung ins kühle Nass.

Die äußere Gestalt des Teiches sollte gut in das Gelände eingepasst sein. Je weiter der Umriss von der Kreis- oder Viereckform abweicht, desto mehr bepflanzbare, produktive Randzonen gibt es und desto natürlicher wirkt der Teich auch.

Im Regenwasserzufluss sollte eine einfache Vorreinigungseinheit eingebaut sein, die den ersten Schwall an

1 Teichbau ist etwas für Fachleute.

2 Uferbefestigung mit Fundstücken

3 Fast fertig!

4 Auch selbstgebaute Schwimminseln eignen sich zum Bepflanzen.

Dachwasser, das mit Staub, Vogelkot usw. versetzt ist, abscheidet und mitgeschwemmte Materialien wie Laub grob herausfiltert. Dafür eignen sich sogenannte „First Flush-Systeme", die auch einfach mittels eines Kippmechanismus an der Dachrinne selbst gebaut werden können, wie in Bill Mollisons Buch „Handbuch der Permakulturgestaltung" beschrieben, sowie Sickerbecken und Siebe. Das überschüssige, abfließende Wasser aus dem Teich kann z.B. in einen Gartenbereich geleitet werden, wo ausreichend Versickerungsfläche vorhanden ist, in einen Badeteich für Enten fließen oder, wenn Gefahr einer Überschwemmung besteht, in einen Kanal geleitet werden.

ABDICHTUNG

Haben Teiche keinen ständigen Zulauf über einen Bach bzw. liegen nicht auf stauendem Untergrund, ist eine Abdichtung nötig. Dafür gibt es unterschiedliche Methoden und Materialien, vom ökologisch zu bevorzugen-

den Stampflehm – der aber nicht ganz einfach dicht zu bekommen ist – bis hin zu diversen Folien, bei denen insbesondere auf ihre Umweltverträglichkeit zu achten ist. Wir haben für unsere Teiche teilweise EPDM-Kautschukfolie verwendet.

PFLANZEN UND TIERE

Bei der Bepflanzung ist es sinnvoll heimische Teichpflanzen zu wählen, wie sie auch in natürlichen Gewässern zu finden sind. Der Teichgrund wird mit nährstoffarmem Substrat bedeckt, in dem Wasserpflanzen gut wurzeln können. Steine, Kies, Sand und Sandsäcke eignen sich hier besonders. Die Pflanzen werden dann gemäß ihrer bevorzugten Wassertiefe und ihrem bevorzugten Standort direkt ins Teichsubstrat gepflanzt. Tierische Bewohner kommen meist von selbst und es ist spannend zu beobachten, wie die Besiedelung Schritt für Schritt (oder Flug um Flug) vonstattengeht. Oft werden wir gefragt, ob es durch die offene Wasserfläche nicht zu einer Mücken-

203

plage kommt. Naturnahe Gartenteiche werden allerdings von einer Vielzahl an Tieren besiedelt, die sich auch von Mückenlarven ernähren und die Mückenentwicklung deshalb sehr gut kontrollieren. Zu den Tieren, die gern Mückenlarven fressen und die sich üblicherweise ganz von allein in naturnahen Gartenteichen einfinden, zählen Rückenschwimmer, Libellenlarven, Eintagsfliegen und Co. Amphibien wie Frösche, Kröten und Molche sind Teichbewohner, über die man sich ebenfalls ganz besonders freuen darf.

Für Fische sind Gartenteiche meist zu klein. Sie entwickeln sich rasch zu einem zu dominanten ökologischen Faktor: Je nach Art fressen sie entweder den Großteil der Kleintiere und Larven auf oder aber überdüngen das Wasser mit ihren Ausscheidungen. Dasselbe trifft auf Enten zu. Beide haben deshalb besser in naturnahen Gartenteichen nichts verloren.

KLEINGEWÄSSER-NETZWERKE FÜR DIE BIODIVERSITÄT

Wasserspeicher für den Garten und Lebensraum für selten gewordene Tiere und Pflanzen: Jeder naturnahe Gartenteich ist eine wertvolle Oase in der (Siedlungs-) Landschaft und belohnt uns mit faszinierenden Beobachtungen. Wenn die Rauchschwalben – eine nach der anderen – im Tiefflug blitzschnell zum Trinken ins Wasser eintauchen und ein eher träge wirkender Teichfrosch vom Ufer mitten in die nächtlichen Blüten der nickenden Lichtnelke springt und sich einen Nachtfalter schnappt. Wenn die Spitzschlammschnecken kopfüber an der Wasseroberfläche kriechen, der Wasserhahnenfuß seine zarten weißen Blüten aus dem Wasser schiebt und über all diesen Wundern auch noch die Libellen kreisen ...

Ein erfrischendes Bad für die Enten.

Der Teichabfluss führt über eine recycelte Kinderrutsche ins Trockenbachbett.

WASSER MARSCH!
Bewässerungswege im Garten

Ein Gefälle zahlt sich aus, und sei es auch noch so klein! Dann fließt Wasser logischerweise von allein, und die Verteilung in Beete oder kleinere Becken zur Zwischenspeicherung fühlt sich an wie ein Kinderspiel. Praktischerweise sind Dächer meistens höher gelegen und bereichern uns über Regenrinnen mit gesammelten Wassermassen. Auf ebenen Grundstücken werden Regentonnen ganz einfach etwas höher aufgestellt – z.B. auf einem Stapel Paletten – und ermöglichen so mit einem Gartenschlauch eine passive Wasserleitung über das entstehende Gefälle. Manchmal wird's einem aber auch nicht so einfach gemacht und Häuser und andere Sammelflächen liegen im untersten Bereich des Grundstücks – dann helfen Wasserpumpen wohl oder übel weiter, betrieben mit Muskelkraft, Wind oder Strom.

So läuft's bei uns:

Der Bio-Bauernhof, den wir bewirtschaften, hat eine riesige Dachfläche. Wir sammeln Regenwasser in einer Zisterne sowie in drei Regenwasser-Speicherteichen. Aus der Zisterne wird Regenwasser einerseits ins Haus gepumpt und dort für Toilette, Waschmaschine und Geschirrspüler verwendet, andererseits zu mehreren Brauchwasser-Entnahmestellen im Außenbereich und zum Glashaus gepumpt, wo unsere Jungpflanzen mit Regenwasser versorgt werden. Der Überlauf von zwei Speicherteichen geht über ein Trockenbachbett in die Feuchtblumenwiese bzw. zu diversen Gartenbeeten. Der dritte Speicherteich wird von den Laufenten zum Schwimmen und Tauchen verwendet, und das gut gedüngte Überlaufwasser kommt dann bei Kürbissen und Co. zum Einsatz.

ALLES EINE FRAGE DES KLIMAS!

Das Klima betrifft uns alle, es stellt die Rahmenbedingungen für unser (Über-)Leben. Der menschliche Einfluss auf das Klimasystem der Erde ist dramatisch und verändert unsere Umwelt Schritt für Schritt. Eine an klimatische Bedingungen angepasste Gestaltung und Bepflanzung und die Erhaltung und Entwicklung widerstandsfähiger Landschaften sind wesentliche Aufgaben der Permakultur.

DAS GROSSE GANZE!

Unser Klima

Das Klima eines Ortes, einer Region, einer Klimazone bildet die grundlegende Rahmenbedingung für die Ausprägung von Lebensräumen, Lebensweisen und für die Wechselwirkungen zwischen den Arten und Individuen innerhalb einer Lebensgemeinschaft.

Klima definiert sich als Gesamtheit aller möglichen Wettervorgänge mitsamt ihren typischen Abfolgen und Schwankungen, die über einen längeren Zeitraum dokumentiert werden. Fühlbare und von Wetterstationen messbare Klimaelemente sind z.B. Sonneneinstrahlung, Temperatur, Luftfeuchte, Niederschlag, Luftdruck, Windgeschwindigkeit und -richtung.

Die Klimazonen der Erde entstehen durch die unterschiedliche Strahlungsintensität der Sonne an den verschiedenen Breitengraden und die komplexen Auswirkungen der globalen Zirkulationsströmungen, die Wärme, Wasser und Luftmassen transportieren. Die permanenten Wechselwirkungen zwischen Atmosphäre, Hydrosphäre, Biosphäre und der Landoberfläche prägen das sogenannte Klimasystem und machen es äußerst dynamisch und vielschichtig.

Im Kleinen wie im Großen

Das Klimasystem der Erde hat vielfältige regionale und lokale Ausprägungen und bietet Unterschiede auf kleinstem Raum. Wir sprechen deshalb von Regional-, Lokal- und Mikroklima.

Auf landwirtschaftlich und gärtnerisch genutzten Grundstücken nehmen wir vor allem das Lokal- und Mikroklima als Grundlage unter die Lupe, um eine Entscheidung über standortangepasste Elemente, Pflanzen und Tiere und deren räumliche Anordnung zu treffen. Das vorherrschende Klima bestimmt, was geht und was nicht.

Im Wandel

Der Klimawandel verändert unsere Welt. Der „Weltklimarat" (Intergovernmental Panel on Climate Change (IPCC)) führt den Anstieg des Kohlendioxidgehalts in der Atmosphäre und die globale Erwärmung auf menschliche Aktivitäten ab der Industrialisierung im 19. Jahrhundert zurück. Spürbare und vorausgesagte Auswirkungen des Klimawandels sind Temperaturanstieg, steigende Meeresspiegel und eine Häufung von Extremwetter-Ereignissen wie Starkniederschlägen, Trockenperioden und Stürmen, die lokal sehr unterschiedlich ausfallen können und zu Artensterben und großen Schäden in menschlichen Gemeinschaften führen.

Was können wir dagegen tun? Im Großen wie im Kleinen möglichst klimaschonend handeln: Durch eine starke Eindämmung des Kohlendioxidausstoßes, durch den Einsatz vielfältiger, robuster und an die Bedingungen angepasster Pflanzensorten und Tierrassen und vor allem auch durch die Erhaltung und Gestaltung widerstandsfähiger, zu Humusaufbau und Wasserspeicherung fähiger Landschaften mit dauerhafter Vegetation können wir klimatische Extreme eindämmen und abpuffern.

Lebewesen sind „offene Systeme"

Alle Lebewesen sind auf einen gewissen Optimalbereich in Bezug auf die einwirkenden und miteinander interagierenden Umweltfaktoren eingestellt, z.B. einen Temperaturbereich oder eine Bodenart, in dem/der sie besonders gut gedeihen. Ebenso ist dieses Optimum auf einen Toleranzbereich ausdehnbar, der ganz unterschiedlich weit sein kann. Frosttoleranz ist so ein Faktor, der vor allem beim Gärtnern relevant ist und durch den sich Pflanzen sehr stark unterscheiden. Nach dem

Und wie steht's mit der Luftfeuchtigkeit? Taunasses Gras? Nein.

ersten leichten Frost liegen z.B. Kapuzinerkresse, Stangenbohne und Kürbis flach, während Weißkohl, Mangold und Sellerie völlig unbeeindruckt sind. Warum ist das so?

Das ist kein Zufall. Lebewesen haben sich in einer Klimazone an bestimmten Standorten unter einem Set an Umweltbedingungen entwickelt und sich auch an gewisse Schwankungen angepasst. In ihren Genen steckt eine Variabilität, die sie befähigt bis zu einem bestimmten Grad vom Optimum abzuweichen – gleichzeitig gibt es aber auch für jedes Lebewesen die Grenze des Erträglichen ...

Messgerät Mensch

Auch wir Menschen haben uns im Laufe unserer Evolution an Klimafaktoren angepasst, gelernt mit ihnen umzugehen und können mit unseren Sinnen sehr gut wahrnehmen, was in unserer Umwelt passiert. Wir fühlen bereits leichte Temperaturschwankungen, stellen Unterschiede in Sonnenstrahlung und Luftbewegungen sehr sensibel fest und können die Luftfeuchtigkeit

1 Voller Lichtgenuss – ein ganzes Mischkulturbeet sammelt Licht ein

2 Der erste Raureif kündigt den Winter an.

keit haben ihren Stoffwechsel anzupassen. Genau das verlangen z.B. die Jahreszeiten in Mitteleuropa von den Wildpflanzen. Ein erster überraschender Frost kann beispielsweise viel negativere Auswirkungen haben als eine lange Frostperiode mitten im Winter, wo die Pflanzen bereits darauf eingestellt sind. Dahinter steckt ein Abhärtungsprozess, der durch das schrittweise Kennenlernen von stressauslösenden Umweltreizen in Gang gesetzt wird. GärtnerInnen kennen diesen Prozess z.B. von sensiblen Jungpflanzen, die im Haus vorgezogen werden. Sie müssen langsam an das Leben im Freien gewöhnt werden und können erst dann mit Temperaturschwankungen, Wind, UV-Strahlung usw. umgehen.

Klimafaktor Licht

Sonnenlicht liefert energiereiche Strahlung, es regt die Entwicklung an, ist von Tages- und Jahreszeit abhängig, ist wichtiges Signal und Zeitgeber, es wärmt und kann im Übermaß auch schädlich sein. Lebewesen zeigen Anpassungen an die Lichtverhältnisse und deren Schwankungen: Pflanzen, die an stark lichtexponierte

spüren. Wir erfühlen mit den Händen die Feuchtigkeit im Boden, riechen nahenden Regen und den beginnenden Frühling und spüren teilweise Wetterumschwünge bereits im Voraus. Unsere Sinne sind also, solange sie etwas in Übung bleiben, gut einsetzbare Messgeräte für den privaten Gebrauch.

„Es gibt Tomatenjahre und Bohnenjahre"

Viele GärtnerInnen sehen es auch den Pflanzen an, wie sich Umweltbedingungen auf sie auswirken. Trockene, heiße Jahren sind z.B. ideal für Tomaten, sie gedeihen prächtig und bleiben gesund, während Bohnen bei trockener Hitze sehr schlecht wachsen. In „Bohnenjahren" ist es hingegen feucht und warm. Stangenbohnen, Buschbohnen, Feuerbohnen usw. wachsen üppig und tragen viele Hülsen, während Tomaten unter diesen Bedingungen anfällig für Krankheiten sind.

Und wir lernen noch

Bis zu einem bestimmten Grad können Individuen mit sich verändernden Umweltbedingungen umgehen – wenn sie nicht zu spezialisiert sind und die Möglich-

Weißkohl ist gut angepasst an Kälte.

Steine, Mauern, Glasflaschen: Sie alle speichern Wärme
und geben sie langsam wieder ab.

Klimafaktor Temperatur

Alle Stoffwechselprozesse von Organismen unterliegen thermischer Regulation und eine Temperaturerhöhung beschleunigt viele Lebensvorgänge. Wenn artspezifische Temperaturgrenzen überschritten werden, kommt es zu einem Abfall der Körperfunktionen. Verdunstung ist deshalb für Pflanzen und andere Lebewesen besonders wichtig, um zu kühlen, und die Verfügbarkeit von Wasser ist essentiell, um Hitzestress zu mindern.

Auch Bodenfrost führt bei Pflanzen letztendlich zu Wassermangel, da Wasser in gefrorenem Zustand nicht verfügbar ist. Direkt in den Zellen der Pflanzen gefrierendes Wasser schädigt zudem stark und wird deshalb oft durch Anpassungen wie der Einlagerung von Frostschutzsubstanzen und kontrollierter Eisbildung verhindert.

Klimaangepasste Gestaltung und Bepflanzung

Neben der geografischen Lage sind vor allem die Exposition, das Gelände und die vorhandenen Kleinstrukturen eines Grundstückes verantwortlich für die vorherrschenden mikroklimatischen Standortbedingungen – die die Umwelt der Organismen bilden. Kaum ein Grundstück ist vollkommen homogen und je strukturierter es ist, desto mehr verschiedene Sektoren und Mikroklimazonen finden sich auf ihm. Diese im Garten zu kennen, ist essentiell für die Auswahl und Verortung der Permakulturelemente, denn es gibt gute, weniger gute und schlechte Standorte für Pflanzen, Tiere und Elemente.

Es sollen einerseits die vorhandenen Mikroklima-Bereiche genutzt werden, um dort passende Elemente zu platzieren, wie z.B. ein Kräuterbiotop an einem trockenen Südhang oder ein Pilzgarten in einem schattigen Winkel beim Haus oder bei einer Hecke. Außerdem können Strukturen bewusst eingesetzt werden, um die Bedingungen an bestimmten Stellen zu verändern. Wärmefallen und Wärmespeicher, die z.B. aus großen Steinen und Trockensteinmauern gestaltet sind, ermöglichen oder unterstützen das Wachstum wärmebedürftiger Kulturen. Windbarrieren haben großen Einfluss auf die Umgebungstemperatur und verringern die Verdunstung an Oberflächen. Insgesamt verändern und vermehren Permakulturelemente, wie Hügelbeet, Kräuterhügel, Trockensteinmauer, Obstgarten usw., die Mikroklimabereiche des Grundstückes und sollen auch bewusst dafür eingesetzt werden.

Standorte gewöhnt sind, haben einen guten natürlichen Sonnenschutz wie z.B. eine Behaarung oder eine verdunstungshemmende Wachsschicht auf der Blattoberfläche. Lichtveränderungen geben häufig das Signal für das Öffnen und Schließen von Blüten. Haben Pflanzen zu wenig Licht, wird die Photosynthese und in Folge auch das Wachstum gehemmt.

Katzen haben da immer ein gutes Gespür: Ein warmer Platz am Fuß der Mauer wurde für ein Schläfchen ausgewählt.

Nicht gleich loslegen, sondern erstmal entspannen und das Mikroklima spüren!

Nicht hasten,
sondern Mikroklima beobachten!

Patrick Whitefield stellt in seinem Buch „Was wir für die Erde tun können" die sogenannte 12-Monate-Regel der Permakulturgestaltung vor. Hier geht's darum, das zu gestaltende Grundstück möglichst gut kennenzulernen, indem über ein ganzes Jahr Beobachtungen zum Mikroklima gemacht werden. Es ist nur schwer möglich, sich ein Grundstück im Sommer vorzustellen, wenn man es im Winter kennenlernt und umgekehrt. Entscheidungen, die auf einem ersten Eindruck basieren, stellen sich oftmals als Fehler heraus, und es ist die Zeit wert, das Grundstück gerade bei größeren, aufwändigen Elementen eine längere Zeit zu beobachten, bevor dauerhafte Elemente an bestimmten Orten gebaut werden. Oft fällt das natürlich schwer, Geduld ist rar und der Tatendrang groß, aber es zahlt sich aus und es spricht nichts dagegen mit einjährigen Pflanzen und temporären Beeten zu starten, die uns zusätzliche Informationen für die Gestaltung der dauerhaften Strukturen geben können.

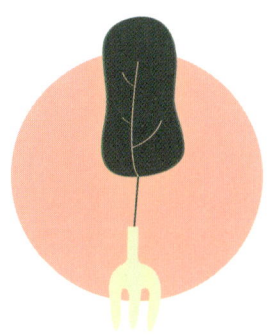

WECKE DIE PERMAKULTUR-LEIDENSCHAFT IN DIR:
DEIN GARTEN, DEIN ZUIIAUSE

Wohnen, was ist das? Kochen, essen, entspannen, Freizeit gemeinsam verbringen, spielen, feiern, schlafen ... noch was? Aufräumen, aufs Klo gehen, sich waschen ...
By the way: Das geht alles auch im Garten, denn Garten ist Lebensraum!
Außenküche mit Lehmofen, Naturspielplatz, Gartenwohn- und Schlafzimmer, Gartendusche und Kompostklo und rundherum ein Paradies voller Gemüse, Kräuter, Obstbäume, Beerensträucher, Wiesen, Teiche und Hängematten.
Man muss ja nicht gleich das ganze Jahr im Freien verbringen, aber für den Anfang ...
Hier drei Elemente für den Start ins Leben unter freiem Himmel!

Das Gartenwohnzimmer

Je nachdem, was du gern im Wohnzimmer tust, kannst du es ja vielleicht auch nach draußen verlagern? Eine Hängematte ist sowieso immer ein guter Start. Das Gartenwohnzimmer ist nicht unbedingt etwas, das gebaut werden muss, sondern passiert mehr im Kopf. Es geht ums bewusste Einfach-Draußen-Sein und einmal nicht um das Werkeln im Garten.

KLINGT DOCH GEMÜTLICH, IST ES AUCH!

Ob ein Frühstück draußen in der Morgensonne auf der Terrasse, Körperübungen auf dem Holzplateau unter dem großen Ahornbaum oder ein spannendes Buch in der schattigen Hängematte unterm Nussbaum im Hoch-

sommer – ein einfaches Regendach, eine überdachte Terrasse oder eine geschützte Sitzmauer verlängern die Gartenwohnzimmersaison in die Übergangszeiten und damit auch unsere Aufmerksamkeitsspanne für Dinge, die im Garten und in der Natur passieren.

Gärtnern – dabei geht es nicht darum, immer die Arbeit zu suchen – nicht immer muss etwas getan werden oder verlangt nach sofortiger Handlung.
Entspannt durchatmen und sehen, was der Garten an Lösungen parat hat – ein undichter Mini-Gartenteich wird zum sumpfigen Kraterbeet, in dem sich Rohrkolben wohlfühlen, am Fuß des umgestürzten Birnbaums wächst eine junge Kirschpflaume, der Salat in den Pflasterritzen bietet sich als Mittagssnack an und das Loch im Gartenwasserrohr erzeugt eine äußerst gut besuchte Gartendusche für die Laufententruppe. Letzteres muss zwar schleunigst repariert werden, aber wer schon mal Enten duschen gesehen hat, weiß, dass gerade dieses „Gebrechen" ein absolutes Highlight war.
Wer Lust auf Gestalten hat, schafft sich ein leicht erreich-

1 Grillen? Ja!

2 Frisörsalon mit Kreislaufwirtschaft: Haare sind Dünger für den Garten.

3 Vom Winde nicht verweht trocknet's am besten

4 Beamer aufgestellt, Leinwand ist die Hauswand – und wir in der ersten Reihe!

Draußen feiern!
Ein Lampenkunstwerk aus geflochtenen Weidenruten erhellt den nächtlichen Garten.

bares Gartenwohnzimmer mit Dingen, die dich ins Freie ziehen: eine Lagerfeuerstelle, eine vor Wind geschützte, wärmespeichernde Sitzmauer, ein Schlaf- und Yogaplateau, ein Freiluftkino mit Beamer zum Filmeschauen an der Hauswand.

Daneben ein paar Alltagsutensilien, eine Wäscheleine, bei Bedarf ein Sessel zum Haareschneiden mitten im Gras. Und weil Keratin bekanntlich ein guter Dünger ist, kann auch einfach alles bleiben, wo es hinfällt oder auch zum Komposthaufen wandern.

Und dann gibt's da noch die Garten- und Terrassenfeste. Und vielleicht eine Maus. „Wo ist die Maus?" – im Homeoffice im Garten …

Mal so richtig abhängen

Warum nicht den Schlafplatz nach draußen verlegen? Nirgends schläft es sich freier als in der Natur. Das geht am Wiesenboden, im Liegestuhl, in der Hängematte. Oder ganz luxuriös auf der Matratze auf der Terrasse, im Bett im Garten oder sogar in einem in den Bäumen aufgehängten Bettrahmen. Wie man's eben mag. Ein Moskitonetz macht's oft sogar noch gemütlicher!

… ach ja, und vielleicht die Sense mitnehmen! Wenn die Wiese damit einverstanden ist. Einfach nur, weil das Mähen im frühen Morgentau so gut geht und es so schön wach macht wie ein morgendlicher Sprung in den erfrischenden Schwimmteich.

Der Naturspielplatz

Die Möglichkeit zu haben, in der Natur spielen zu können – im Wald, auf der Wiese, am Bach –, ist eine schöne Sache. Warum sich also nicht den Naturspielplatz in den eigenen Garten holen? Man ist ja gern zuhause im Garten und wenn sich die Kinder dort auch wohlfühlen, was gibt's besseres?

SPIELEN IN UND MIT DER NATUR.

Daran denk ich gern zurück. Meine schönsten Spielplätze waren im Wald und am Bach. Hütten und Lagerplätze bauen, Wege erkunden, Nüsse, Zapfen und Steine sammeln ... Am Bach kleine Staudämme bauen, kleine Fische fangen und in die gebauten Becken einsetzen, Brücken über die Bäche bauen, schwimmen, von Bäumen ins Wasser springen ...

Wichtig waren die Infos, die wir zu den Orten bekommen haben: Welche Pflanzen, welche Tiere gibt's, wie leben die, wovon könnten wir leben, wenn wir hier wohnen würden...? Opa zeichnete uns mit schnellen Strichen die Waldtiere auf: Fuchs, Hase, Uhu ... und meist den Jäger mit der Büchse gleich dazu.

Es geht um Rollenspiele. Dafür sind Gärten, Wälder und Bäche ideal, weil sie so viele Möglichkeiten bieten, wie Essen besorgen, Verschiedenstes zubereiten, Medizin herstellen, Behausungen aus Ästen und diversen Fundstücken bauen, fangen spielen, sich verstecken, sich anschleichen, auf Bäume und Felsen klettern... Phantasie ist vielleicht der Schlüssel zum Glück, die Möglichkeit alles und jeder und jede zu sein, überall auf der Welt und außerhalb.

1 Gemeinsames Ernten.

2 Ein kleiner Teich zum Angeln.

3 Ein Haus braucht jeder.

EIN INTERVIEW MIT JUDITH LINDTNER
Begleiterin in der Waldkindergruppe des
Naturheilraumes St. Andrä Wördern

SD: Was ist das Besondere am Spielen in der Natur? Oder was ist besonders wertvoll daran?

JL: *Die Kreativität und Phantasie werden durch einfache Dinge angeregt – ein Stock kann alles sein: ein Flugzeug, ein Zauberstab, eine bestimmte Figur. Ohne vorgefertigte Spielzeuge ist man viel freier. Draußen in der Natur sein schult die Wahrnehmung. Wetter, Gerüche, Farben ändern sich. Wer regelmäßig an einem Ort spielt, kann eine innige Beziehung zu dem Ort aufbauen und ihn richtig kennenlernen wie auch einzelne Pflanzen, Tiere, Steine usw. Die Kinder entwickeln Sicherheit z.B. im Umgang mit den Jahreszeiten: Es ist kalt, also ziehen wir uns warm an. Beim Bäumeklettern müssen sie präsent sein, konzentriert und lernen Risiken einzuschätzen. Im Wald ist außerdem immer was los: ein Vogel oder ein Eichhörnchen kommt vorbei – da sind die Kinder immer sehr aufmerksam. Natürlich bewegen sie sich auch sehr viel, klettern, laufen und es gibt immer etwas zu suchen und zu sammeln.*

SD: Was spielen die Kinder gern in der Natur, was sind deine Beobachtungen?

JL: *Die größeren Kinder, so ab 4 bis 5 Jahren, machen schon gern ihr eigenes Ding: Sie spielen Rollenspiele, kochen, sammeln Obst und Beeren, bauen etwas. Dazu brauchen sie auch Werkzeuge; Sägen, Schaufeln und Rechen sind z.B. sehr beliebt. Besonders die älteren Kinder wollen sich auch gern zurückziehen. Sie brauchen Verstecke, wo sie ungestört sind. Erdgruben mit Lehm und Sand sind immer*

spannend, dort wird fleißig gegraben und nach verborgenen Dingen gesucht. Auch Bächlein bauen ist sehr beliebt, ein Regenwassertank, aus dem mit einem Hahn Wasser gezapft werden kann, ist dafür gut brauchbar. Wasser zum Spielen ist den Kindern sehr wichtig. Sie machen aber auch sehr gern gemeinsam mit den Erwachsenen etwas. Feuer machen und darüber kochen zum Beispiel. Oder ein eigenes Gärtchen anlegen, rechen, säen, pflanzen und zum Vorschein kommende Tiere beobachten.

Kleinere Kinder sammeln sehr viel und beobachten gern, z.B. Schneckenhäuser, Steine, Zapfen, Laub. Sie füllen Wasser in Behälter, füllen es immer wieder um und kochen etwas. Sie sammeln auch gern Nüsse, knacken und essen sie. Schaukeln, Baumhäuser und Verstecke sind für alle interessant.

SD: Wie schätzt du Gefahren wie offene Wasserstellen und giftige Pflanzen ein, vor allem auch wenn es um das Einrichten eines Naturspielplatzes im Garten geht?

JL: Bei Teichen ist Vorsicht geboten, sie müssen sicher abgezäunt werden und das Erkunden erfolgt dann gemeinsam mit einem Erwachsenen. Auch stark giftige Pflanzen, wie z.B. Eiben, Fingerhut, Herbstzeitlose, müssen unerreichbar für Kinder sein. Größere Kinder können lernen, dass es giftige Pflanzen gibt, die sie nicht essen dürfen und lernen sie zu erkennen. Besonders gut merken sie sich gefährliche Dinge, wenn diese mit einer Geschichte verbunden werden.

DER NATURSPIELPLATZ
IM EIGENEN GARTEN

Spielelemente für Kinder, die gut in den Garten integriert werden können, sind zum Beispiel Verstecke wie Gebüsche oder Weidenzelte, Kletterbäume, Schaukeln, Hängematten, Baumhäuser – darunter bietet sich auch ein trockener Unterstand an –, Erd- oder Sandgruben, eine Wasserentnahmestelle und Naschhecken zum Ernten von Beeren und Obst. Auch Baumstämme und -stümpfe können zum Balancieren und Ausschauhalten genutzt werden. Wichtig ist, dass es immer Dinge zum Sammeln gibt, egal ob Schneckenhäuser, Laub oder Äste, Moos, aber vor allem Früchte, Blätter und Samen. Praktische Werkzeuge können Kinder auch brauchen: kleine Schaufeln, Rechen, Gießkannen usw.

No WC, but CC

EIN KLO
mit Aussicht!

Die Komposttoilette macht's möglich! Der Weg ins Haus kann schon mal mühsam sein und irgendwie sinnlos, denn ist nicht alles eine Ressource? Moderne Komposttoiletten haben nicht ganz so viel zu tun mit dem guten alten Plumpsklo, weil sie je nach Lust und Laune gestaltet sein können, wenn es sein muss auch aussehen wie eine ganz „normale" Toilette. Auf die Aussicht würde ich aber nicht verzichten. Komposttoiletten funktionieren ohne Wasserspülung und verwandeln unsere Ausscheidungen in geschlossenen Behältern zusammen mit Stoffen wie Sägespänen, Holzasche, Stroh oder verkleinerten Kräuterstängeln in schwarzes Gold, das nach entsprechender Kompostierzeit auch wieder im Garten zum Einsatz kommen kann. Ein kleiner Wassertank zum Händewaschen und schon kann's losgehen. Vogelgezwitscher inklusive.

Ein Ofen aus Lehm, Sand und Stroh und einem Dach aus Recyclingmaterialien

Der Lehmofen

Ein ganz besonderes Gartenelement – und ein Projekt zum gemeinsam Planen, Bauen, Lehmstampfen, Feuermachen, Backen und Schmausen. Wie wäre es denn mit duftenden Pizzen, Aufläufen und Broten? Hier erfährst du, was alles dazugehört.

GARTENGOURMETS

Pizza mit knusprigem Boden, Sauerteigbrot, Ofenkartoffeln, Fladenbrot und Bratäpfel ... Um den Lehmofen scharen sich die Leute, wenn es anfängt zu duften, denn das Aroma und die knackigen Krusten von im Lehmofen gebackenen Speisen sind unübertroffen. Der Ofen und seine Umgebung sind Außenküche und Treffpunkt zugleich: Holz hacken, Feuer machen, nachheizen, Teig vorbereiten, die Glut kontrollieren ... Bis das Brot oder die Pizza im Ofen sind, vergeht Zeit – ausgiebig ausgekostete, gemeinsame Zeit nämlich. Oder aber auch eine entspannende Auszeit allein mit dem Feuer.

Lehm speichert Wärme über lange Zeit, ein einmal eingeheizter Ofen kann je nach Größe und Bauart bis zu viele Stunden Hitze speichern und eine ganze Abfolge von Köstlichkeiten ausbacken und zum Schluss mit der Resthitze auch noch dörren und trocknen.

LEHMOFEN-NETZWERKE

Beim Lehmofen trifft sich auch sonst so ziemlich alles, er ist ein richtiger Knotenpunkt im Beziehungsgeflecht des Permakulturgartens und seiner NutzerInnen. Da wäre etwa eine Verbindung zu unserem Lagerplatz mit eventuell brauchbaren Baumaterialien, zu den Orten, von denen wir den restlichen Bedarf beziehen und zur Lehmabbaustelle in der Nähe. Gemüse- und Kräuterbeete, Getreideäcker von Biolandwirtschaften usw. liefern die vielen möglichen schmackhaften Back- und Bratzutaten und ein Wäldchen oder ein nahe gelegener Holzverarbeitungs- oder Forstbetrieb das benötigte Brennholz. Gegessen wird im Gartenwohnzimmer, ein Ort, an dem Menschen zusammenkommen. Übrigbleiben tut da eher wenig, von einigen Brotkrumen für die Sperlingskolonie in der angrenzenden Wildsträucherhecke einmal abgesehen und den wenigen Gemüseputzresten, die auf dem Komposthaufen landen oder von den Laufenten oder Hühnern verzehrt werden.

1 Ein Gerüst aus Haselruten gibt die Form für die Lehmwände vor.

2 Lehmstampfen und -verarbeiten ist Arm-, Hand-, Finger-, Bein-, Fuß- und Zehenarbeit!

3 Über die Dämmschicht aus Stroh kommt Lehmputz.

4 Eine Tür aus Holz, innen mit Lehm verputzt, hält der Hitze eine Zeit lang stand, verkohlte Stellen sollten aber regelmäßig mit Lehm ausgebessert werden.

Und sollte es doch irgendwann einmal zu Ende gehen und der Ofen nicht mehr gebraucht werden, ist er aufgrund der eingesetzten Naturmaterialien, die alle wiederverwendet werden können, wieder einfach abzubauen. Ohne Dach würde er sich aber sowieso im Laufe der Zeit auflösen, bis irgendwann ein mit Wildpflanzen bewachsener Hügel übrigbleibt, an dessen ursprünglichen Zweck sich keiner mehr erinnert ...

EIN GEMEINSCHAFTSPROJEKT

Einen Lehmofen zu planen und zu bauen, geht am besten in Zusammenarbeit. Erfahrung, Zeit und Arbeitskraft müssen zusammenkommen, damit der Wunsch verwirklicht werden kann. Es ist sinnvoll, sich für Planung und Umsetzung jemanden ins Team zu holen, der Erfahrung hat und weiß, wie es geht. Für den Bau sind, je nach Größe des Vorhabens, motivierte HelferInnen gefragt. Gerade das Lehmstampfen (Vermischen und Verdichten von Lehm, Sand, Stroh und Wasser) macht in einer größeren Gruppe mehr Spaß und schont die Kräfte.

DER RICHTIGE ORT

Ein Lehmofen ist ein sozialer Ort. Je zentraler er liegt, desto öfter wird er auch genutzt. Er braucht genug Platz, vor allem auch um Teig und Zutaten in unmittelbarer Nähe vorbereiten und heiße Backwaren abstellen zu können. Besonders praktisch ist deshalb z.B. ein Ort angrenzend an das Haus, an die Küche, die Terrasse oder andere Sitzplätze.
Der Rauchabzug des Ofens wird so gelegt, dass der Rauch beim Anheizen nicht zur Fassade und zu den Fenstern zieht. Simple Brandschutzmaßnahmen wie eine befestigte, nicht brennbare Oberfläche vor der Ofentür, falls einmal ein Stück Glut herausfällt, und ein Sicherheitsabstand zu anderen brennbaren Materialien sind wichtig.

AUFBAU

Ein Ofen besteht meistens aus einem Fundament, dem Ofenraum mit einer mit Stroh gedämmten Lehmwand und Lehmputz, einem Rauchabzug, der Ofentür und einer regendichten Überdachung. Eine Arbeitsplatte, Ablageflächen für die Zubereitung und etwas Stauraum für Brennholz und Ofenzubehör gehören ebenfalls dazu. Die Gestaltung der einzelnen Bauteile kann ganz unterschiedlich sein und orientiert sich am Bedarf und an den vorhandenen Möglichkeiten. Die Größe des Ofenraumes richtet sich nach der Menge, die man gleichzeitig backen möchte. Der Lehmofen in unserem Gemeinschaftswohnprojekt hat z.B. innen die Größe von gut 2 durchschnittlichen Backblechen und einen Außendurchmesser von ca. 1,2 m.

MATERIALFRAGEN

Erste Zutat: Lehm – entweder vom eigenen Grundstück oder von Baugruben und Baustellen von Bekannten oder auch bei Spezialfirmen gekauft. Letzteres hat den Vorteil, dass dieser Lehm schon für die Verarbeitung aufbereitet ist, das heißt, befreit von Steinen und Wurzeln. Der Lehm wird für den Aufbau des Ofenraumes je nach seiner Ausgangszusammensetzung mit Sand, Stroh und Wasser gemischt und gut gestampft, bevor er bereit zum Verbauen ist.

Das Fundament kann z.B. mit Klinkerziegeln oder Steinen aufgemauert werden, oder man hat das Glück eine bestehende, befestigte Geländestufe nutzen zu können. Der Boden des Ofenraumes wird meist mit Schamottsteinen, künstlich hergestellten, hitzespeichernden Steinen, ausgelegt. Als Abzug eignet sich ein gebrauchtes Ofenrohr, es kann aber auch ein Kamin aus Lehm aufgemauert werden. Die Größe des Ofenrohres in Kombination mit der Lage und Länge des Abzuges spielt eine Rolle für die Leistung des Ofens, diese Größen sollten deshalb gut mit einer Fachkraft geplant werden. Die Ofentür kann z.B. aus Schmiedeeisen oder auch aus einer mit Lehm verkleideten Holztür bestehen – letztere ist aber nur begrenzt feuerfest und muss gegebenenfalls öfter erneuert werden.
Da ein Lehmofen nicht wasserfest ist, der getrocknete Lehm sich also einfach mit der Zeit wieder auflösen würde, braucht ein Lehmofen ein Dach, das ihn nicht nur vor Regen von oben, sondern mit etwas Überstand auch vor seitlichem Schlagregen schützt.

FERTIG, FEUER, LOS!

Vor dem ersten richtigen Backeinsatz ist es vorteilhaft, wenn der Lehmofen bereits gut ausgetrocknet ist, da es bei einer zu kurzen Trocknung zu größeren Rissen kommen kann. Der finale Trocknungsprozess kann aber durch das regelmäßige Anfeuern mit wenig Holz beschleunigt werden. Damit die Trocknung, die insgesamt viele Wochen dauern kann, gut voranschreitet, ist es zu empfehlen den Ofen in der warmen Jahreszeit zu bauen – Lehm stampfen im Winter ist ja sowieso eher unattraktiv.

ABER JETZT

Es ist soweit, der Lehmofen wird angeworfen! Der Ofenraum wird von der Asche des letzten Feuers befreit und ein neues Feuer wird angezündet. Langsames Anheizen, damit der Ofenraum sich nicht zu schnell erhitzt, ist die

1 Es raucht noch, also noch nicht bereit zum Backen!
2 Das Sauerteigbrot beim Aufgehen.

Kunst. Nach einiger Zeit kann aber bereits ordentlich nachgelegt werden, da ja einerseits gute Glut entstehen, die Hitze aber auch auf die Lehmwände übergehen soll. Die Ofentür wird erst ganz geschlossen, wenn das Feuer heruntergebrannt ist. So ein Lehmofen kann je nach Größe einiges an Holz verbrauchen. Ist der Ofenraum gut gedämmt, hält die Hitze aber über viele Stunden und kann zum Backen, Garen, Braten, Kochen, Dörren, Trocken genutzt werden.

Besonders faszinierend für mich ist der Dämmeffekt einer Strohdämmung: Die insgesamt ca. 20 cm starke Ofenwand unseres Lehmofens enthält eine ca. 10 cm starke Stroh-Lehm-Dämmung, also eine Schicht, die aus mit Lehmschlämme zusammengehaltenem Stroh gemacht wurde. Auch wenn die Ofeninnentemperatur an die 300 °C beträgt, ist die Ofenaußenseite noch immer kalt, und im Winter liegt darauf sogar manchmal etwas verwehter Schnee …

Nach einiger Zeit, ca. 1 bis 3 Stunden der Befeuerung, ist das Holz abgebrannt und es hat sich eine schöne Glut gebildet. Die Glut wird dann noch hinten geschoben, der Ofenboden mit dem Hudelwisch oder einem Schaber von Asche befreit und die Temperatur kontrolliert. Mit etwas eingestreutem Mehl kann erkannt werden, ob der Ofen zu heiß ist (das Mehl wird sofort braun), ein Ofenthermometer gibt noch eindeutigere Infos – mit der Zeit hat man das aber auch im „Gefühl". Passt die Temperatur, wird die vorbereitete Backware mit einem Schieber in den Ofen gegeben und die Tür geschlossen. Meist geht's dann sehr schnell – Pizza einmal drehen und fertig, Mahlzeit!

FÜR DIE EWIGKEIT

Durch die Trocknung nach dem Bau und durch die Eigenschaft von Lehm Feuchtigkeit aufzunehmen und wieder abzugeben, ist es allerdings normal, dass im Laufe der Zeit kleinere Risse in der Außenhaut entstehen. Diese sollten von Zeit zu Zeit mit Lehm ausgebessert werden. Dabei wird auch der Ofeninnenraum, die Übergangsstelle zur Ofentür und zum Abzugrohr überprüft, um eventuell abgebröckelte Stellen auszubessern.

Einfach verwenden, was im Garten da ist, und daraus eine Fülle machen.

Frühstück, Mittagessen, Abendessen – der „VOSEN"
kann alles sein!

Der sogenannte „Vosen" – ein Rezept für eine vormittägliche Jause aus dem Burgenland – war ursprünglich für alle gedacht, die sich nach der frühmorgendlichen Stallarbeit stärken wollten. Aber auch ohne Stall und an allen anderen Tageszeiten ist Vosen angebracht, wenn man sich nach einer anstrengenden körperlichen Betätigung mal so richtig etwas gönnen will. Wie geht's? Einen einfachen, ungesüßten Hefeteig zubereiten, nach dem Aufgehen wie Pizzateig auf einem erhöhten Backblech ausbreiten, mit einer Fülle aus Weißkohl oder Quark mit Garten- & Wildkräutern ca. 2 cm hoch bedecken und eine Decke aus Hefeteig darüberlegen. Anschließend mit der Gabel alle paar Zentimeter einstechen und wer's mag, mit Butter und Kümmel bestreuen. Dann ab in den Lehmofen, bei 200 bis 250 °C ca. 30 Minuten backen. Je nachdem wie die Hitzeverteilung im Ofen aussieht, kann der Vosen auch mal gedreht werden müssen. Wie isst man's? Heiß und frisch oder auch in Rauten geschnitten als Jause für unterwegs! Einfach köstlich.

VIELFALT IST DAS A & O.

Vielfalt setzt unseren Verstand ein bisschen außer Kraft. Lauter unterschiedliche Faktoren, die sich auf verschiedene Arten beeinflussen – einfach zu kompliziert, um auf den ersten Blick zu sehen, was passiert: Wer, was, wann, warum, mit wem und wo tut und was die anderen dazu sagen und was dann passiert und warum ... In der Praxis wird deshalb oft auf Vereinfachung gesetzt, um Entwicklungen möglichst gut steuern zu können. Eine Pflanzenart, ein paar Chemikalien, viele Bearbeitungsschritte und ja kein Insekt oder sonst wer, der irgendwo dazwischenfunkt. Aber kann das klappen?

BIODIVERSITÄT!

Vielfalt auf allen Ebenen
Biodiversität beschreibt die Vielfalt an Arten einschließlich ihrer genetischen Variabilität, an funktionellen Gruppen, auch Gilden genannt – also Gruppen von Organismen, die eine bestimmte Funktion erfüllen – sowie an Lebensgemeinschaften einschließlich ihrer Lebensräume.

Vielfalt ist vielschichtig, weil sie Lebewesen an unterschiedlichen Positionen im Nahrungsnetz verbindet, und vielgestaltig, weil sie ganz unterschiedlich aussehen kann – vom tropischen Regenwald zur Magerwiese, vom Boden-Mikrokosmos zum Mischkultur-Acker, von der heterogenen Kulturlandschaft zum Stadtökosystem.

Strukturreichtum, funktionelle Gruppen und ökologische Nischen

Große Artenvielfalt in einem Gebiet gibt es vor allem dann, wenn Ressourcen wie Wasser, Licht und Nährstoffe durch den Strukturreichtum des Gebietes heterogen verfügbar sind. Struktur entsteht z.B. durch Geländeformen, die die Ressourcenverteilung beeinflussen und schließlich eine bestimmte Vegetationsstruktur begünstigen.

Zu funktionellen Gruppen (Gilden) werden Arten zusammengefasst, die in einem Ökosystem eine bestimmte Ressource – meist Nahrung – ähnlich nutzen. Das können beispielsweise die Stickstofffixierer auf einer Wiese, die waldbildenden Baumarten eines Gebietes oder die insektenfressenden Vogelarten im Bergfichtenwald sein. Konkurrenz innerhalb von Gilden lässt sich zusätzlich verringern, wenn die einzelnen Arten die vorhandenen Ressourcen unterschiedlich nutzen, sich also durch wechselseitige Interaktionen zwischen den Organismen und ihrer Umwelt unterschiedliche ökologische Nischen bilden.

1 Naturnahe Gärten beherbergen hohe Biodiversität.
2 Obst, Gemüse, Kräuter ... die Ernte birgt jedes Jahr auch Überraschungen.

Die Vielfalt in unserem Garten ...

Wir bemerken und schätzen den Wert der Vielfalt in unserem Garten zuallererst einmal durch die vielfältigen Ernten, die sie uns ermöglicht. Gemüse, Kräuter, Obst, Beeren, Wild- und Gartenblumen, Pilze – das werden ganz schnell dutzende, hunderte Arten und Sorten, die wir ernten, verarbeiten oder von denen wir Samen gewinnen. Einerseits haben wir davon eine Risikominimierung: Es gibt immer eine Ernte, denn etwas wächst immer gut, während etwas anderes mit den momentanen Bedingungen nicht so gut umgehen kann – da geht's um Trockenheit, sehr feuchte Bedingungen, unerwünschte Organismen usw.

Andererseits können wir eine Fülle an Beobachtungen machen, wie z.B. unter welchen Bedingungen, in welchen Kombinationen Pflanzen oder Sorten gut gedeihen. Durch die Beobachtung können wir viel über die Komplexität unseres Systems erfahren, auch wenn wir nicht wissen, warum sich etwas genau so und nicht anders verhalten hat. Diese Beobachtungen und Interpretationen sind neben dem Austausch mit anderen GärtnerInnen und LandwirtInnen die Basis für unsere weiteren Entscheidungen.

Insgesamt denke ich, dass die Vielfalt an Pflanzenarten, aber auch an Kleinstrukturen und Lebensräumen und die naturnahe biologische Bewirtschaftung eine Pufferwirkung auf dieses Stück Land ausüben. Trockenperioden, Hitze, Starkniederschläge werden durch die Mulchschicht, die dauerhaften Strukturen und die Mischkulturen abgemildert. Der artenreiche Bestand bildet so etwas wie ein souveränes Team, das den Boden vor Erosion und Austrocknung schützt und das Wasser im System hält. Trockene oder feuchte Jahre verändern zwar die Zusammensetzung unserer Ernten, vermindern sie aber nicht.

BIODIVERSITÄT UND KLIMAWANDEL:
WAS SAGT DIE WISSENSCHAFT DAZU?

In einem Gespräch mit dem Wissenschaftler Dr. Florian Hofhansl, der sich am Internationalen Institut für Angewandte Systemanalyse (IIASA) in Laxenburg bei Wien unter anderem mit Modellen zu den Auswirkungen des Klimawandels auf Ökosysteme beschäftigt, wollte ich wissen, welche Rolle der Biodiversität hinsichtlich bevorstehender Klimaänderungen zugesprochen wird:

SD: Was bringt uns Biodiversität in Bezug auf die Stabilität von Ökosystemen in Anbetracht des Klimawandels?
FH: Das Konzept der ökologischen Versicherungshypothese besagt, dass eine erhöhte Biodiversität und die damit verbundene genetische Variabilität sich stabilisierend auf Ökosystemprozesse auswirken, da mit einer höheren Artenzahl die Wahrscheinlichkeit steigt, dass mehrere Arten vorkommen, die eine ähnliche ökologische Funktion ausüben können, sich jedoch in ihrer Umwelttoleranz unterscheiden. Größere Artenvielfalt in einem System erhöht daher die Bandbreite an möglichen Reaktionen, wenn es zu einer Veränderung von Umweltbedingungen kommt. Biodiversität kann laut diesem Konzept als Versicherung gesehen werden, dass bestimmte Ökosystemleistungen auch dann erfüllt werden, wenn einzelne Arten der Gilde verschwinden, weil sie mit den veränderten Bedingungen nicht zurechtkommen. „Klimawandeltaugliche" Systeme, z.B. land- oder forstwirtschaftliche, sollten demnach aus möglichst artenvielfältigen Gilden bestehen, um eine stabile Ökosystemfunktion zu gewährleisten.

Referenzen
A. Pocheville (2015): The Ecological Niche: History and Recent Controversies. In: Thomas Heams u.a. (Hrsg.): Handbook of Evolutionary Thinking in the Sciences. Springer, Dordrecht, S. 547–586.
S. P. Hubbell (2001): The Unified Neutral Theory of Biodiversity and Biogeography. Princeton University Press, Princeton, NJ, S. 375 ff.
G. E. Hutchinson (1957): Concluding remarks. In: Cold Spring Harbor Symposium on Quantitative Biology. 22, 415–427.
Shigeo Yachi and Michel Loreau (1999): Biodiversity and ecosystem productivity in a fluctuating environment: The insurance hypothesis. Proceedings of the National Academy of Science USA 96: 1463–1468.

Ein kleiner Teich für Frösche, Kröten, Wasserpflanzen und als Plätzchen zum Verweilen

Was mir nicht passieren hätte sollen ...

Als die Laufente den Frosch gefressen hat und der Fuchs die Laufente ...

In freier Wildbahn mag das ja so funktionieren, aber unser kleines Permakultursystem bietet nicht genug Platz für eine sich selbst stabilisierende Entenpopulation, wenn es in unmittelbarer Nähe auch Füchse gibt. Und auch der Gartenteich ist entweder mit Enten und dann frei von Fröschen oder entenfrei und voller Kaulquappen und Teichpflanzen. Da kommt die räumliche Grenze der Selbstregulierungsfähigkeit des Systems ins Spiel, es ist einfach doch zu klein.

Damit das Zusammenleben aber weiterhin klappt, versuchten wir Grenzen zu ziehen, die zu einer Veränderung der Nahrungsgewohnheiten unserer Laufenten und der benachbarten Fuchspopulation führten. Der Gartenteich wurde durch eine Umzäunung zur laufentenfreien Zone mit direktem Zugang zu Hecke, Wiese und Wald – Amphibien können so ungestört wandern. Ein eigener Ententeich befindet sich nun im und um den Gemüse- und Obstbereich, in dem die Laufenten genug Nahrung wie Schnecken, Würmer und Grassamen finden.

Und die Füchse? Bleiben dank doppeltem Zaun draußen auf der Streuobstwiese und im Wald, wo sie aufgrund einer naturnahen, pestizidfreien Bewirtschaftung genügend Futter finden.

231

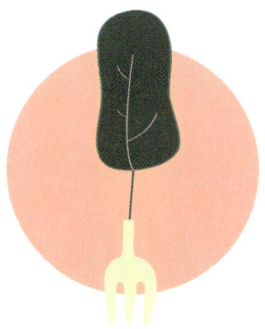

WECKE DIE PERMAKULTUR-LEIDENSCHAFT IN DIR:
WILD SEIN.

~~~~~~~~~~~~~~~~

Die Wildniszone ist fixer Bestandteil jedes Permakulturgartens und Balkons. Als 5. und letzte Zone des Grundstücks ist sie der Raum, der der Natur allein gehört. Anfangs sind wir vielleicht noch in die Gestaltung involviert, solange wenige Strukturen vorhanden sind, aber danach überlassen wir der Natur diesen Platz zur spontanen Weiterentwicklung und sehen zu und staunen. Wie du Wildniszonen am Balkon und im Garten anlegen und erhalten kannst, erfährst du hier.

Der Wasserhaushalt in Wildnisgebieten ist beeindruckend und uns ein Vorbild.

Wir brauchen mehr Wildnisgebiete und –zonen!

Wir leben in Kulturlandschaften: durch Besiedelung, land- und forstwirtschaftliche Bewirtschaftung, Energiegewinnung, Industrie und Transport geformte Landschaften. Je nach Gebiet und Nutzungsintensität sind Kulturlandschaften manchmal noch kleinstrukturiert und vielfältig, meist dann, wenn sie von kleineren Landwirtschaften und Siedlungen in hügeligen und bergigen Gebieten mit relativ naturnahen Hecken und Gewässern geprägt sind. Viele Kulturlandschaften, vor allem in den Ebenen, sind allerdings monoton und ausgeräumt, bieten SpaziergängerInnen wenig zu sehen, der Natur kaum langfristig besiedelbare Räume und sind teilweise sogar aufgrund achtlosem Gebrauch und Verschmutzung bis zur Unkenntlichkeit verändert und ihrer naturräumlichen Funktionalität enthoben. Diese können ihre Wasser- und Nährstoffkreisläufe nicht mehr selbst

regulieren und sind extrem verwundbar gegenüber Trockenheit, Hochwasser, unerwünschten Organismen und anderen sogenannten „Naturkatastrophen".

Effizienter und produktiver auf kleineren Flächen zu leben und zu wirtschaften, dafür Raum für mehr Wildnisbereiche zu gewinnen, die die Natur so dringend braucht, um sich zu erholen und sich zu regenerieren, hilft deshalb nicht nur Wildtieren und -pflanzen, sondern schützt vor allem auch unseren gemeinsamen gegenwärtigen und zukünftigen Lebensraum.

Wenn es um die sogenannte Wildnis im Garten geht, eckt man sehr schnell an, da ist noch viel Aufklärung und vor allem auch die Auflockerung biedermeierlicher Gartenspielregeln nötig. Da werden sogar schon Blumen in Rasenflächen und hoch wachsende Wiesen und im Winter ungeschnittene Staudenbeete verwildert bis verwahrlost genannt. Dabei können schon diese und andere einfache Elemente einen wertvollen Beitrag zu einer heilenden Vielfalt leisten – und tun niemandem weh. Überlassen wir Nützlingen Lebensräume, Nahrung und

1 Wenn der Natur Strukturen zur Wiederbesiedelung überlassen werden, werden viele ungenutzte Ressourcen oft erst offensichtlich. Hier z.B. Bodenbildung in Felsspalten und Baumstümpfen

2 Sonnige Waldsäume mit Wildsträuchern sind wertvolle Elemente der Wildniszone.

Überwinterungsorte, so halten sie unerwünschte Mitesser in Schach. Beziehen wir natürliche Wasserrückhaltestrukturen in die Gestaltung mit ein, wird unser Grundstück von Trockenperioden weniger bedrängt als das „ordentliche" Nachbarsgrundstück. Es ist ein Zusammenspiel vieler Kräfte, die zu langlebigen, widerstandskräftigen Systemen führen, und die Natur bietet viele Lösungsvorschläge, die wir uns zu Nutze machen können.

Und deshalb: Kein Permakulturgarten oder -balkon ohne Wildniszone!

Permakulturgärten sind an sich schon sehr naturnah und bieten Lebensraum für Wildtiere und -pflanzen. Gartenelemente werden immer auch unter dem Blickwinkel geplant und gestaltet, dass sie viele Funktionen erfüllen und vor allem auch die Vielfalt fördern. Der Gestaltungsgrundsatz #8 „Konzentriere dich auf klei-

ne Flächen, nutze sie möglichst intelligent und gib der Natur Raum zurück" fokussiert auf die Effizienz unserer Flächennutzung – im Großen wie im Kleinen. Die Fragen, was wir genau brauchen und wie Flächen Mehrfachnutzungen dienen können, werden oft viel zu selten gestellt.

Durch effiziente Flächennutzung können wir im Permakulturgarten noch einen Schritt weiter gehen und die sogenannte Zone 5 einführen: eine von uns gar nicht mehr genutzte Wildniszone. Ein Bereich also, der in unseren Siedlungsräumen immer seltener wird und deshalb für die Natur besonders wertvoll ist. Die Wildniszone soll ca. 1/5 der Gartenfläche einnehmen, und du wirst sehen, mit gekonnter Planung und Gestaltung ist das gut zu schaffen.

Aber wie kommst du nun zu einer Wildniszone? Wildniszonen im Permakulturgarten sind einerseits bereits vorhandene, naturnahe Biotope, besiedelt und genutzt von Wildpflanzen und -tieren, die wir der Natur überlassen und nicht mehr nutzen und betreten. Dazu ist es wichtig zu beobachten und zu erkennen, was bereits da ist. Bei Grundstücken, die solche Elemente nicht zu bieten haben, was vor allem in neu gebauten Siedlungen sehr häufig ist, müssen wir nachhelfen und Orte und Strukturen schaffen, die dann von der Natur zurückerobert werden können.

> **Letztendlich erkennt die Permakultur aber vor allem den Eigenwert jedes Lebewesens und Lebensraumes an. Die Natur, die natürlichen Lebensräume der Erde haben genau das gleiche Recht zu existieren wie alle Lebewesen, die sich diese Lebensräume teilen.**

Wertvolle oder als Vorbild dienende Lebensräume, die sich gut als Wildniszonen eignen, sind

» sonnige Bereiche mit Böschungen, Steinschichtungen, stehendem oder liegendem Totholz

» offene Sand- und Lehmflächen

» Feuchtlebensräume wie Kleingewässer und Moore

» von heimischen Gehölzen bewachsene Flächen wie Gebüsche, Wildsträucherhecken, Wäldchen und Waldsäume

Um vorhandene und auch neu angelegte Wildniszonen dauerhaft zu schützen, ist Kommunikation wichtig. Mähen, abholzen, neue Bepflanzungen oder Gestaltungen und Picknickplätze anlegen oder gar „aufräumen" ist nicht erwünscht. Angrenzende Sitzplätze und Aussichtspunkte als Beobachtungsorte sind hingegen eine gute Idee, um der Vielfalt ein bisschen hinter die Kulissen zu schauen.

Ein selbst gezimmerter Holztrog mit Blumen und Kräutern

FREE YOUR PLANTS TEIL 1: die Wildniszone am Balkon!

Balkon-Wildniszone klingt komisch für dich? Sie ist zwar selten anzutreffen, aber durchaus sinnvoll und voller Abenteuer. Man weiß ja nie, was herauskommt. Welche Möglichkeiten es beispielsweise für den Balkon gibt und wie du sie umsetzt, kannst du hier nachlesen.

MARKENZEICHEN: BALKONWILDNIS

Schon klar – am Balkon ist der Platz vielleicht sehr rar und die Überlassung eines kleinen Bereiches an die

1 Ein „wilder" Trog mit Wildtulpen, Seifenkraut, Schafgarbe und Ehrenpreis.

2 Totholz, das bei einem Spaziergang in der Natur gesammelt wurde, eignet sich z.B. zum Gestalten der Balkon-Wildniszone

Wildnis fällt schwer und erscheint vielleicht eher lächerlich, noch dazu, wenn du selbst so viele Ideen für deinen Balkon hast. Aber gerade inselartige, kleinere und größere Nützlingsbiotope in Städten sind besonders wertvoll – vor allem für Insekten und je nach Nutzungshäufigkeit deines Balkons vielleicht auch für Vögel und Fledermäuse.

WIE KÖNNTE SIE AUSSEHEN, DIE BALKON-WILDNISZONE, UND WAS BRAUCHT SIE?

An einem sonnigen bis halbschattigen Standort z.B. ein oder mehrere größere Tröge, mit magerer Erd-Sand-Stein(oder Ziegelbruch)-Mischung befüllt, versehen mit besiedelbaren Elementen, die sich auch an eine angrenzende Hauswand anlehnen können, z.B. mit schön geformten Ästen und Totholz, mit Steinschichtungen und/oder einer aus Schilf und Heu geflochtenen, mit Lehm verputzten kleinen Wand. Bepflanzt werden die Tröge mit unterschiedlichen Wildblumen wie z.B. Schafgarbe, Johanniskraut, Quendel und eventuell auch

Magerwiesengräsern. Auch ein Trog mit einem kleinen Gebüsch ist wertvoll, dazu eignen sich z.B. Weiden, Hartriegel, Weißdorn, Schlehdorn, Hecken-Rosen usw. Die unterschiedlichen Naturmaterialien wie Holz, Stein, Sand, Lehm sowie die Blüten bieten Insekten Unterschlupf, Baumaterial, Brutplätze und Nahrung. Es ist spannend zu beobachten, wie die Anzahl der Insekten mit der Zeit und übers Jahr fällt und steigt. Die Balkonwildnis darf sich selbst so weiter entwickeln, wie sie möchte. Nur das „kleine" Gebüsch im Trog, wird geschnitten, wenn es dann doch für den Balkon zu groß wird.

Achtung bei der verwendeten Erde: Sie sollte keinen Kompost enthalten und tatsächlich nährstoffarm sein. Sinnvoll ergänzen lässt sich die Balkonwildnis mit Nisthilfen für Wildbienen, Miniteichen und bei nicht stark genutzten Balkonen auch durch Fledermauskästen und Nistkästen für Vögel. An schattigen bis halbschattigen Standorten kann es gut funktionieren sich an Wald-Unterwuchs-Arten zu orientieren. Eine Mischkultur aus Bärlauch, Zyklamen, Moosen und Waldgräsern, gepflanzt in eine Mischung aus Erde, Steinen und schonend entnommenem Waldboden, mit bemoosten Steinen, Totholz und einer Mulchschicht aus Laub schafft eine Mini-Waldboden-Wildniszone.

DIE WILDNISZONE HAT BEZIEHUNGEN.

Und weil am Balkon ja nur selten schon etwas Derartiges vorhanden ist, braucht sie naturnahe Gärten und manchmal auch Wegränder, Wiesen und Wälder, die Saatgut, einige Pflanzen und Naturmaterialien spenden können. Aber Achtung: Geschützte Pflanzen dürfen nicht ausgegraben werden!

Wasser braucht die Balkon-Wildniszone genauso wie alle anderen Lebensräume, je nach Bedarf und Lage. Bei überdachten Balkonen muss regelmäßig gegossen werden, ansonsten nur wenn das Substrat stark austrocknet ist. Tröge mit Abflusslöchern und Drainageschicht sind hier genauso wichtig wie beim Topf-Kräutergarten und Balkon-Gemüsebeet.

Die Wildniszone in unserem gemeinschaftlich genutzten Garten besteht unter anderem aus einem großen, alten Feldahorn, einem Wildsträuchersaum und einer sonnigen Brache mit hohen Gräsern, Kräutern und kleinen Sträuchern wie Schlehen.

FREE YOUR PLANTS TEIL 2: die Wildniszone im Garten!

Die Wildniszone ist ein Markenzeichen des Permakulturgartens. Aber bevor du „wild" anfängst zu gestalten, schau nach, was dein Garten bereits an Strukturen und Lebensräumen zu bieten hat, die dir als Ausgangspunkt dienen können. Welche Biotope besonders wertvoll sind, wie eine Wildniszone angelegt werden kann und welchen Nutzen sie bringt, erfährst du hier.

IST DA JEMAND?

Bei der Zonierung, die ein wesentlicher Schritt im Laufe der permakulturellen Grundstücksplanung ist, wird ein Teil des zukünftigen Gartens zur Wildniszone erklärt. Davor gilt es aber noch diverse Information zu sammeln. Die Ortsanalyse und Grundstücksbegehung dokumentieren bereits vorhandene Pflanzen, Tiere und Lebensräume sowie Geländeformen, Lichtverhältnisse und vorhandene (Klein-)Strukturen. Der Blick in die Umgebung des Grundstücks zeigt seinen Wert für die Natur (Sind die hier vorkommenden Arten und Biotope in der Umgebung bereits selten?) bzw. gibt Informationen über Lebensräume, die in der Umgebung fehlen, obwohl sie naturräumlich gut dazu passen würden oder früher vorhanden waren. Klingt eigenartig, aber ja, es gibt Gegenden ohne große Bäume, Wäldchen, Hecken, Kleingewässer, ohne Verstecke für Kleintiere, ohne Blüten für Insekten und ohne Früchte und Verstecke für Vögel. Hier ist dein Auftrag klar: Ist etwas davon auf deinem Grundstück vorhanden, so sollte es unbedingt erhalten werden. Und wenn nichts davon da ist, dann kannst du in deinem Garten den Grundstein für die Wiederbesiedelung legen.

Vorhandene Kleinstrukturen wie z.B. Wildsträucher können aber auch ein guter Anfangspunkt für eine neu entstehende Wildniszone sein.

Gehen wir hier beispielhaft davon aus, dass du in deinem Garten keine bereits bestehende, schützenswerte Wildniszone gefunden hast, sondern die Basis für eine Wildnis schaffen möchtest.

DEN RICHTIGEN ORT AUSWÄHLEN

Wildniszonen sind im Idealfall möglichst weit weg vom Haus, den üblichen Wegen und Aufenthaltsorten, damit Tiere dort ungestört sind und wir mit Schaufel und Rechen nicht wie magisch angezogen werden. Mikroklimatisch gesehen sind sonnige, trockene Bereiche etwas günstiger als feuchte, schattige, weil sie sich meist zu diverseren Lebensräumen entwickeln. Eine Verzahnung aus trockenen, feuchten, sonnigen und schattigen Bedingungen wäre natürlich ideal, um eine besonders große Vielfalt zu ermöglichen.

Auf jeden Fall ein erhaltenswertes Element im Garten: stehendes Totholz als Teil der Wildniszone oder als Insel-Biotop mitten im Gemüsegarten

WIR ZIEHEN EIN

Es geht nun darum, Strukturen aufzubauen und auch einzelne Pflanzen zu setzen, die für die kommende Spontanbesiedelung attraktiv sind, wie Steinschichtungen, liegendes und stehendes Totholz, Sandflächen, Lehmgruben, Böschungen, vertiefte Stellen, in denen bei Regen Wasser stehen bleibt, und einzelne heimische Gehölze, die z.B. im Halbkreis oder entlang von Kleinstrukturen gesetzt werden, sodass sie zukünftig als Sonnenfalle und Windschutz dienen.

Der Boden sollte eher mager sein, auf keinen Fall darf er mit Kompost angereichert werden, da sonst wenige Arten wie z.B. Gräser sehr dominant werden würden.

Die Besiedelung erfolgt dann Schritt für Schritt und je nachdem, welche Arten in der Umgebung zu finden sind, welche Samen von Vögeln mitgebracht werden und welche der Wind heranträgt. Die Sukzession wird dem Ort Jahr um Jahr ein anderes Aussehen geben und unterschiedliche Pflanzen- und Tierarten werden sich hier wohlfühlen – ein spannender Prozess.

HÄNDE WEG

Pflege wie Bewässerung und Rückschnitt ist auf dieser Fläche nicht nötig und nicht erwünscht.

Wildniszonen sind Trittsteine in der Landschaft, die Wildtieren und auch Pflanzen das Wandern ermöglichen. Auch im Garten können ausgehend von der Wildniszone Korridore in hausnähere Gartenbereiche oder in Richtung benachbarter naturnaher Biotope geschaffen werden, z.B. durch Hecken oder Trockensteinmauern.

Angrenzend an die Wildniszone befindet sich bei uns eine magere, artenreiche Wiese und einige Beete mit Kräutern und Obst, die fast wie die „Wilden" leben dürfen.

Ein Blick in den Gartendschungel verrät, dass auch in kultivierten Gartenbereichen eine gewisse Wildheit erwünscht ist.

240

LOCKER BLEIBEN!

Eine Wildniszone nimmt dir nicht nutzbare Gartenfläche weg, sondern schenkt dir Zeit und Freiheit für Entspannung und Naturbeobachtungen. Etwas, was dein Garten gut kann und wodurch er auch eine besonders wichtige Aufgabe in der heutigen Zeit übernimmt, ist dir den Stress zu nehmen, Gelassenheit aufkommen zu lassen, die Blickrichtung auf das Jetzt zu lenken: einfach da sein und in die Luft schauen oder auf das rege Treiben in der Apfelbaumkrone, auf die herbstlichen Blätter, die langsam zu Boden fallen, und in die Wolken, die auf der Teichoberfläche gespiegelt dahinziehen. Deine Nachbar-Innen, die vielleicht immer noch wöchentlich Rasenmähen, Sträucher zurückschneiden und „Unkraut" jäten, kannst du zwar auch beobachten, wenn du möchtest, musst du aber nicht.

Gärtnern in und mit der Natur: Überraschungsgäste

Nicht immer läuft alles nach Plan. Im Garten und in der Landschaft gibt's oft Überraschungen, wenn Pflanzen und Tiere sich neue Lebensräume erschließen, ungenutzte Ressourcen entdecken und sich in neu zusammengefundenen Lebensgemeinschaften arrangieren.

Beikräuter
an den Tisch!

NICHT ALLES, WAS IN DEINEM GARTEN WÄCHST, WAR SO VON DIR GEPLANT?

Wenn ja, dann super, danke – denn nur wenn die Gartenpflanzen und pflanzlichen Besucher bei ihrer Lebensraumgestaltung auch etwas mitzumischen haben, bist du auf dem Weg zur/m PermakulturgärtnerIn. Dass es viele sich selbst aussäende Gartenpflanzen gibt, wissen wir bereits und wissen ihren Beitrag auch zu schätzen. Aber was ist mit all jenen, die man selbst niemals gepflanzt hat, die blitzschnell Lücken auffüllen und dir vielleicht nicht einmal bekannt sind? Diese Überraschungsgäste nennen wir Beikräuter!

RESSOURCEN ZU VERGEBEN?

Das Aufkommen von Beikräutern, im allgemeinen Sprachgebrauch auch achtlos „Unkräuter" genannt, lässt sich durch den Prozess der Sukzession erklären.
Sukzession beschreibt eine Abfolge unterschiedlicher Pflanzengesellschaften, die sich im Laufe der Zeit auf einem Standort entwickeln. Zum Beispiel würde sich eine nicht mehr gepflegte Rasenfläche (kein Schnitt, keine Düngung) meist innerhalb einiger Jahre zu einem jungen Wald entwickeln: beginnend mit der Keimung und dem Aufwachsen von Wildkräutern, die entstehende Lücken zwischen den Gräsern füllen, über das Aufkommen ausdauernder Stauden, erster Sträucher und Pionierbaumarten wie Ahorn, Birke oder Pappel bis hin zur Entwicklung langsamwüchsiger Baumarten, die im jeweiligen Gebiet waldbildend sind.

Alle Standorte und ihre Pflanzengemeinschaften unterliegen dem Prozess der Sukzession, sogar wenn sie sich in einem sogenannten dynamischen Gleichgewicht befinden. Hier bleibt zwar die Pflanzengemeinschaft (z.B. ein Buchenwald) an sich dieselbe, es kommt allerdings regelmäßig auf kleineren Flächen zum Absterben und Wiederaufkommen von Einzelpflanzen und Pflanzengruppen, die dann wiederum eine Sukzession durchmachen (z.B. eine durch Sturm entstandene Waldlichtung, die nach und nach wieder zuwächst).

WAS HAT DAS MIT UNSEREN GARTENBEETEN ZU TUN?

Alle Standorte, auf denen es Platz und gute Bedingungen für Pflanzenwachstum gibt, werden in kürzester Zeit besiedelt und zwar bis die vorhandenen Ressourcen (Licht, Nährstoffe, Wasser) optimal ausgenutzt sind, was in vielen Fällen bedeutet, bis eine geschlossene Vegetationsdecke entstanden ist.

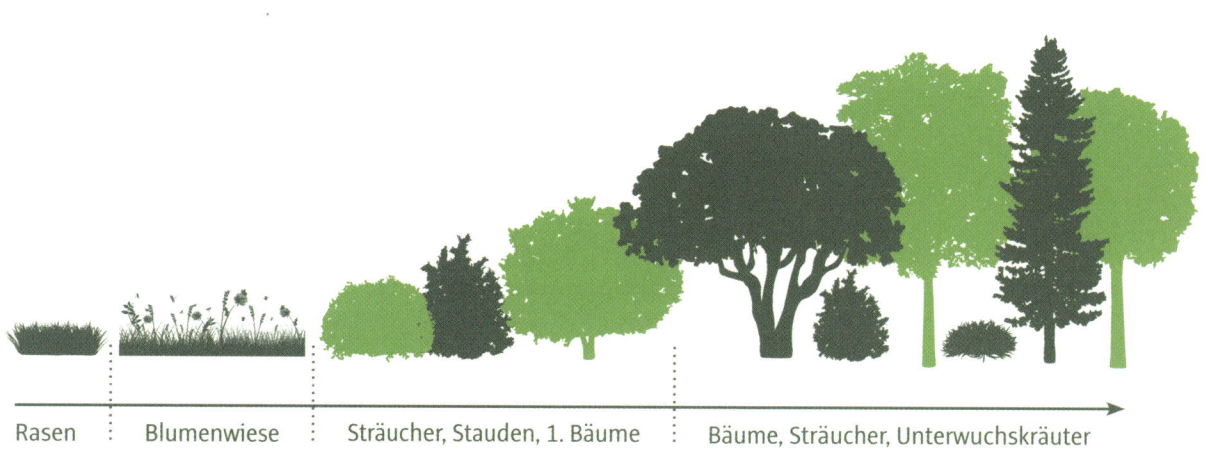

Rasen ⋮ Blumenwiese ⋮ Sträucher, Stauden, 1. Bäume ⋮ Bäume, Sträucher, Unterwuchskräuter

1 Die Gundelrebe gesellt sich gern in die Gemüsebeete. Sie ist robust und sehr wüchsig, lässt sich wunderbar als Suppengewürz verwenden und kann mit Mulch davon abgehalten werden, das gesamte Beet einzunehmen (was sie ohne Mulch in Kürze schaffen würde ...)

2 Klatschmohn ist ein typisches Beikraut an trockenen Böschungen und an Wegrändern.

PFLANZEN SIND ES GEWOHNT ZU TEILEN

So werden Lücken zwischen größeren Pflanzen von kleineren besiedelt und die unterschiedlich ausgeprägten Wurzelsysteme erschließen gemeinsam unterirdische Wasser- und Nährstoffressourcen. Ein frisch angelegtes Gartenbeet oder eines mit offenem, unbedecktem Boden ist deshalb eine Einladung an alle möglichen Pflanzenarten, die es in der Umgebung gibt – ob bereits als Same oder Wurzel im Boden vorhanden oder als Same im Anflug –, diesen Platz einzunehmen und gemeinsam mit anderen Arten eine geschlossene Vegetationsdecke zu bilden. Der Begriff „Beikräuter" findet in dieser natürlichen Begebenheit der Sukzession eine einleuchtende Erklärung, da sie sich gern zu den von GärtnerInnen gesäten oder gepflanzten Kulturen gesellen. Und natürlich haben sie auch Nutzen als Zutat in verschiedensten Gerichten.

WOHER SIE KOMMEN

Beikräuter sind Wildkräuter, die besonders gut an die wechselnden Bedingungen im Garten oder auf dem Acker, also an die kurzfristig verfügbaren, besiedelbaren Nischen, wie offener Boden es ist, angepasst sind. Viele Beikräuter sind einjährig und keimen und fruchten schnell, wie z.B. Vogelmiere, Hühnerhirse, Gänsefuß und Ehrenpreis. Manche sind bereits selten gewordene Schönheiten, die früher in Getreidefeldern häufig zu finden waren, wie Klatschmohn, Kornblume, Kornrade, Venus-Frauenspiegel, Echte Kamille, Acker-Stiefmütterchen und Acker-Gauchheil.

Häufige mehrjährige Beikräuter sind z.B. Löwenzahn, Spitzwegerich, Gundelrebe, Brennnessel und Giersch. Andere mehrjährige Beikräuter wie z.B. Acker-Kratzdistel und Quecke sind ein Zeichen für Bodenverdichtung und zu intensive Bodenbearbeitung.

REICHT'S DIR DOCH EIN BISSCHEN?

Schnell kann es jedoch auch zu viel an Beikräutern sein und die gesäten oder gepflanzten Hauptkulturen werden von den oft besser an die Bedingungen angepassten Beikräutern bedrängt. Wer den Bewuchs von Beikräutern minimieren möchte, ohne allzu oft der Tätigkeit des Jätens nachzugehen, nutzt eine ständige Bodenbedeckung – Stichwort Mulch – im Beet als wirksames Hilfsmittel.

Kornblume und Hundskamille sind Beikräuter in (biologisch bewirtschafteten) Getreidefeldern.

Löwenzahn gehört immer zu den gern gesehenen Gästen, er lässt sich kulinarisch zu Vielem verarbeiten.

Soll ich mich mit meinen Beikräutern arrangieren?

Unbedingt! Beikräuter (er)kennen und nutzen lernen zahlt sich kulinarisch aus und tut auch der Gesundheit gut. Arrangement muss ja nicht bedeuten sich kommentarlos überwuchern zu lassen, denn seit es Mulch gibt (immer schon), muss das ja nicht passieren. Beikräuter liefern köstliche, vitamin- und mineralstoffreiche Ernten oft genau dann, wenn unsere angebauten Gemüsearten und Kräuter noch gar nicht so weit sind. Sie sind je nach Art besonders robust, besonders schnell oder besonders wüchsig. Sie können ohne jede vorangehende Arbeit geerntet werden und haben kaum jemals Probleme mit Krankheiten. Meine Lieblingsbeikrautgerichte sind Brennnesselsuppe, Gierschquiche, Löwenzahnsalat, Gänsefuß- und Amaranth-Blattspinat.

Ungebetene Gäste

Viel wird geredet über die sogenannten invasiven Pflanzen- und Tierarten: Sie sind bedrohlich und müssen bekämpft werden und wo die überhaupt herkommen, sicher nicht von hier... und so weiter und so fort. Oft wird dieses eigentlich spannende und durchaus ernsthafte Thema sehr populistisch diskutiert und die besagten Arten als böse Eindringlinge bezeichnet, die unsere heile Welt überfallen. Klingt nach Asterix, nur der Humor fehlt.

Pflanzen und Tiere wandern. Je nach Notwendigkeit und ihren Möglichkeiten, den Möglichkeiten, die die Landschaft und Umwelt ihnen bieten und oft auch ohne ihr aktives Zutun, indem sie einfach ungefragt mitgenommen werden. Lebensräume, die auf dem Weg liegen, können von ihnen entweder besiedelt werden oder nicht, je nachdem ob ungenutzte Ressourcen/Nischen vorhanden sind und die Umweltbedingungen ihr Überleben erlauben.

Das trifft auf eine aus Nordamerika als Zierpflanze eingeführte Art genauso zu wie auf eine Brennnessel, die auslotet, ob das an den Komposthaufen angrenzende Gemüsebeet vielleicht ein gutes Zuhause für sie wäre. Ist das Beet (noch) unbepflanzt und bietet ungenutzte Nährstoffe, dann spricht für die Brennnessel wahrscheinlich nichts dagegen sich anzusiedeln, Bestände mit geschlossener Vegetationsdecke bieten hingegen wenig Freiraum für sie (Stichwörter Sukzession und Beikräuter).

Die häufig genannten invasiven Pflanzenarten wie Japanischer Staudenknöterich, Kanadische Goldrute, Sommerflieder, Drüsiges Springkraut, Götterbaum, Robinie und als Zierpflanzen eingesetzte Bambusarten nutzen ebenfalls vorwiegend ungenutzte Ressourcen, um sich anzusiedeln und sich danach stark zu verbreiten. Diese finden sie vor allem an durch menschliche Aktivitäten und Erosion gestörten Flächen mit offenem Boden wie Forstwegen, Straßenrändern, Gewässerufern, Erdaushubdeponien. Angrenzende Biotope werden dann Schritt für Schritt besiedelt, wenn die Bedingungen passen. Die häufigsten Ausbreitungswege sind aber die Weiterverbreitung durch achtlose Erdablagerungen bei

Bauvorhaben und Entsorgung von Gartenabfällen. Die Eindämmung dieser Pflanzen ist keine einfache Sache und oft wahrscheinlich auch nicht mehr möglich.

Was können wir GärtnerInnen also tun:

» dauerhafte Bepflanzungen mit wenig offenem Boden anlegen

» keine bekanntermaßen invasiven Arten kaufen, setzen und ihnen den Weg in naturnahe Lebensräume bereiten

» keine rücksichtslose Entsorgung von Gartenabfällen an Waldrändern und Bachufern und überhaupt nirgends als im eigenen Garten (Kompostierung!) oder an der Grünschnittsammelstelle

» seltene Lebensräume vor Störungen schützen, indem wir unsere Meinung kundtun und Handlungsspielräume erweitern (z.B. keine Radfahrdämme in Mooren!)

Im Garten kann ein übermäßiges, lang anhaltendes Auftreten einzelner unerwünschter Arten, zum Beispiel von Tieren wie der Spanischen Wegschnecke, so interpretiert werden, dass es ihr einerseits gefällt und sie genug Nahrung vorfindet und es anscheinend Lücken im Nahrungsnetz gibt. Leckere Schnecken in großen Mengen und keiner will sie essen, was ist da los? Unsere Laufenten und Hühner wissen das Angebot sehr zu schätzen und es soll außerdem schon Rezepte geben, die ... (na ich nicht, ich bin Vegetarierin).

Wenn man die Haustür und das Fenster offen stehen lässt

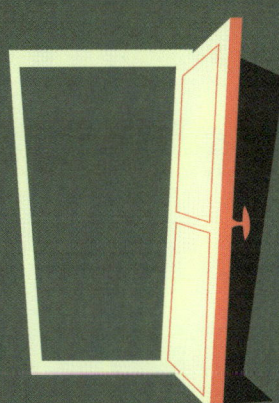

Immer wer da, der Garten voller Leute, in der Küche wird rund um die Uhr gewerkt, die Lagerfeuer züngeln inmitten leiser Stimmen, bis die frühmorgendlichen SensenmäherInnen durchs taunasse Gras streifen.

Warum soll man da auch die Haustür zumachen? Überraschungsgäste, deren Besuch der Permakulturgarten uns ermöglicht hat, gibt's genug: Bist du schon einmal mit einer Gottesanbeterin am Kopf erwacht? Und einer zweiten auf der Wand gleich daneben? Das war doch eher unheimlich ...

Getrocknetes Heu von unserer Magerwiese transportieren wir oft in alten Bettlaken nach unten in den Garten. Der dabei aus Versehen mitgewanderte Kokon einer Gottesanbeterin landete nach einem Waschmaschinendurchgang im Büro und wurde als tot geglaubtes Anschauungsobjekt aufbewahrt, bis um Weihnachten herum plötzlich wenige Millimeter große Gottesanbeterinnen schlüpften und im Zimmerpflanzendschungel verschwanden. Auch gut.

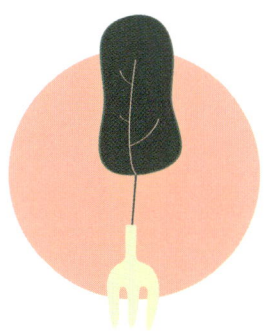

WECKE DIE PERMAKULTUR-LEIDENSCHAFT IN DIR:
GRENZEN AUSTESTEN.

Randzonen-Strukturen wie Wildsträucher-hecken und Trockensteinmauern zählen zu den Elementen in der Permakultur, die zumindest zu einem großen Teil der Natur gehören. Es gibt zwar viel für uns zu nutzen, wenn wir das möchten, aber die Pflanzen, Tiere und Mikroorganismen kommen auch sehr gut ohne uns zurecht. Die beiden linearen Elemente begrenzen zwar einerseits Gebiete und Geländestufen, aber andererseits entste-hen durch sie besiedelbare Strukturen, die Lebensräume verbinden. Und darum geht's.

Produktive Randzonen

Wildsträucherhecken und Trockensteinmauern, beides sind lineare Elemente, die einerseits Grenzen setzen, indem sie zwei Bereiche voneinander trennen, z.B. Höhenstufen oder Grundstücksbereiche. Andererseits sind sie aber auch Korridore, die Elemente miteinander verbinden, wie zum Beispiel Siedlungsräume, Ackerraine und Wälder durch Hecken verbunden werden können oder Trockensteinmauern ganze Netzwerke an Mauerverstecken und Mauerkronenwegen für Kleintiere durch eine mediterrane Weidelandschaft ziehen.

Beide Elemente verbinden und trennen gleichzeitig, und vor allem begleiten sie auch. Sie begleiten Ränder, bereichern und nutzen sie, um ganz eigene Strukturen zu entwickeln. Als sogenannte Randzonenelemente beeinflussen sie das Mikroklima: Sie brechen Wind, spenden Schatten, fangen Sonnenstrahlen ein und schaffen ökologisch wertvolle Strukturen für die Förderung der Biodiversität und die Widerstandsfähigkeit von Grundstücken, Regionen und Landschaften.

Sogenannte Randzoneneffekte beschreiben das Aufeinandertreffen verschiedener Lebensräume und den intensiven Austausch der zwischen ihnen stattfindet. Randzonen sind durch die Interaktionen der BewohnerInnen unterschiedlicher Herkunftsbiotope besonders produktiv, vielfältig und nützlich für die Gestaltung von Permakultursystemen.

Die Wild-sträucherhecke

Wildsträucherhecken sind ökologisch besonders wertvolle Biotope. Sie wieder vermehrt in unseren Siedlungsgebieten und Ackerfluren anzupflanzen, fördert die Vielfalt und macht unsere Landschaften robust und produktiv.

SELTEN UND VER(M)EHRENSWERT!

Wildsträucherhecken waren noch vor einigen Jahrzehnten prägende Landschaftselemente vieler Ackerfluren, die an vielen Orten durch die Flurbereinigung verloren gingen. Sie begrenzten Äcker und Wege und wurden entweder bewusst gepflanzt, wie so manche Dornenhecke an Grundstücksgrenzen oder auch wie auf Erdwällen liegende Wallhecken als lebende Weidezäune. Andererseits entstanden Hecken auch durch Sukzession an ungenutzten Ackerrainen und Wegböschungen.

In der Landschaft haben mehrreihige Baum- und Strauchhecken viele Funktionen, die die Produktivität und Widerstandskraft der Umgebung direkt beeinflussen. Hecken im rechten Winkel zur Hauptwindrichtung brechen Wind und schützen auf diese Weise angrenzende Flächen vor Austrocknung und Winderosion. An den Höhenlinien gepflanzte Hecken stabilisieren Hänge und schützen sie vor Erosion durch Wasser und Erdbewegungen. An Hecken sammeln sich durch den Wind verblasene Materialien wie Laub, die im Bereich der Hecke zu wertvollem Humus abgebaut werden. Sie sind wie Wälder sehr gute Humusproduzenten. Auch die Versickerung von Oberflächenwasser vor Ort wird durch sie an entstehenden Geländestufen ermöglicht. Durch all diese Eigenschaften sind sie und die angrenzenden Flächen (z.B. Äcker, Siedlungen) sehr robust gegenüber Extremwetterereignissen wie Starkniederschlägen und Dürreperioden.

Im Siedlungsgebiet sind vor allem auch ihre Eigenschaften als Sicht-, Wind-, Lärm- und Staubschutz von großer Bedeutung. Außerdem strukturieren sie Gebiete und helfen bei der Orientierung.

Wildsträucherhecken stellen wertvolle Biotope für Vögel, Insekten, Amphibien, Reptilien und Säugetiere dar, die die Hecke auch aus den angrenzenden Biotopen wie Wiese, Wald und Siedlungsraum zur Nahrungs- und Partnersuche und zur Nutzung als Brutplatz und Versteck aufsuchen. Als verbindende Elemente oder Trittsteine zwischen verschiedenen Lebensräumen ermöglichen sie vielen Tieren Unterschlupf, während sie auf Wanderung sind.

1 Der Weißdorn mit seinen roten Früchten

2 Aus den Blüten der Traubenkirsche lässt sich ein schmackhafter Sirup bereiten.

3 Sträucher sind auch besonders gut an ihren Winterknospen zu erkennen. Hier die Blütenknospen einer Kornelkirsche.

4 Kreuzdorn wächst auch im Schatten größerer Bäume.

ARTEN VON HECKEN

Damit sie wie oben genannt auch wirken können, müssen die Hecken aus mehreren Reihen aufgebaut sein. Ausgewachsene Wildsträucherhecken haben einen Schichtbau wie Wälder und bestehen aus einer Baum-, Strauch- und Krautschicht mit einer Breite von mindestens 3 bis 5 Metern. Die Höhe der Hecke orientiert sich an den vorkommenden Sträuchern und Bäumen der Umgebung. Sträucher erreichen Höhen von ca. 3 Metern, während Bäume sehr viel größer werden können. Hecken werden von Saumpflanzen begleitet, die die Übergangsbereiche zwischen Hecke und der offenen Landschaft besiedeln. Diese Säume sind je nach Heckenseite und Exposition eher feucht, schattig und nährstoffreich – oder auch sonnig und eher trocken. Und das sind auch genau die richtigen Orte für das Sammeln von Wildkräutern, solange die angrenzenden Bereiche biologisch bewirtschaftet werden.

Auch im Siedlungsgebiet sind Hecken mit dem genannten Aufbau besonders wertvoll, da sie das Mikroklima sehr begünstigen sowie vielfältige Lebensräume und Ernten bieten. In vielen Gärten ist aber nicht genug Platz, um Hecken in diesem Ausmaß zu gestalten, und daher muss man auf etwas kleinere Varianten zurückgreifen. Wildsträucherhecken in Gärten sollten zumindest zweireihig und aus an den jeweiligen Standort angepassten Arten bestehen. Der Schattenwurf auf etwaige Nachbargrundstücke ist oftmals gesetzlich geregelt und verlangt von der Hecke einen gewissen Abstand zur Grundstücksgrenze.

HECKENSTRÄUCHER UND -BÄUME

Eine Auswahl an Bäumen (Höhe > 5 m), die gut in Heckenstreifen wachsen, sind Feldahorn, Berg-Ahorn, Eberesche, Elsbeere, Vogel-Kirsche, Birke, Hainbuche, Esche, Hauszwetschge, Gewöhnliche Traubenkirsche. Hochwachsende Wildsträucher (Höhe ca. 2–5 m) für die Heckenpflanzung sind Holunder, Weißdorn, Hasel, Wolliger Schneeball, Pfaffenhütchen, Mispel, Weide, Kreuzdorn, Faulbaum, Berberitze, Wildrose, Hartriegel, Kornelkirsche.

Wildsträucher, die nicht ganz so groß werden (ca. 1–2 m), sind Schlehdorn, Himbeere, Brombeere, Sanddorn, Liguster, Zierquitte, Steinweichsel.

Auf exotische Arten wie Forsythie kann verzichtet werden, weil sie leider nicht von Insekten als Futterpflanze genutzt werden können. Auch der sogenannte Schmetterlingsflieder zieht zwar erwachsene Schmetterlinge an, wird aber von keiner Schmetterlingsart als Raupennahrung genutzt. Für den Fortbestand der Schmetterlingsarten sind aber vor allem auch Raupenfutterpflanzen wichtig, so z.B. Schlehdorn, Steinweichsel, Kreuzdorn, Weißdorn, Vogelbeere, Faulbaum, Hartriegel oder Pfaffenkäppchen.

DIE BEDÜRFNISSE DER HECKE

Wildsträucherhecken brauchen vor allem einen ungestörten Platz, an dem sie sich über Jahre und Jahrzehnte etablieren und entwickeln können. Geschnitten muss vor allem in den ersten Jahren nicht werden. Ist die Hecke ausgewachsen, können zur Verjüngung einzelne Teilbereiche oder Pflanzen „auf Stock gesetzt" werden, das bedeutet, dass die Sträucher knapp über dem Stammansatz in Bodennähe abgeschnitten werden und dann von der Basis her wieder austreiben. Dieses Phänomen nennt sich Stockausschlag. Auf diese Art und Weise wurden auch früher Hecken beerntet. Wichtig ist aber, dass nie alle Sträucher gleichzeitig abgeschnitten werden. Ansonsten ist die Hecke völlig selbstständig. Sie muss weder gegossen und beerntet werden, letzteres bietet sich aber an.

ZONIERUNG UND PFLANZUNG

Durch ihre Selbstständigkeit und auch die Ruhe, die die Wildsträucherhecke zum Teil für Wildtiere braucht, ist sie gut in Zone 2 bis 5 aufgehoben, wobei sie leicht in Bereiche unterschiedlicher Nutzungsintensität eingeteilt werden kann.

Bei der Auswahl der Pflanzen sollten vor allem die klimatischen Gegebenheiten des Standortes berücksichtigt werden und es ist auf jeden Fall sinnvoll regional vermehrte Heckensträucher als Pflanzgut zu beziehen, da sie sehr gut mit den vorherrschenden Bedingungen umgehen können.

Für die Pflanzung selbst eignet sich am besten der Herbst oder Vorfrühling. Es ist sinnvoll einen Pflanzplan zu erstellen, in dem auch die zu erwartenden Wuchshöhen und -breiten eingezeichnet sind. Der Pflanzabstand liegt je nach Pflanzenart bei ca. zwischen 1,5 und 3 Metern.

Für die Planung von angrenzenden Elementen muss auch bereits die Beschattung mitgedacht werden, die die Hecke künftig wirft.

Eine weitere Möglichkeit eine Hecke anzulegen und sich dabei die natürliche Sukzession zu Nutze zu machen, ist die sogenannte Benjeshecke. Dazu wird ein relativ dicht geschichteter Wall aus größeren und kleineren Ästen und feinen Zweigen angelegt, in dem Vögel sich gern niederlassen und verstecken und dabei auch diverse Samen von im Gebiet vorhandenen Sträuchern mitbringen, die innerhalb der Benjeshecke geschützt keimen können. Es können aber auch einzelne Sträucher und Bäume zwischen das Gestrüpp gesetzt werden. Sie wachsen geschützt vor Verbiss und durch begünstigtes Mikroklima mit weniger Wind und größerer Feuchtigkeit sehr gut heran.

HECKEN-BEZIEHUNGEN

Hecken beeinflussen viele Nachbarlebensräume. Gemüsekulturen in ausreichendem Abstand, um genug Licht zu bekommen, ziehen ihren Vorteil aus der windbremsenden und wasserspeichernden Wirkung der Hecke. Hecken sind wunderbare Schattenspender für Tiere wie Geflügel und bieten windgeschützte Aufstellorte für Bienenstöcke. Durch den Blütenreichtum und das Angebot an Wildobst treffen sich an Hecken viele Insekten- und Vogelarten. Noch strukturierter und wertvoller wird die Hecke durch das Belassen von Totholz und durch Steinschichtungen, die auch Kröten, Fröschen, Eidechsen und Igeln Unterschlupf bieten.

Hecken aus Steckhölzern

Mit etwas Geduld und Pflanzenkenntnis lassen sich Hecken auch einfach mit Steckhölzern anlegen. Dazu werden im Herbst nach dem Laubfall von einer Hecke in der Nähe Steckhölzer geschnitten. Das sind ca. 20–30 cm lange, junge, fingerdicke Äste ohne Seitentriebe, die ca. 2–4 Augen (Knospen) in der oberen Hälfte haben. Die Steckhölzer werden dann gleich auf die abgemulchte Fläche gesetzt, indem sie vorsichtig zu ca. 2/3 ihrer Länge (mit der Spitze oben) in die Erde gesteckt werden. Bei Weiden funktioniert das auch im Frühjahr und sogar mit längeren Trieben ganz gut. Danach werden die Steckhölzer gut eingegossen und mit etwas Glück bilden sie Wurzeln und wachsen an. Bei vielen Straucharten wie z.B. Hartriegel, Liguster, Feldahorn und Hasel funktioniert diese Art der Vermehrung sehr gut. Die Pflanzen wachsen zwar am Anfang langsam, da sie erst Wurzeln ausbilden müssen, aber dafür ist das Pflanzgut regional und gratis.

Die Trockensteinmauer

Trockensteinmauern selber bauen ist eine meditative Tätigkeit, wenn es auch anstrengend ist. Für größere Vorhaben ist auf jeden Fall der Besuch eines Kurses oder
das Hinzuziehen von Fachleuten zu empfehlen. Bei kleinen Mäuerchen im Garten
kann aber nicht viel schief gehen (wortwörtlich) und man lernt Schritt für Schritt
durch Ausprobieren, welche Mauern stabil sind und welche nicht …

MIKROKLIMA-STABILISATOR
UND LEBENSRAUM

Trockensteinmauern wurden traditionell ebenfalls zur
Abtrennung von Feldstücken oder noch öfter von Weiden errichtet. Sie wurden zur Stabilisierung von Geländestufen in Wein- und anderen Terrassengärten gebaut,
bilden aber auch Stufen und gemütliche Sitzecken.
Heute sind Trockensteinmauern als Elemente in Gärten
und Parkanlagen oft durch betonierte Mauern ersetzt,
die die vielen Funktionen der Trockensteinmauer aber
nicht ausreichend erfüllen können. Diese schaffen durch
die Wärmespeicherung im Stein begünstigtes Mikroklima, lenken Oberflächenwasser und schützen vor Erosion
und bieten durch die Hohlräume zwischen den Steinen
besonders viel Platz für eine artenreiche Lebensgemeinschaft an Mauerbewohnern.

IM GARTEN

Terrassierungen, kleine und größere Sitzmauern, Treppen – im Garten gibt es viele Einsatzmöglichkeiten für
Trockensteinmauern. Da es sich um dauerhafte Elemente handelt, die kaum an einen anderen Ort versetzt werden, ist eine gute Planung und Verortung sehr wichtig.

TROCKEN HEISST OHNE ALLES!

Ohne Beton, ohne Erde … eine Mauer nur aus Stein
gebaut. Steine gibt's viele, aber nicht alle sind zum Mauerbauen geeignet. Nicht zu kleine, flache Steine sind gut
geeignet, während rundliche Steine kaum zu fixieren
sind.
Es gibt richtige Spezialisten in der Trockensteinbaukunst

1 Ein Mäuerchen im Kräutergarten: Die Steine speichern Wärme und stabilisieren eine kleine Geländestufe.

2 Eine Steincouch, entdeckt bei einer Wanderung im Kroatien

3 Bei eher unförmigen Steinen wird das Verbauen schon schwieriger. An diesem eher nährstoffreichen Standort besteht außerdem die Gefahr, dass die Mauer bald von Gräsern und Kräutern überwachsen wird.

4 Verschiedene Steine aus der Umgebung bzw. von Restmaterialien eignen sich auch zum Mauerbauen.

dern benötigt eine Drainagierung aus hinterschlichteten Steinen auf der Mauerrückseite, die Wasser gut ableitet. Bei Hangdruck und Hangwasser ist eine Trockenmauer um vieles geeigneter als eine Betonmauer, weil durch sie Wasser hindurchfließen kann und unter ihr versickert. Betonmauern bekommen bei Hangdruck häufig Risse, etwas das bei Trockensteinmauern nicht passieren kann. Es werden unterschiedliche Steinformen verbaut. Große, schwere Steine kommen an den Grund der Mauer, sie bilden das Fundament. Eher gleichmäßige Bausteine mit „schöner" Vorderseite (Gesicht) bauen die Mauer dann versetzt auf. Entstehende größere Hohlräume werden mit kleineren Steinen gut verkeilt. Sogenannte Binder werden regelmäßig zur Stabilisierung eingebaut. Sie sind besonders lang und kommen normal zum Mauerverlauf über die ganze Mauerstärke zu liegen. Auf die Mauerkrone kommen sogenannte Deckelsteine, sie sind flach, groß und so schwer, dass alle darunterliegenden Steine durch sie fixiert werden. Bei späteren Wartungen können einzelne lockere Stellen mit eingeschlagenen Steinplättchen wieder stabilisiert werden.

– und wer selbst eine größere, höhere Mauer bauen will, braucht dafür unbedingt Unterstützung von Fachleuten und meist auch eine behördliche Genehmigung. Kleinere Mauern, z.B. in angenehmer Sitzhöhe, können aber auch selbst gebaut werden – Probieren geht über Studieren. Grundlagen des Mauersetzens können in Kursen gelernt werden und erleichtern den Fortschritt enorm. Trockensteinmauern bauen lernt man nicht von heute auf morgen, es ist ein riesiges Puzzle und manche Menschen schaffen es, sich mit der Zeit richtig einzuschauen und finden den richtigen Stein im passenden Moment ... bewundernswert!

WO IST DER BINDER?

Damit eine Mauer nicht gleich wieder umfällt, muss einiges beachtet werden. Für die Stabilität ist es wichtig im Verbund zu schichten, Kreuzfugen sind ganz schlecht und die Mauer braucht vor allem auch einen guten Wasserabfluss. Sie darf auf keinen Fall von sich dahinter stauendem Wasser nach vorne gedrückt werden, son-

Kräuter entwickeln
besonders viel
Aroma, wenn sie
die Sonne an einer
Mauer genießen
dürfen.

MATERIAL

Für den Bau sollten auf jeden Fall Steine aus der Region verwendet werden. Manchmal fallen auch am eigenen Grundstück Steine an, die gesammelt und verbaut werden können. Auch recycelte Baustoffe wie Ziegel und Restmaterialien wie Holz lassen sich teilweise gut in Steinmauern integrieren.

WARUM SIND SIE SO WERTVOLL?

In den Hohlräumen zwischen den Steinen verbirgt sich eine geheime Welt. Eidechsen, Schlangen, Wildbienen, Mäuse, Insekten, Spinnen finden hier sichere Verstecke und Brutplätze. Es können aber auch noch zusätzliche Nützlingshotels eingebaut werden, wie z.B. Brutkästen für den Wiedehopf und Nisthöhlen für Wildbienen.

MAUERN SIND LEBENSRÄUME FÜR PFLANZEN.

Und wieder einmal bergen Mauern Standorte in verschiedenen Höhen, die sich in ihren mikroklimatischen Bedingungen stark unterscheiden, vor allem natürlich auch in Bezug auf die Ausrichtung der jeweiligen Mauer. Am meist schattigen Fuß sammelt sich Wasser und es gedeihen jegliche Frischkräuter, aber auch Gemüse und Blumen. In den Hohlräumen an der sonnigen Mauerseite können z.B. Hauswurz, Thymian, Feder-Nelke und Schleierkraut wachsen, während an eher schattseitigen Mauern z.B. Zimbelkraut, Hirschzunge und Mauer-Streifenfarn wachsen. Die Mauerkrone bleibt entweder Sitzplatz oder es werden in die verbleibenden Fugen ebenfalls trockenheitstolerante Wildblumen gesetzt.

Auch empfindlichere Obstbäume fühlen sich vor Mauern sehr wohl. Die Steine speichern in kühlen Nächten der Übergangszeit die Wärme und der Mauerfuß begünstigt die Wasserspeicherung im Boden.

1 Hier wärmt sich eine Gottesanbeterin an einer Mauer aus Recyclingmaterialien.
2 Hauswurzen fühlen sich an sonnigen Mauern wohl.

Gärtnern in und mit der Natur: Lass deine Pflanzen wachsen!

Jungpflanzenanzucht und Saatgutvermehrung, ohne diese beiden Spezialgebiete gäbe es so ziemlich gar nix in der (Permakultur-Garten-) Welt. Beides unendlich spannende und vielfältige Themen, in die du hier eine Einführung bekommst. Was ist beim selber Anbauen von Jungpflanzen zu beachten und warum ist samenfestes Saatgut so wertvoll?

Pflanzen, von klein auf.

SAATGUT, JUNGPFLANZEN & SORTENVIELFALT: EINE AUFGABE FÜR DIE GEMEINSCHAFT

Eigenes Saatgut im Permakulturgarten vermehren und daraus selbst Jungpflanzen ziehen, die nach ihrer behüteten Kindheit zu prächtigen Gemüsen, Kräutern, Wildblumen usw. heranwachsen, gehört zu den schönsten Erlebnissen im Gartenjahr ... Und wieder einmal schließt sich ein Kreislauf. Die vielfältigen Sorten aus samenechtem, biologisch produziertem Saatgut und Bio-Jungpflanzen verbinden Gärten genauso wie Menschen miteinander, die überschüssige Samen und Pflanzen weitergeben und austauschen und dabei wie von selbst auch wertvolles Wissen und Geschichten weitertragen und vermehren.

Saatgutvermehrung und Jungpflanzenanzucht sind Gartenthemen zum Hineinwachsen, Beobachten, Ausprobieren – und man lernt nie aus. Wichtig ist es, einfach damit anzufangen. Zum Beispiel mit dem Besuch eines Saatgut- & Jungpflanzen-Tauschfestes oder -Marktes in deiner Nähe, wo du neben netten Leuten sicher auch die eine oder andere Sorte findest, die du gern ausprobieren möchtest und dazu auch gleich Anbautipps bekommst. Also Schluss mit F1-Hybridsamen und nachgeschmissenen Supermarktpflanzen, denn nur so sind unsere Gärten in guten Händen!

Saatgut und Pflanzen tauschen – bringt Menschen zusammen.

Jungpflanzen–anzucht

JÄTEN IST NICHTS FÜR ANFÄNGERINNEN!

Am schönsten ist es immer, wenn die Natur es selber kann: Wildpflanzen und gut an die Standortbedingungen angepasste Gartenpflanzen kommen auch ohne unser Mitmischen in ihrer Familienplanung ganz gut zurecht. Voraussetzung dafür ist allerdings ein passender Ort zum Keimen und Wachsen und aufmerksame GärtnerInnen, die Pflanzensamen ausreifen lassen, nur jäten, was sie wirklich erkennen und als nicht erwünscht einstufen, und die für manch überschüssige Jungpflanze vielleicht sogar noch ein liebevolles Zuhause suchen (Stichwort Tauschfest!), wenn der Garten aus allen Nähten zu platzen droht. Selbstaussaat funktioniert z.B. gut bei Ringelblumen, Borretsch, Nachtkerzen, Sonnenblumen, Mangold, Salaten, Baumspinat und Gartenmelde.

NICHT NUR DIE GANZ HARTEN
KOMMEN IN DEN GARTEN

Andere beliebte Gartenpflanzen werden in Saatkisten oder anderen Gefäßen im Haus, Gewächshaus oder im Frühbeet vorgezogen, weil es im Frühjahr draußen noch zu kalt für sie ist und die Vegetationszeit in unseren Breiten für Wärme liebende und wenig frostharte Kulturen zu kurz wäre (z.B. Chilis, Auberginen, Kürbis usw.). Andere Arten wiederum werden geschützt vorgezogen, also z.B. unter Vlies oder in Frühbeeten, damit wir GärtnerInnen im Frühjahr rascher frisches Gemüse ernten können (z.B. Kohlrabi, Lauch, Sellerie, Salate). Für jede Pflanzenart gibt es bestimmte ideale Keim- und Entwicklungsbedingungen, die zu beachten sind: Saattiefe, Feuchtigkeit, Temperatur, Licht, Bodenbeschaffenheit bzw. Erdmischung (Substratwahl) sind besonders wichtige Faktoren. Aussaaterden dürfen nicht zu nährstoffreich sein, da Pflanzen sonst schlecht Wurzeln bilden und dann anfällig für Krankheiten sind. Erden zur Aussaat können leicht selbst gemischt werden und bestehen z.B. aus einem bis zwei Teilen nicht zu fetter Gartenerde (Maulwurfserde), einem Teil nicht zu feinem Sand (zur Belüftung und Auflockerung) und maximal einem Teil reifer Komposterde (siehe auch Pflanzenerden, Seite 157).

1 Die Aussaat empfindlicher Gemüsekulturen wie Paprika und Tomaten erfolgt im Haus, sie siedeln ins Gewächshaus, wenn sie pikiert werden.
2 Auberginen sind sehr wärmebedürftig und wachsen zu Beginn eher langsam. Sie brauchen einen hellen warmen Ort, um sich gut zu entwickeln.

AUCH JUNGPFLÄNZCHEN
SIND LERNFÄHIG

Bald bilden die Keimlinge erste echte Blätter aus. Sie brauchen Nährstoffe aus dem Boden/Substrat, genügend Wasser und Licht, die richtigen Temperaturen und ausreichend Platz. Wird es in der Aussaatschale zu eng, werden die Pflänzchen pikiert, das heißt, in Töpfe vereinzelt. Je nach Pflanzenart sollte die verwendete Erdmischung schon an die Lieblingsbedingungen der Pflanzen und ihre zukünftigen Standorte angepasst sein. (Siehe auch Pflanzenerden, Seite 157). Eigene Gartenerde und Kompost zum Mischen zu verwenden, macht nicht nur GärtnerInnen selbstständiger, auch die Pflänzchen haben die Gelegenheit sich schon einmal mit ihrem zukünftigen Lebensraum bekannt zu machen, Mikroorganismen und Bodenbestandteile kennenzulernen und je nach ihren Möglichkeiten auf die Bedingungen zu reagieren.

ABER ABHÄRTEN
MUSS SCHON SEIN

Gerade bei Pflanzen, die wir im Frühjahr geschützt in Wohnräumen oder Gewächshäusern vorziehen, sollten wir darauf achten, dass sie genügend Licht bekommen, damit sie nicht schwächlich und dünn wachsen und dass sie, sobald die Temperaturen es erlauben, schrittweise an die Welt da draußen gewöhnt werden. UV-Strahlung, Wind, Temperaturschwankungen, all das sind Reize, mit denen Jungpflanzen in höher werdenden Dosen umgehen lernen müssen, um groß und stark zu werden. Gut abgehärtete, also für das Gartenleben bestens gerüstete Pflanzen, sind satt- bis dunkelgrün, haben einen festen, robusten Stiel und sind nicht zu hoch gewachsen. Hellgrüne, hochgeschossene Pflanzen mit weichem Spross sind hingegen sehr empfindlich und tun sich schwer beim Einleben in den Garten.

1 So soll es sein: dunkelgrün und kompakt gewachsen, fit für den Garten!
2 Gesammelte Früchte für die Saatguternte: Alles muss gut ausgereift sein und darf noch etwas nachreifen.

JETZT WIRD'S ERNST – ZEIT ZUM AUSPFLANZEN

Beim Auspflanzen ist der richtige Zeitpunkt das um und auf. Mond hin oder her, besonders wichtig ist bei kälteempfindlichen Kulturen wie Tomaten, Paprika, Kürbis usw., dass sie keine Fröste am Beet erleben müssen. Diese werden deshalb traditionell nach den sogenannten „Eisheiligen" ausgepflanzt, also Mitte bis Ende Mai, bzw. wenn der Wetterbericht anhaltendes Frühlingswetter verspricht. Weniger empfindliche Pflanzen können je nach Region und Witterung schon ab März/April in den Garten umsiedeln. Dazu gehören z.B. viele Salate und Kohlgewächse. Zum Setzen wird am besten kein sonniger, windiger Tag, sondern ein eher trüber, windstiller gewählt, da die Jungpflanzen dann weniger gestresst werden. Die Pflanzen werden direkt in gemulchte Beete gesetzt und gut eingegossen. Der Mulch schützt sie in den ersten Tagen des Anwachsens auch vor Austrocknung durch Wind und Sonne.

SAATGUTVERMEHRUNG

Manches Saatgut fällt uns fast in die Hände und es geht nur darum, es rechtzeitig aufzusammeln, bevor der Wind es verträgt oder der Boden es verschluckt. Viele Garten- und Wildblumen, aber auch manche Kräuter und Obstbäume wie Weingartenpfirsich und Hauszwetschge sind großzügig im Verschenken ihrer Samen an GärtnerInnen oder SpaziergängerInnen. Beim Einsammeln bitte Pflanzenname und Jahreszahl aufschreiben, sonst kommt's sehr bald zu Verwirrungen – ob bei der eigenen Jungpflanzenanzucht oder beim Saatgut-Tauschfest.

Auch manche Gemüsepflanzen sind relativ einfach selbst zu vermehren wie unzählige Sorten Tomaten, Salate, Stangen- und Buschbohnen. Wieder andere stellen uns schon vor ganz andere Herausforderungen, da sie von Insekten bestäubt werden und sich gern verkreuzen, wie z.B. Kürbissorten und unzählige Kohlgewächse. Saatgut trägt Informationen weiter: nicht nur exakte Baupläne der zukünftigen Pflanze und ihrer Inhalts- und Botenstoffe, mit denen sie mit ihrer Umwelt interagiert, sondern auch Informationen über die Wachstumsbedingungen der Mutterpflanze und über die vielen, noch unausgelebten Möglichkeiten ihrer Form, Inhaltsstoffe und Ausprägung als Investment in ihre eigene Zukunft und die ihrer NutzerInnen. Saatgutvermehrung ist also ein unendlich faszinierendes Gebiet und es gibt alle Schwierigkeitsstufen zum Auswählen. Biologisch produziertes, samenfestes Saatgut vielfältiger Sorten gehört zu den wichtigsten Kulturgütern und Ressourcen für unsere Zukunft!

Stangenbohnen sind eher einfach zu vermehren. Die vielen bunten Sorten verkreuzen sich nur in Ausnahmefällen.

Hast du das Zeug zur Jungpflanzenpädagogin/ zum -pädagogen?

Ja, in einem Kindergarten zu arbeiten, ist ganz schön anstrengend. Die Kleinen brauchen Aufmerksamkeit, wollen Zuwendung, man muss aufpassen, dass sie nicht versehentlich irgendwo herunterkugeln und überhaupt hat ständig jemand Durst. Und du denkst, das ist mit kleinen Pflanzen anders? Wenn du diese drei Fragen mit Nein beantwortest, solltest du dich (vorerst noch) auf ein anderes Gartenlieblingsgebiet spezialisieren.

Wer ist wer? Frisch gekeimte Aussaaten und Beikräuter tollen manchmal im Aussaatkisterl wild durcheinander, ein bisschen mehr Überblick wäre da jetzt praktisch. Keimlinge schauen sich allerdings zum Verwechseln ähnlich, aber eben nur, wenn man nicht genau hinschaut. Deine Adleraugen haben Blick fürs Detail?

Zu heiß, zu kalt, zu feucht, zu trocken – und dann wieder genau richtig. Empfindliche Jungpflanzen im Topf brauchen fürsorgliche Bezugspersonen, die ihre Welt (und ihr Mikro-Weltklima) in Ordnung halten. Fühlst du dich hier zuständig?

Namen über Namen über Namen. Wer tut sich da nicht schwer, sie alle im Kopf zu behalten und vor allem sie nicht durcheinander zu bringen? Auch Jungpflanzen haben ein Recht auf Individualität und auch wenn sie sich in ihren Jugendtagen sehr ähnlich sehen: Der Hokkaidokürbis will nicht Zucchini genannt werden und der Zucchini nicht Gurke! Beschriften ist eine gute Möglichkeit, siehst du das auch so?

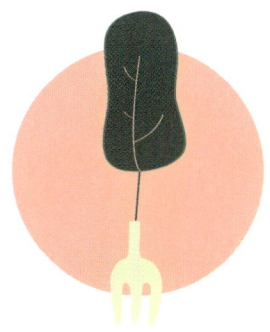

WECKE DIE PERMAKULTUR–LEIDENSCHAFT IN DIR:

PLATZ FÜR KÖNIGINNEN UND FUSSVOLK.

Jetzt wird's ernst! Und gleichzeitig noch einmal so richtig schön! Ziehen domestizierte Tiere ins Permakultursystem ein, fühlt sich das an wie der Sprung auf ein höheres Energielevel. Die bestehenden Kreisläufe werden ordentlich aufgemischt, es gibt neue Bedürfnisse, Fragen, Aufgaben, Systemelemente und vor allem viele neue Beziehungen und Erlebnisse!

1 Bienen sind immer gern gesehene Gäste.

2 Die Laufenten sind jederzeit für einen Leckerbissen zu haben.

3 Mit Hühnern wird's nie fad.

Biologische MitarbeiterInnen

Das Ziel der Beziehung zwischen uns und den tierischen MitarbeiterInnen ist eine gute Zusammenarbeit, von der beide Seiten profitieren. Die Nutztiere bekommen einen Lebensraum, der ihren Bedürfnissen nach gesunder Nahrung, Unterschlupf, Sicherheit, klimatischen Verhältnissen und Sozialleben möglichst gut entspricht, wir Permakultur-GärtnerInnen bekommen zusätzliche Ernten, fleißige MitarbeiterInnen im Permakultursystem und Einblicke in eine neue Welt.

Bill Mollison schreibt in seinem „Handbuch der Permakulturgestaltung" etwas, meiner Meinung nach, besonders Wichtiges. Er weist daraufhin, dass wir nicht immer von Vornherein die Bedürfnisse unserer tierischen MitarbeiterInnen kennen und ihnen deshalb Möglichkeiten und Handlungsspielräume überlassen müssen, ihr Leben selbst mitzugestalten.

Auch wenn manche Tiere natürlich oft eingezäunt werden müssen, um in Sicherheit zu sein oder um Nutzpflanzen vor Verbiss zu schützen, ist es wichtig ihnen genug Möglichkeiten und Freiheiten zu geben, die es ihnen erlauben selbst zu wählen, was sie essen und womit sie sich beschäftigen wollen. Große, vielfältige Ausläufe sind deshalb essentiell. Auch Eingriffe in die Fortpflanzung sollten nur mit Bedacht auf das Tierwohl gemacht werden.

In den folgenden Praxisbeispielen wird der Einstieg in die möglichst naturnahe Haltung von Laufenten und Hühnern im Permakulturgarten sowie in die wesensgemäße Bienenhaltung beschrieben.

Bienenschwarm gesichtet

Honigbienen im Permakulturgarten

Honigbienen bestäuben unsere Wild- und Kulturpflanzen, produzieren Honig, Propolis, Wachs und Bienengift und gewähren uns faszinierende Einblicke in die Welt des Biens. Honigbienen halten ist ein uraltes Handwerk, über das es viel zu lernen gibt.

EIN SUPERORGANISMUS AUS NÄCHSTER NÄHE

Bienen sind faszinierend zu beobachten. Das rege Treiben am Flugloch – das Aus- und Einfliegen, Sterzeln, Polleneintragen – und wenn ein Bienenvolk dann auch noch bereit ist zu schwärmen und man live dabei sein darf, wenn sie sich gemeinsam in die Luft erheben, ist das Staunen groß und bleibt auch noch in Erinnerung, wenn die Bienen schon lange in ein neues Zuhause eingezogen sind.

Die Demeter-Imker Roland Berger und Wolfgang Schmidt von Apis-Z in Klosterneuburg unterstützen uns Imkerneulinge bei der Betreuung der beiden Bienenstöcke in unserem Permakulturgarten. Die beiden betreiben wesensgemäße Bienenhaltung, in der der „Bien" – das Bienenvolk mitsamt seinem Wabenwerk – als ein Superorganismus angesehen wird.

EIN INTERVIEW MIT DEMETER-IMKER WOLFGANG SCHMIDT

SD: Bienen über den Schwarmtrieb zu vermehren, ist eine Besonderheit der wesensgemäßen Bienenhaltung. Warum ist das Schwärmen für den Bien so wichtig?

WS: Das Schwärmen ist eine zentrale Wesensäußerung des Biens. Es ist die natürliche Art der Vermehrung, sein ureigener Trieb und es ist wichtig, dass der Schwarmprozess einigermaßen ungehindert durchlaufen werden kann. Auch wenn es primär um die Vermehrung geht, ist das Schwärmen auch ein Reinigungsprozess für das Bienenvolk, eine Art Hygienemaßnahme. Die Bienen lösen sich dann von ihrer Brut, lassen alles zurück und beginnen an einem anderen Ort von neuem. Schwärmen wird vom Bien auch bewusst eingesetzt, wenn vermehrt Krankheiten und Parasiten auftreten.

SD: Welche weiteren Besonderheiten gibt es in der wesensgemäßen Bienenhaltung?

WS: Die Bienen dürfen ihre Waben ohne Verwendung von Mittelwänden selber bauen. Das Wabenwerk ist integraler Bestandteil des Biens, ein Exoskelett, das viele Funktionen erfüllt. Die freihängenden Naturwaben sind Tanzboden, Vorratskammer, Kinderstube, Wärmespeicher, Belüftungssystem und stellen das Gedächtnis des Biens dar, denn viele Substanzen, mit denen die Bienen in Kontakt gekommen sind, lösen sich im Wachs und werden darin gespeichert.

In der wesensgemäßen Bienenhaltung kommt keine vom Menschen durchgeführte Königinnenzucht zum Einsatz. Die Jungköniginnen fliegen aus und werden von den Drohnen in der Umgebung des eigenen Bienenstandes begattet, so wird die genetische Vielfalt gewährleistet. Die Königin darf sich im Stock frei bewegen und sie wird auch nicht markiert, um ihre Kommunikation über Pheromone

nicht durch Klebstoffe zu erschweren.

Sehr wichtig ist auch das ungestörte Brutnest, in das vom Imker nicht eingegriffen wird. Es kann sich über den Jahreszyklus organisch ausdehnen und zusammenziehen.

SD: Warum ist es sinnvoll Honigbienen im eigenen Garten zu halten?

WS: Wer einen naturnahen Garten hat, hält automatisch Bienen. Das müssen nicht unbedingt Honigbienen sein, sondern sind vor allem auch Wildbienen oder andere Insekten wie Wespen und Schmetterlinge.

Bienen kann man eigentlich nicht „halten". Man kann ihnen anbieten, im Garten in einem Stock zu wohnen, aber ob sie bleiben, entscheiden sie selber.

Einen Bienenstock in den Garten zu integrieren, macht aber auf jeden Fall Sinn! Bienen öffnen den Blick über den Gartenzaun. Sie machen uns bewusst, dass wir in Interaktion mit unserer Umwelt, mit der Landschaft, mit den Nachbargrundstücken stehen.

SD: Was sind die Voraussetzungen für das Aufstellen eines Bienenstocks?

WS: Es gibt keine rechtlichen Voraussetzungen für Bienenhaltung, keine Ausbildung, die man absolvieren muss, es ist aber sehr empfehlenswert sich mit dem Thema zu beschäftigen, wenn man Bienen halten möchte. Es gibt in Österreich und Deutschland Auflagen, dass ein gewisser Abstand zum Nachbargrundstück eingehalten und der Bienenstand registriert werden muss.

Wichtig ist es, sich die Zeit für die wesentlichen Arbeitsschritte zu nehmen. Man sollte ein Volk keinesfalls völlig sich selbst überlassen. Mit der Bienenhaltung verlässt

Die geöffnete Bienenkiste im Sommer. Die Bienen haben bereits einen beeindruckenden Naturwabenbau errichtet.

1 Eine Ablegerbeute wird vorbereitet.

2 Ein Bienenschwarm lässt sich auf einem Fichtenzweig nieder.

3 Bienen halten sich trotz Eiseskälte im Stock warm, indem sie sich eng in einer sogenannten Wintertraube zusammenfinden und mit der Flügelmuskulatur aktiv Wärme produzieren.

man die Grenzen des eigenen Gartens – es kommt immer zu einem Austausch mit den Bienen eines benachbarten Standortes und so übernimmt man auch Verantwortung über die Bienen in der Umgebung.

SD: Wie kann man den Bienen am besten etwas Gutes tun?

WS: Diese Intention muss nicht unbedingt bedeuten, selbst Bienen zu halten. Vor allem ein naturnah bewirtschafteter Garten, in dem keine Chemie verwendet wird, in dem es reichliches Blütenangebot gibt und wo der Rasen nicht alle zwei Wochen gemäht wird, sondern sich eine blütenreiche Wiese entwickeln darf, ist für Bienen besonders wertvoll. Die Bienen der Umgebung werden den Garten besuchen und auch Wildbienen werden sich ansiedeln, wenn Totholz, Sand- und Steinhaufen, Wiese und auch im Winter hochstehende Stauden und Gräser als Lebensräume zur Verfügung stehen.

SD: Wie kann man Imkern am besten lernen?

WS: Es gibt die Möglichkeit Kurse zu machen, Literatur zu lesen, sich anderen Imkern anzuschließen und sich zu vernetzen, um Erfahrungen auszutauschen. Eine Kombination aus allem ist wahrscheinlich am idealsten. Auch altes Wissen von traditionellen Imkern ist sehr wertvoll. Ein sehr lesenswertes Buch zum Einstieg ist „Der Mensch und die Bienen. Betrachtungen zu den Lebensäußerungen des Bien" von Michael Weiler.

Wer gern selbst einen Honigbienen-Stock im Garten aufstellen möchte, kann den Jahreszyklus der Bienen miterleben:

Den Winter verbringen die Bienen dicht zusammengedrängt in der sogenannten Wintertraube in ihrem Stock. Sie ernähren sich von den Honigvorräten in ihren Waben. Nur an warmen Tagen machen sie Reinigungsflüge um abzukoten und sind in der Nähe ihres Stockes anzutreffen. Wenn die ersten Frühlingsblumen sich zeigen, sind die Bienen schon mitten im Brutgeschäft – die Bienenkönigin legt Eier in die freien Wabenzellen und die Larven werden, nachdem sie geschlüpft sind, von den Arbeiterinnen gefüttert. Das Bienenvolk wächst und wächst. Dazu müssen die Sammelbienen große Mengen an Nektar und Pollen eintragen und hier sind wir als GärtnerInnen gefragt, ein reichhaltiges und auch lang im Jahreslauf anhaltendes Blütenangebot zu bieten. Wenn es dem Bienenvolk gut geht und es zu einer stattlichen Individuenzahl angewachsen ist, steigt bei den Bienen die Schwarmstimmung, Mitte Mai bis Mitte Juni ist die Zeit in der ImkerInnen ihre Völker vermehren können, indem sie abgehende Schwärme beobachten, einfangen und ihnen in einem neuen Stock ein eigenes Zuhause anbieten. Im Frühsommer, wenn wir Menschen oft gerade erst einmal in Urlaubsstimmung kommen, denken die Bienen bereits an den Winter und beginnen Vorräte in ihrem Wabenwerk anzulegen. Soll Honig geerntet werden, wird ein Teil dieses Vorrates entnommen. Damit die Bienen trotzdem genug Vorrat haben, werden sie dann von den ImkerInnen gefüttert. ImkerInnen sind außerdem für die Gesundheit ihrer Völker verantwortlich, das heißt, es werden regelmäßig Kontrollen und gegebenenfalls auch, so schonend wie möglich, Behandlungen durchgeführt.

Mauerbiene, Sandbiene, Erdhummel, Wiesenhummel, Lehmwespe, Grabwespe ...

Lebendige Gärten sind für viele Insekten mindestens so wichtig wie für uns.

Die Insektenordnung der Hautflügler ist unglaublich artenreich und ihre vielleicht berühmteste Vertreterin, die Honigbiene, nur eine von vielen. Hautflügler sind weltweit die wichtigsten Bestäuber und für das Fortbestehen der Wild- und Kulturpflanzenvielfalt von unschätzbarem Wert. Durch achtloses „Saubermachen" und Strukturbereinigen von Gärten, Siedlungen, Städten, Äckern, Landschaften haben wir sie an den Rand des Aussterbens gedrängt. Es ist Zeit, sie in alle Gärten zurückzuholen, denn wir wissen, wie das geht! Wiesen seltener mähen, blütenreiche Bepflanzung, Totholz, Sand, Lehm und ein bisschen mehr lebensfreundliche Unordnung!

Laufenten streifen gern herum – ein weitläufiger, spannender Auslauf ist für sie wichtig.

Der Laufenten- & Hühnergarten

Geflügel wie Hühner und Laufenten können gut in Gruppen in den Permakulturgarten integriert werden. Beides sind Nutztiere, die sich in strukturreichen Gärten wohlfühlen und die durch ihre Ernährung und Lebensweise sehr nützliche MitbewohnerInnen sind. Worauf bei der Geflügelhaltung unter anderem zu achten ist, kannst du hier nachlesen.

EINE GACKERND-KRÄHENDE UND/ODER SCHNATTERND-KRÄCHZENDE VOGELSCHAR

Laufenten sind Wasservögel, die (Kleinst-)Gewässer und große Ausläufe zum Leben brauchen und sich von Pflanzen, Samen, Insekten, Würmern und Kleintieren wie Schnecken ernähren. Hühner sind ursprünglich Wald- und Waldrandbewohner, fühlen sich deshalb besonders in hecken- und baumreichen Gärten wohl und scharren am Boden nach essbaren Samen, Insekten und Würmern. Beide fressen aber auch Gräser, Wildkräuter, Obst und Beeren und kosten gern von Gemüse und Salat, wenn sie Zugang dazu haben. Als Winter- und Zufutter eignen sich Getreide und ungekochte Gemüsereste.

Es gibt sehr viele verschiedene Enten- und Hühnerrassen, die sich in ihren Ansprüchen an das Klima, das Gelände, die Nahrung usw. unterscheiden und auch unterschiedliche Eigenschaften z.B. bezüglich ihrer Flugfähigkeit, Größe und Brutlust haben. Die für das eigene Grundstück passende Rasse sollte sorgsam und mithilfe von erfahrenen GeflügelhalterInnen und ZüchterInnen mit naturnaher Haltung ausgewählt werden. Die Enten, die wir halten sind nicht reinrassig und haben wahrscheinlich Indische Laufenten und andere Hausenten als Vorfahren. Unsere Hühner gehören alten schweren Rassen an, die nur im Ernstfall fliegen können, im Alltag aber selten Zäune überwinden.

Enten und Hühner werden in Gruppen gehalten und fühlen sich auch nur so richtig wohl. Wenn möglich sollten auch männliche Tiere in der Gruppe sein, da es für das Sozialgefüge wichtig ist, es ist aber nicht unbedingt notwendig. Wir haben mit Gruppengrößen von einem

1 Auch Hühner halten sich gern in Gartenbereichen mit Sträuchern, hohem Gras und Wildkräutern auf wie unser junger Hahn namens Kamille.
2 Ein kleiner, einfacher Stall für vier Enten. Als der Nachwuchs kam, mussten wir bald erweitern …

männlichen Tier und drei bis sieben weiblichen Tieren gute Erfahrungen gemacht. Auch zwei Männchen vertragen sich manchmal erstaunlich gut, man sollte sie aber im Auge behalten und notfalls für ein Männchen einen neuen Platz suchen.

WIE KÖNNEN SIE UNS HELFEN?

Ihre Mithilfe besteht vor allem aus dem Kontrollieren von sich stark vermehrenden, eher unerwünschten Organismen wie Nacktschnecken und Obstmaden, aus der Düngung von Gartenbereichen oder mit der Stalleinstreu, die so zur wertvollen Ressource im Nährstoffkreislauf wird, aus dem Fressen von Beikrautsamen in der Mulchschicht und aus der Bodenvorbereitung für Gartenbeete. Sie versorgen uns mit Eiern, Federn, Küken, Fleisch und Mist. Als MitgärtnerInnen durchwühlen Enten mit ihren breiten Schnäbeln die obere Boden- und Mulchschicht,

suchen nach Schnecken(eiern), Ameisen und Würmern und lockern gleichzeitig das Beet auf. Hühner suchen am Boden scharrend nach Insekten und anderen Kleintieren und zerlegen und fressen gackernd ausgejätetes Beikraut.

WAS BRAUCHEN SIE?

Einen sicheren Stall

Der Stall ist der Ort, wo die Hühner und Enten die Nacht verbringen und an unwirtlichen Tagen auch tagsüber Unterschlupf finden. Ein fester Stall, der die Tiere vor nächtlichen Besuchern wie Fuchs und Marder schützt, ist unumgänglich. Knapp vor Dämmerungsbeginn ist es Zeit Hühner und Enten einzusperren. Der Stall passt am besten in Zone 1, da der Weg zum Geflügel zu den täglichen Wegen gehört.

Laufenten und Hühner unterscheiden sich in ihren Ansprüchen, die sie an einen Stall haben, deshalb ist es auch nicht sehr günstig, sie in einem Raum zu halten. Eine angrenzende Unterbringung ist aber gut möglich. Enten sind eher anspruchslos, schlafen am Boden auf Einstreu aus Stroh oder Heu und sind unempfindlicher gegenüber Kälte. Pro Ente ist ein Platzbedarf von mindestens 0,5 m² nötig. Wenn sie Eier legen, nutzen sie gern ein einfaches Nest aus Stroh, dass sie sich entweder selber bauen oder das sie auch gern annehmen. Enten sind meist tapfere Wintergarten-NutzerInnen. Auch bei Wind und Schnee verlassen sie gern den Stall und suchen sich geschützte Plätze im Garten oder offene Bereiche, an denen sie nach Futter suchen können.

Kaum zu glauben, aber die Enten machen das freiwillig. Der Stall ist gemütlich und trocken und keine paar Meter entfernt.

Hühner schlafen auf Stangen, die alle auf gleicher Höhe befestigt sein sollten, damit es zu keinen Streitereien kommt. Sie sind bei Kälte etwas heikler als Enten und haben oft auch keine Lust ins Freie zu gehen, wenn Schnee liegt. Deshalb ist es nötig, dass alles, was sie für ihr Wohlbefinden brauchen, auch im Winter im Stall zu finden ist und dort auch genug Platz hat. Dazu gehört ein Sandbad, ein Trinkwasserspender, ein Futtertrog und Bewegungsspielraum zum Scharren in der Einstreu. Auch Legenester und Brutnester sollten im Stall vorhanden sein. Die gebrauchte Einstreu mit Mist ist bestens kompostierbar oder als Mulchschicht für Starkzehrerbeete einsetzbar.

Einen großen, vielfältigen Auslauf

Der Auslauf muss ausreichend Platz, Vegetation und andere Strukturen beinhalten, die Hühnern und Enten Versteckmöglichkeiten, Schattenplätze, Trinkwasser und vor allem vielfältige Nahrung zum Suchen bietet. Für Enten ist auch der Zugang zu einem Gewässer unbedingt nötig. Viele Gartenbereiche und Permakulurelemente sind dafür geradezu prädestiniert und eignen sich wunderbar als Geflügelauslauf. Dazu gehören vor allem die Obstwiese, auf der Wildkräuter, Fallobst und Insekten, die Obst befallen (Apfelwickler), sehr begehrte Nahrung sind. Auch Gartenbeete bieten reichlich Futter. Auf Beeten, die mit einjährigen Kulturen bepflanzt werden, finden sich auch im Winter Schneckeneier, Beikräuter, versteckte Insekten, die dem Geflügel als Nahrung dienen. In der Vegetationsperiode empfiehlt sich eine Koppelung des Geflügels rund um die Gartenbeete herum, so wird ein Zuzug von Nacktschnecken in die Beete verhindert.

Eine Kompostanlage ist für Geflügel das Schlaraffenland: Würmer, Schnecken, Jätgut und Gemüseputzreste ohne Ende. Nur die artenreiche Magerwiese und andere nährstoffarme Lebensräume sind nicht geeignet als Geflügelweide, weil Hühner und Enten dort seltene Insektenarten fressen und die Zone mit ihren Ausscheidungen überdüngen würden. Auch Gartenteiche mit Amphibien und Teichpflanzen müssen vor Enten geschützt werden.
Es ist sehr sinnvoll, den Auslauf einzuzäunen, einerseits um die Tiere zu schützen (vor der Straße, dem Fuchs usw.) und andererseits um bestimmte Gartenbereiche

1 Die Enten sind immer mit dabei: hier beim Wegbau im Winter.
2 Hühner scharren mit ihren Krallen an der Bodenoberfläche, um nach Essbarem zu suchen, hier im Obstgarten.

und Nachbarflächen von Hühnern und Enten frei zu halten. Zäune können entweder fix installiert sein oder mobil und umsteckbar. Letzteres ist dann sehr praktisch, wenn jahreszeitlich bedingt unterschiedliche Gartenbereiche als Auslauf genutzt werden. In jedem Fall muss der Zaun aber so feingliedrig sein, dass Enten und Hühnern nicht durchschlüpfen oder darin hängen bleiben.

Artgerechte Ernährung

Neben der selbstständigen Nahrungssuche im Auslauf brauchen Hühner und Enten vor allem im Winter, wenn der Boden gefroren ist, noch zusätzliches Futter. Wenn der Garten den Platz dafür bietet, ist es erstrebenswert dieses Zusatzfutter selbst anzubauen. Dafür geeignet ist z.B. Mais, freidreschendes Getreide, Buchweizen und Amaranth. Sehr große Maiskörner können vor dem Verfüttern auch zerkleinert werden. Sogenanntes Bruchgetreide, das beim Dreschen als Rest anfällt, eignet sich auch sehr gut als Geflügelfutter und kann oft direkt vom

Bauernhof bezogen werden. Für den Winter ist es auch sinnvoll Kräuter zu trocknen, die man dann im Futter oder bei Enten auch im Trinkwasser untermengen kann, wie z.B. Brennnesseln, Kapuzinerkresse oder Melissen.

Gefiederpflege

Frisches Wasser zum Baden ist für Enten besonders wichtig. Enten trinken und baden zwar auch in abgestandenem Wasser, aber sie merken den Unterschied sofort, wenn das Wasser frisch ist und waschen sich umso ausgiebiger. Viele Enten lieben übrigens auch Gartenduschen... Das haben wir eines Tages entdeckt, als der Gartenschlauch ein Loch hatte und die Entenschar voller Freude im Sprühnebel herumtanzte ...

Hühner baden im Sand. Eine freie Sandfläche, bei sandigem Boden auch einfach eine staubige Stelle im Garten und für den Winter ein Sandbad im Stall sind für sie wichtig, um Parasiten loszuwerden und deren Befall vorzubeugen.

1 Der Sprung ins kühle Nass dient nicht nur der Abkühlung: Gefiederpflege, Nahrungssuche, Fortpflanzung ... Enten sind eben Wasservögel, und auch die domestizierten Hausenten haben das nicht vergessen.
2 Das Sandbad unterm Hühnerstall hat auch bei Schlechtwetter geöffnet.

Damit Enten und Hühner gesund bleiben

Wichtige Voraussetzungen dafür sind:

» ein ausreichend großer und artgerecht ausgestatteter Stall und Auslauf

» regelmäßige Reinigung des Stalles und Vorbeugung von Milbenbefall z.B. mittels Urgesteinsmehl und/oder Holzasche

» eine vielfältige, vitamin- und mineralstoffreiche Kost, die sie sich zum größten Teil selbst suchen sollten und aus Grünzeug, Kleintieren und stärkehaltigen Samen besteht.

» ein entspanntes Sozialgefüge, in dem es nicht zu permanenten Rangeleien zwischen Tieren kommt

» immer frisches Trinkwasser (bei Enten auch zum Waschen, Schwimmen, Tauchen), das an mehreren Stellen im Auslauf vorhanden sein muss. Enten brauchen das Wasser vor allem auch um größere Häppchen wie Nacktschnecken hinunterzuspülen, die ansonsten leicht zur Erstickungsgefahr werden können.

» grober Sand (Grit) und Erde für die Verdauung

» im Winter zusätzliche Fütterung mit Kräutern wie Brennnessel, Kapuzinerkresse, Melisse und Knoblauch, damit die Tiere gesund bleiben. Sie können in das Futter oder wie bei Tee ins Trinkwasser gegeben werden.

» Ein/e kompetent/e VeterinärmedizinerIn in der Nähe, der/die im Notfall zur Verfügung steht

Eieiei

Hühner und Enten legen Eier, um sich fortzupflanzen. Durch die lange Phase der Domestizierung ist der Bruttrieb aber bei manchen Rassen nicht mehr sehr stark ausgeprägt, außerdem legen die Weibchen auch ohne männliche Tiere (unbefruchtete) Eier. Zum Geflügelhalten gehört die Nutzung der Eier also dazu, sie sind wertvolle Geschenke, die unseren Speiseplan erweitern, wenn wir das wollen.

Frische Eier
aus dem
Legenest

Wenn ein Huhn oder eine Ente zu brüten beschließt, hat man oft nicht sehr viel mitzureden. Vorausgesetzt man lässt die Glucke mit ihrem Nest in Ruhe, kümmert sie sich selbstständig um alles Nötige und wenn alles gut geht, schlüpft nach wenigen Wochen der Nachwuchs, um den sich die Mutter aufopfernd kümmert. Küken sind vielen Gefahren ausgesetzt: Hauskatzen, Krähen, Äskulapnattern und oft auch männliche Tiere der Gruppe … Wir haben deshalb die Glucke mit den Küken in einem eigenen Auslauf mit noch feinmaschigerem Netz und guten Versteckmöglichkeiten untergebracht, bis die Jungen schon bereits größer waren. Der Auslauf für die Jungfamilie muss aber trotzdem so vielfältig sein, dass die Küken alles lernen können und die Glucke nicht zu stark eingeschränkt ist.

Enten und der Wasser- kreislauf

Laufenten baden gern und häufig. Das Badewasser wird dabei sehr schnell mit Kot angereichert und entwickelt sich zur nährstoffreichen Brühe. Da Enten regelmäßig frisches Badewasser brauchen, ist „Entenwasser" eine reichlich anfallende Ressource, die es zu nutzen gilt: ideal für die Düngung von Starkzehrer-Beeten, für Kürbisse, Zucchini, Kohlgewächse und als besonderes Schmankerl hin und wieder auch für Nachtschattengewächse, Obstbäume und Beerensträucher. Mit eingebautem Abfluss im Ententeich und angeschlossenem Gartenschlauch lässt sich das wertvolle Entenwasser gut an seine Bestimmungsorte leiten und wird so zum Bindeglied zwischen Wasser- und Nährstoffkreislauf.

Gärtnern in und mit der Natur: Überall nützliches Zeug.

~~~~~~~~~~~

Ressourcen und Werkzeug, ohne das geht gar nichts, das stimmt. Meistens brauchen wir aber viel weniger, als wir denken. Und die ganz wichtigen Ressourcen vergessen wir oft einfach in der Hitze des Gefechts, wie fruchtbarer Boden und sauberes Wasser. Im Permakulturgarten sind wir immer auf der Suche nach vor Ort verfügbaren Materialien und Werkzeugen, nach Dingen, die man tauschen kann, die wir als „Abfall" von jemandem geschenkt bekommen und die dann zu neuen (Garten-)Elementen werden.

Ressourcen und Werkzeug

Hier erfährst du, warum der schonende Umgang mit Ressourcen ein zentrales Thema der Permakultur ist und erfährst, wie du im Garten mit Bedacht Ressourcen einsetzen kannst. Die Ressourcenkaskade hilft dir beim Entscheidungsprozess, welche Dinge angeschafft werden sollen und welche nicht.

WAS BRAUCHEN WIR EIGENTLICH WIRKLICH?

Um einen Permakulturgarten zu planen, zu gestalten und zu bewirtschaften? Dass der Rasenmähroboter und der Laubsauger nicht dazugehören, liegt auf der Hand, aber ganz ohne alles geht's doch auch nicht, oder?

Natürlich nicht! Unsere wichtigsten Ressourcen sind die natürlichen. Also Boden, Wasser, Lebensräume mit Pflanzen, Tieren und Mikroorganismen und Energiequellen wie Sonne und Wind. Sie gesund und sauber zu erhalten und mit vertretbarem Aufwand zu nutzen und zu schützen, ist die Basis für unser Zusammen-(und Über-)leben.

Der schonende Umgang mit natürlichen Ressourcen ist ein zentrales Thema in der Permakultur, die sich vor allem auch als anwendbare Antwort auf den ungerechten, achtlosen Raubbau von lebenswichtigen Ressourcen entwickelt hat. Bill Mollison definierte es in seinem „Handbuch der Permakulturgestaltung" so:

„Permakultur ist die harmonische Verbindung der Landschaft mit den Menschen, die auf zukunftsfähige Weise selbst für ihre Nahrung, Energie, Unterkunft und ihre sonstigen materiellen und nicht-materiellen Bedürfnisse sorgen. Ohne dauerhafte Landwirtschaft ist keine beständige soziale Ordnung möglich. ... Das Typische, das alle dauerhaften Landwirtschaftsformen charakterisiert, ist, dass der Energiebedarf des Systems vom System selbst gedeckt wird. ... wo Fähigkeiten und Kapital vorhanden waren, konnten Menschen mit Produkten, die aus dauerhaften Landschaften gewonnen wurden, ihren Lebensunterhalt verdienen – wenngleich dies kein vorrangiges Ziel der Permakultur ist. Permakultur ist zuallererst darauf ausgerichtet, für das Land zu sorgen und es zu stabilisieren, dann darauf, den Bedarf der lokalen und regionalen Haushalte zu decken, und erst danach darauf, einen Überschuss zum Verkauf oder Tausch zu produzieren."

Durch den Gebrauch und die Weiterverarbeitung natürlicher Ressourcen werden vom Menschen viele nützliche Dinge produziert: Lebensmittel und Futtermittel, Baustoffe, Energieträger, Werkzeuge usw. Im gleichen Atemzug erzeugen wir aber auch unzählige Abfallprodukte, wie einerseits Reststoffe, z.B. Sägespäne, die weitere Verwendung finden, und andererseits Müll und Umweltgifte, die uns sehr zur Last fallen.

REGIONALE RESSOURCEN KOMMEN ZUM EINSATZ

Im Permakulturgarten bemühen wir uns zuallererst um die Gesunderhaltung natürlicher Ressourcen als unsere Lebensgrundlage und streben an, so wenig wie möglich Abfall produzierende und Energie konsumierende Materialien, Gerätschaften und Methoden anzuwenden. Stattdessen wird das Gartensystem vorwiegend mit lokal verfügbaren, erneuerbaren Ressourcen versorgt: eigenem Kompost und Mulch, gesammeltem Regenwasser, vor Ort gewachsenen oder zu gewinnende Baumate-

1 Eine ganze Balkoneinrichtung aus gefundenen, getauschten und geschenkten Dingen

2 Ein hohler Baumstumpf ist auch ein gutes Zuhause.

3 Eine uralte Apfelpresse kommt wieder zum Einsatz.

4 Alte Fenster und Holzteile kann man immer brauchen, z.B. um eine einfache Rankhilfe mit Witterungsschutz zu improvisieren.

5 Ein Holzstapel-Kunstwerk

6 Begrenzungselemente aus Dachziegeln, Holzresten und Ästen

Ein großes Team für unseren kleinen Bauernhof: weil wir aus allem etwas machen.

rialien wie Wildholz, Lehm, Steine, selbst vermehrtem Saat- und Pflanzgut. Zusätzlich können gerade für Beetgestaltungen und kleine Bauten viele Ressourcen zum Einsatz kommen, die als Reste oder Abfälle im eigenen Haushalt oder in der Umgebung anfallen und nicht weit transportiert werden müssen. Beispiele dafür sind Bauholz, Astschnitt, Dachziegel, Regenrinnen, Fenster, Türen, Badewannen, Wassertanks und -tonnen, Bodenfließen, Steine, Lehm, Aushuberde, Heu, Stroh, Grasschnitt, Pferdemist, Ziegel und Ziegelbruch, Sand, Kies usw.

RESSOURCEN LAGERN

Für Dinge, die erst zu einem späteren Zeitpunkt gebraucht werden, sollte wenn möglich zumindest ein kleiner dauerhafter Lagerplatz eingerichtet werden. Er ist immer der erste Ort, der aufgesucht wird, wenn es um nutzbares Material für Teilprojekte und neue Ideen geht. Oft konkretisieren sich Vorstellungen auch erst, wenn man vor Ort verfügbares Material durchforstet.

WERK- & KLEINZEUG

Typisches Kleinzeug für den Garten wie Pflanztöpfe und Tröge können z.B. über Bekannte bezogen werden oder sind zu Hauf auf Mülltonnen nahe Friedhöfen zu finden. Sie werden im Permakulturgarten noch viele Jahre für die Jungpflanzenanzucht verwendet und sind kein Wegwerfprodukt.

Und dann noch das übliche nützliche Garten-(Klein)Werkzeug und andere nützliche Utensilien. Hier eine Auswahl an Dingen, die in unserem Permakulturgarten regelmäßig zum Einsatz kommen:
Grabegabel, Spaten, Schaufel, Krampen, Handschaufel, Schubkarren, Gartenschere, Astsäge, Hacke, Machete, Sense, Heurechen, Mistgabel, Grober Besen, Kübel, Plane, Gießkanne, Gartenschlauch, Wasserpumpe, Apfelpflücker, Handsäge, Stichsäge, Akkubohrer, Maßband.

ES GEHT UM KOOPERATIONEN

Human Resources – was wären all die nützlichen Dinge ohne die Menschen, die damit etwas anfangen können? Kreativität, Wissen, Neugier, Zeit, Spaß am Ausprobieren und Tüfteln – im regen Austausch miteinander – da geht was weiter, beim Selberplanen und Umsetzen unterschiedlichster Gartenelemente!

DIE RESSOURCENKASKADE

Um Ressourcen zu sparen und Müll zu vermeiden, egal ob im Haus, Garten, in der Arbeit usw., hilft die sogenannte Ressourcenkaskade, oder auch „Die 6 R" genannt, den Wunsch abzuwägen und zu entscheiden, ob das Ding nötig ist bzw. was aus ihm wird, wenn man es nicht mehr braucht (auch nachzulesen in „Permakultur-Projekte gestalten", PIA). Kaskade deshalb, weil das darauffolgende „R" immer nur dann zum Zug kommt, wenn das vorhergehende nicht in Frage kommt.
Refuse – eh unnötig oder haben wir schon; bringt nicht, was es verspricht; zu energieintensiv; umweltschädlich
Reduce – Verbrauch reduzieren
Reuse – für denselben Zweck wiederverwenden (z.B. Blumentöpfe)
Redistribute – weitergeben, wo es für dieselbe Verwendung wieder genutzt wird (z.B. Second Hand-Kleidung)
Repair – reparieren statt wegschmeißen, wenn etwas kaputt ist, und darauf achten, dass Gebrauchsgegenstände reparaturfreundlich sind
Recycle – wenn gar nichts mehr geht, dann wird das Ding (oder Teile davon) einer anderen Verwendung zugeführt und damit zurück in den Kreislauf gegeben

Auf geht's: frisch geerntete Kräuter lose auflegen und in den Solardörrer geben

Der Solardörrer steht immer einsatzbereit auf der Terrasse. Er wird zur Sonne hin ausgerichtet.

Lust auf Selber– machen?

Wir neigen dazu, uns alles schnell, immer und sofort zu kaufen. Das kann manchmal richtig sein. Ganz oft müssen wir das aber gar nicht. Aus vielen gebrauchten Restmaterialien haben wir z.B. unseren Solardörrer gebaut, der nun seit fast einem Jahrzehnt im Einsatz ist und der fleißig mit Sonnenenergie Obst, Beeren und Kräuter für uns trocknet.

Man nehme z.B.: eine große Glasscheibe, alte Bretter und Latten, ein altes, schwarz gestrichenes Blech mit Solarlack, Trockensiebe aus Holz und Drahtgitter, einen Deckel, der mit Stoff von einem kaputten Innenzelt fliegensicher gemacht wurde, alte Topfhenkel zum seitlichen Ausrichten nach der Sonne und ein paar Schrauben.

Tüfteln gehört schon dazu und Zeit, die man sich dafür nehmen muss, wenn es danach auch funktionieren soll. Sich Zeit nehmen ist wichtig.

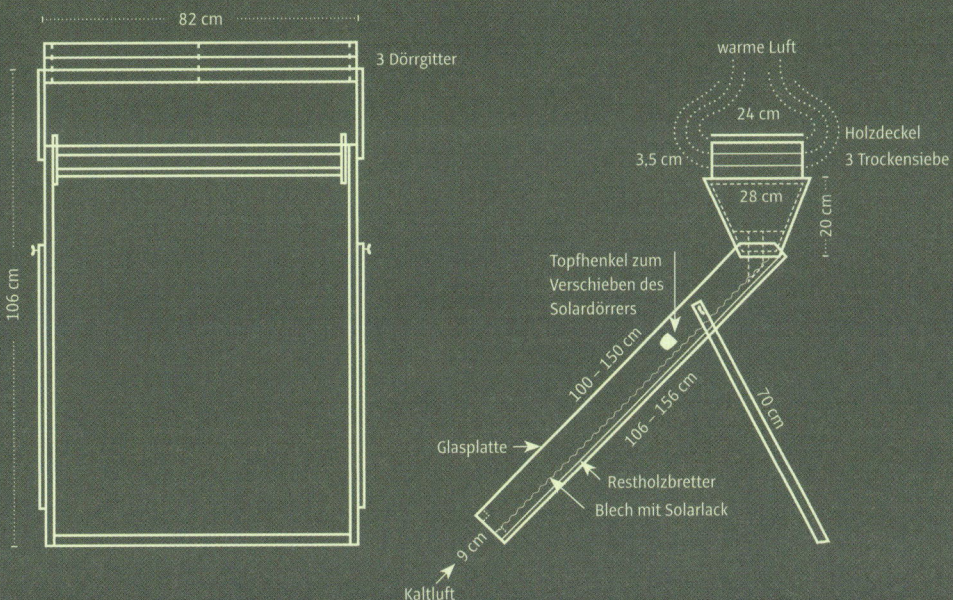

82 cm
3 Dörrgitter
106 cm

warme Luft
24 cm
3,5 cm
28 cm
Holzdeckel
3 Trockensiebe
20 cm
Topfhenkel zum Verschieben des Solardörrers
100 – 150 cm
106 – 156 cm
70 cm
Glasplatte
Restholzbretter
Blech mit Solarlack
9 cm
Kaltluft

Glossar

Aggregate (Boden-): entstehen durch die Zusammenlagerung mineralischer (Sand, Ton, Schluff) und organischer Bodenbestandteile und haben je nach Bodeneigenschaften unterschiedliche Form, Größe und Stabilität.

Agroforstsystem: Anbau von mehrjährigen Bäumen und Sträuchern zusammen mit einjährigen Nutzpflanzen auf derselben Fläche

Baumscheibe: der Boden um die Stammbasis eines Baumes, etwa im Ausmaß der Baumkrone

Beikraut: spontane Begleitpflanze von Garten- oder Ackerkulturen

Bien: Superorganismus Honigbienenvolk, das aus den Bienen mitsamt ihrem Wabenwerk besteht

Bienenkiste: Beute-Typ für Honigbienen, der von Mellifera e.V. entwickelt wurde und zur extensiven Bienenhaltung gedacht ist

Biomasse: Stoffmasse, die von Lebewesen produziert wird

Biotop: Lebensraum

Bodenart: beschreibt die Korngrößenzusammensetzung (Sand, Schluff, Ton) des Bodens

Bodengefüge: räumliche Anordnung der festen Bodenbestandteile, auch Bodenstruktur genannt

Destruent: Zersetzer-Organismus. Lebt vom Abbau toter organischer Materie

Eisheilige: Heiligengedenktage Mitte Mai, die gemäß einer Bauernregel mit den letzten Frösten assoziiert werden

Europoolpalette: Holzpalette mit den Maßen 120 x 80 x 14,4 cm, die aus einem europäischen Tauschsystem stammt

Extensive Nutzung: Nutzung mit geringem Eingriff

F1-Hybrid-Pflanze: ein durch Kreuzung entstandener Hybrid der ersten Generation. Werden Samen von F1-Hybriden ausgesät, spalten die genetischen Eigenschaften in der kommenden F2-Generation größtmöglich auf.

Fettwiese: nährstoffreiche Wiese

First Flush-System: einfacher Mechanismus, der bei der Regenwassersammlung den ersten, verdreckten Wasserschwall abscheidet

Freidreschendes Getreide: ergibt nach dem Dreschen spelzenfreie Körner (z.B. Roggen), während bespelztes Getreide wie Dinkel nach dem Dreschen noch entspelzt werden muss.

Frostsenke: Senke im Gelände, in der sich Frost sehr lange hält

Funktionelle Gruppe = Gilde: eine Gruppe von Arten, die eine Ressource (meist Nahrung) auf ähnliche Weise nutzt

Glucke: brütende oder Küken führende Henne

Heißrotte: Kompostierung von nährstoffreichem, feuchtem Material unter großer Hitzeentwicklung (ca. 60–80 °C)

Herbivor: Tier, das sich von Pflanzen ernährt

Hochstamm-Obstbaum: bezeichnet einen Baum mit einer Stammhöhe von 160–180 cm

Holmgren, David: 1955 in Australien geboren, ist Mitbegründer des in den 70er Jahren erstmals veröffentlichten Permakulturkonzepts, das er gemeinsam mit seinem damaligen Lehrer und Mentor Bill Mollison im Rahmen seines Studiums der Umweltwissenschaften in Hobart entwickelte. Veröffentlichte zahlreiche Publikationen, sein Hauptwerk ist „Permaculture: Principles and Pathways beyond Sustainability" (2002), das auch in deutscher Übersetzung verfügbar ist. D.H. ist heute ein sehr berühmter Permakultur-Lehrer und betreibt die Permakultur-Farm „Melliodora" in Australien. https://holmgren.com.au/melliodora/

Hudelwisch: wird verwendet um Asche und Glutreste vor dem Backvorgang aus dem Ofenraum zu putzen. Besteht aus einem Stiel mit einem Putztuch.

Humus: der zersetzte organische Anteil im Boden

Keimblätter: die Blätter des Embryos von Pflanzen, die

nach der Keimung als erstes sichtbar werden und sich oft optisch stark von den zukünftigen, echten Blättern unterscheiden

Keimling: Entwicklungsstufe von Pflanzen direkt nach der Keimung

Knöllchenbakterien: Bodenbakterien, die mit manchen Pflanzen eine Symbiose eingehen und dabei in den Wurzelknöllchen der Pflanze leben. Sie sind besonders bekannt als Stickstofffixierer, können also Luftstickstoff binden und ihn auch der Pflanze zur Verfügung stellen, z.B. Schmetterlingsblütlern wie Kleearten oder Gartenbohnen.

Koevolution: bezeichnet die wechselseitige Anpassung zwischen stark interagierenden Arten über einen evolutionären Zeitraum

Krümelgefüge: Bodengefüge aus vorwiegend rundlichen Aggregaten

Kulturlandschaft: durch die menschliche Nutzung dauerhaft geprägte Landschaft

---

Magerwiese: Wiese auf magerem, also nicht nährstoffreichem Boden

Mahd: bezeichnet das Mähen bzw. Schneiden von Gras und Getreide

Mauser: hormonell gesteuerter Gefiederwechsel bei Vögeln

Mittelzehrer: Kulturpflanzen mit mittlerem Nährstoffbedarf wie z.B. Fenchel, Sellerie, Lauch

Mollison, Bill: 1928 in Tasmanien geboren und einer der beiden Gründerväter des Permakulturkonzepts, für das er im Jahr 1981 auch den „Alternativen Nobelpreis" erhalten hat. Arbeitete als Fischer, Förster, Naturforscher, Umweltpsychologe und beschäftigte sich nach der Veröffentlichung des Permakulturkonzepts intensiv mit der Lehre und weltweiten Verbreitung, zu der insbesondere der von ihm entwickelte sogenannte PDC (siehe PDC) dient. Starb 2016 im Alter von 88 Jahren.

Moder: Abbaustufe von Humus, die zwischen Rohhumus (noch kaum abgebaut) und Mullhumus liegt. Die Ausgangsstoffe sind in Ansätzen noch zu erkennen.

Mullhumus: die am weitesten fortgeschrittene Abbaustufe von Humus. Die Ausgangsstoffe sind nicht mehr zu erkennen.

Mykorrhizapilze: gehen eine Symbiose mit Pflanzen ein, indem es zu einem dauerhaften Kontakt im Wurzelraum kommt, durch den Nährstoffe, Photosyntheseprodukte und Wasser ausgetauscht werden können.

Nahrungsnetz: bezeichnet die Nahrungsbeziehungen in einem Ökosystem, die zwischen Produzenten, Konsumenten und Destruenten in komplexen Beziehungen dargestellt werden können.

Naturwaben: selbstständiges Anfertigen eines Wabenwerks durch Honigbienen, das nur in Ansätzen (z.B. durch die Bereitstellung eines Anfangsstreifens aus Wachs) von ImkerInnen vorgegeben wird.

Niederstamm-Obstbaum: bezeichnet einen Obstbaum mit einer Stammhöhe von 80–100 cm

---

Ökologie: wissenschaftliche Disziplin, die sich mit den Beziehungen zwischen Individuen und Gruppen von Lebewesen zueinander und zu ihrer abiotischen Umwelt beschäftigt

Ökologische Nische: wird oft als „Beruf" einer Art innerhalb einer Lebensgemeinschaft beschrieben und bezieht sich einerseits auf die Ressourcennutzung dieser Art und vereint andererseits alle Umweltfaktoren, die das Leben dieser Arten beeinflussen.

Ökosystem: Wirkungsgefüge zwischen allen Organismen und ihrer Umwelt in einem Gebiet, die über Stoff-, Energie- und Informationskreisläufe verbunden sind

---

Partikelzusammensetzung: im Boden bezieht sich der Begriff auf die Korngrößenzusammensetzung der Bodenteile, die von den gröbsten Partikeln (Sand) über feine (Schluff) bis hin zu sehr feinen (Ton) reicht.

PDC – Permaculture Design Course = Permakultur-Grundkurs: mindestens 72 Stunden dauernder Permakultur-Grundkurs mit Zertifikat, der von dem von Bill Mollison gegründeten Internationalen Permakultur-Institut entwickelt wurde, einem anerkannten Curriculum folgt und von diplomierten Permakultur-LehrerInnen abgehalten wird.

Permakultursystem: sogenanntes „kultiviertes Ökosystem", das durch permakulturelle Planung und Gestaltung entsteht, indem Lebewesen und Gestaltungselemente in nützlichen Beziehungen zueinanderstehen.

Primärproduzenten: alle Lebewesen die, z.B. durch Photosynthese, aus anorganischen Stoffen organische produzieren können

Pflanzengesellschaft: Pflanzen, die aufgrund ihrer Standorteignung charakteristische Gemeinschaften bilden

Pflanzenkohle: auch Biokohle genannt, wird durch Verkohlung unter Sauerstoffausschluss aus pflanzlichen Ausgangsstoffen hergestellt und zur Bodenverbesserung eingesetzt.

Pheromone: Botenstoffe, die zur Informationsübertragung unter Individuen einer Art genutzt werden

Photosynthese: physiologischer Prozess, bei dem grüne Pflanzen, Algen und Bakterien mithilfe von Lichtenergie organische Verbindungen aus anorganischen Ausgangsstoffen produzieren

PIA – Permakulturakademie im Alpenraum: bietet im deutschsprachigen Alpenraum ökologische Weiterbildung an und arbeitet im Sinne des von Bill Mollison gegründeten Internationalen Permakultur-Instituts

Pikieren: vereinzeln von ausgesäten Keimlingen in einzelne Töpfe

Pseudogetreide: Körnerfrüchte, die nicht zur Familie der Süßgräser gehören wie die bekannten Getreidearten, aber ähnlich wie Getreidepflanzen verwendet werden. Z.B. Buchweizen, Amaranth, Quinoa usw.

~~~

Rhizom: unterirdisch oder dicht über dem Boden wachsender Pflanzenspross, der selbst keine Wurzel ist, dem aber Wurzeln entspringen.

Rohhumus: nur grob abgebauter Humus, liefert wenig pflanzenverfügbare Nährstoffe

~~~

Samenbank: keimfähige Samen, die im Boden „angespart" werden und, wenn die Bedingungen passen, auskeimen

Samenecht: Eigenschaft von Samen, die nicht durch Hybridzüchtung entstanden ist und sich zum Nachbau eignet (also zur Wiederansaat des geernteten Saatgutes dieser Pflanzenart bzw. -sorte)

Selbstbestäuber: Pflanzen, die durch den eigenen Pollen bestäubt werden

Schössling: von „schossen", was „auswachsen" bedeutet. Bezeichnet eine junge, sich im „Jugendstadium" befindliche Pflanze

Schwachzehrer: Pflanzen mit geringem Nährstoffbedarf, wie z.B. viele Kräuter

Schwarmtrieb: natürlicher Trieb der Honigbienen sich durch Volksteilung zu vermehren

Sekundärstoffe: von Pflanzen produzierte Metaboliten, die nicht vorwiegend ihrem Wachstum und Stoffwechsel dienen, sondern ihrem Überleben in der Umwelt

Starkzehrer: Kulturpflanzen mit hohem Nährstoffbedarf, wie z.B. Kürbis

Stecklinge, Steckhölzer: vegetativ vermehrte Pflanzen, bei denen junge oberirdische Sprossteile in die Erde gesteckt und so zum Wiederbewurzeln angeregt werden

Sterzeln: typisches Verhalten von Honigbienen am Flugloch, um Informationen weiterzugeben. Dabei werden durch das Anheben des Hinterleibes und Ventilieren mit den Flügeln Pheromone aus der Sterzeldrüse abgegeben und verteilt.

Stickstofffixierer: wird die Gruppe von Pflanzen genannt, die mit Hilfe symbiontischer Bakterien Luftstickstoff fixieren können.

Symbiose: Zusammenleben von zwei Individuen unterschiedlicher Art, das – nach einer Definition von de Bary – mutualistisch (für beide Partner positiv), parasitisch (für einen Partner positiv und für den anderen negativ), aber auch kommensalistisch (für einen Partner positiv und für den anderen neutral) sein kann.

~~~

tiefgründige/flachgründige Böden: bezeichnet die Bodenauflage, also die Stärke der Bodenschichten bis zum anstehenden Gestein.

Tonmineralien: entstehen durch die Verwitterung anderer Minerale und haben eine schichtartige Kristallstruktur.

Ton-Humus-Komplexe: bezeichnet die Aggregate aus organischen und anorganischen Partikeln im Boden, die durch Bodentiere wie Regenwürmer ausgeschieden werden

Treibhauseffekt: beschreibt die Wirkung von Treibhausgasen wie Kohlendioxid in der Atmosphäre auf die Temperatur der Erdoberfläche

~~~

vegetative Vermehrung: ungeschlechtliche Vermehrung durch Sprossteilung, Ausläuferbildung usw.

generative Vermehrung: geschlechtliche Vermehrung über Samenbildung

~~~

Waldgarten: mehrstufiges Anbausystem, das aus nutzbaren Sorten von Bäumen, Sträuchern und krautigen Kulturen besteht

Wesensgemäße Bienenhaltung: an den natürlichen

Bedürfnissen des Bienenvolkes orientierte Bienenhaltung, die das Volk einschließlich seines Wabenbaus als Gesamtorganismus versteht

Whitefield, Patrick: (1949–2015). Britischer Permakultur-Lehrer, -Gestalter, beratender Herausgeber des „Permaculture Magazine" und Autor von Klassikern wie „The Earth Care Manual" („Was wir für die Erde tun können") und „Das große Handbuch Waldgarten".

~~~~~~~~~~~~~~~~~~~~~~~~~

Zucht: kontrollierte Fortpflanzung von Kulturpflanzen oder Nutztieren mit dem Ziel gewünschte Merkmale verstärkt auszudrücken und unerwünschte zu mindern.

Quellen und weiterführende Literatur

PERMAKULTUR ALLGEMEIN

Bill Mollison (1988): The Permaculture Design Manual, Tagari Books
Deutsche Übersetzung von der Permakultur-Akademie im Alpenraum (2012): Handbuch der Permakulturgestaltung.

David Holmgren (2002): Permaculture. Principles and Pathways beyond Sustainability.
Deutsche Übersetzung vom Drachenverlag (2016): Permakultur. Gestaltungsprinzipien für zukunftsfähige Lebensweisen.

Bill Mollison und David Holmgren (1978): Permaculture One, Corgi Books.
Deutsche Übersetzung vom pala-verlag (1983): Leben und Arbeiten im Einklang mit der Natur

Bill Mollison und David Holmgren (1979): Permaculture Two. Practical Design for Town and Country in Permanent Agriculture, Tangari Books.
Deutsche Übersetzung vom pala-verlag (1983): Permakultur II. Praktische Anwendung

Masanobu Fukuoka (1998): In Harmonie mit der Natur. Die Praxis des natürlichen Anbaus, pala-verlag

Masanobu Fukuoka (1999): Die Suche nach dem verlorenen Paradies. Natürliche Landwirtschaft als Ausweg aus der Krise, pala-verlag

Patrick Whitefield (2004): The Earth Care Manual, Permanent Publications
Deutsche Übersetzung von der Permakultur-Akademie im Alpenraum (2015): Was wir für die Erde tun können. Unsere Lebensräume nach dem Vorbild der Natur zukunftsfähig gestalten und nutzen.

Patrick Whitefield (2014): How to read the landscape, Permanent Publications

Sepp und Margit Brunner (2007): Permakultur für alle. Harmonisch leben und einfach gärtnern im Einklang mit der Natur, Löwenzahn Verlag

Sepp Holzer (2002): Der Agrar-Rebell, Leopold Stocker Verlag

Sepp Holzer (2014): Sepp Holzers Permakultur. Praktische Anwendung für Garten, Obst und Landwirtschaft, Leopold Stocker Verlag

Looby Macnamara (2012): People and Permaculture. Caring and designing for ourselves, each other and the planet, Permanent Publications

Rosemary Morrow (2006): Earth User's Guide to Teaching Permaculture, Hyden House
Deutsche Übersetzung von der Permakultur-Akademie im Alpenraum (2013): Thema Permakultur. Bekanntmachen, vermitteln, unterrichten. Ein Handbuch für MultiplikatorInnen von Rosemary Morrow.

PIA. Permakultur-Akademie im Alpenraum (Hrgb.) (2017, 6. Auflage): Permakultur-Projekte gestalten. Arbeitsbehelf der PIA für DiplomandInnen und für alle an Projektarbeit Interessierten

ÖKOLOGIE

F. Stuard Chapin III, Pamela A. Matson, Harold A. Mooney (2002): Principles of terrestrial Ecosystem Ecology, Springer

Wolfgang Engelhardt, Peter Martin, Klaus Rehfeld (2015): Was lebt in Tümpel, Bach und Weiher?, Kosmos Naturführer

Manfred A. Fischer, Karl Oswald, Wolfgang Adler (2008, 3. Auflage): Exkursionsflora für Österreich, Liechtenstein und Südtirol. Biologiezentrum der Oberösterreichischen Landesmuseen

Wolfgang Franke (1997): Nutzpflanzenkunde. Nutzbare Gewächse der gemäßigten Breiten, Subtropen und Tropen, Georg Thieme Verlag

Georg Grabherr (1997): Farbatlas Ökosysteme der Erde, Verlag Eugen Ulmer

Helmut und Margit Hintermeier (2012): Bienen, Hummeln, Wespen im Garten und in der Landschaft, Obst- und Gartenbauverlag München

Helmut und Margit Hintermeier (2002): Blütenpflanzen und ihre Gäste, Obst- und Gartenbauverlag München

Wolfgang Nentwig, Sven Bacher, Carl Beierkuhnlein, Roland Brandl, Georg Grabherr (2004): Ökologie. Spektrum Akademischer Verlag

ANWENDERINNEN-WISSEN

Claudia Bentzien (2006): Ökologisch Imkern. Einfach imkern nach den Regeln der Natur, Kosmos

Cornelia Blume (2010): Die Streuobstwiese. Vielfalt erhalten. Lebensräume schaffen. Besonderes genießen, pala-verlag

Eliot Coleman (2016): Handbuch Wintergärtnerei. Frisches Biogemüse rund ums Jahr, Löwenzahn Verlag

Wolf Richard Günzel (2009): Lebensraum Gartenteich Gartengewässer naturnah gestalten – Bauanleitungen, Bepflanzung, Tierporträts, pala-verlag

Andrea Heistinger, Arche Noah, ProSpecieRara (2003): Handbuch Samengärtnerei. Sorten erhalten. Vielfalt vermehren. Gemüse genießen, Löwenzahn Verlag

Andrea Heistinger, Arche Noah (2012): Handbuch Balkongarten. Gemüse, Obst und Kräuter auf kleiner Fläche ernten. Löwenzahn Verlag

Andreas Heistinger, Alfred Grand (2014): Biodünger selber machen. Regenwurmhumus Gründüngung. Kompost, Löwenzahn Verlag

Andrea Heistinger, Arche Noah (2016): Kräuter richtig anbauen. Das Praxisbuch für Biogarten, Topf und Balkon, Löwenzahn Verlag

Andrea Heistinger, Arche Noah, Pro Specie Rara (Hrgb.) (2003): Handbuch Samengärtnerei. Sorten erhalten. Vielfalt vermehren. Gemüse genießen, Löwenzahn Verlag

Andrea Heistinger, Arche Noah (2013): Das große Biogarten-Buch, Löwenzahn Verlag

Fritz Hilgenstock & Reinhard Witt (2017): Das Naturgartenbaubuch I. Nachhaltig denken, planen, bauen, Naturgarten Verlag Ottenhofen

Fritz Hilgenstock & Reinhard Witt (2017): Das Naturgartenbaubuch II. Nachhaltig denken, planen, bauen, Naturgarten Verlag Ottenhofen

Gerda Holzmann (2018). Gesunde Wildkräuter aus meinem Garten. Erkennen, vermehren, nutzen, Löwenzahn Verlag

Dieter Grill, Herbert Keppel (2005): Alte Apfel- und Birnensorten für den Streuobstbau, Leopold Stocker Verlag

Gerda und Eduard Kleber (2010): Gärtnern im Biotop mit Mensch. Das praktische Biogarten-Handbuch für ein zukunftsfähiges Leben, OLV Verlag

Erhard Maria Klein (2012): Die Bienenkiste. Selbst Honigbienen halten – einfach und natürlich, pala-verlag

Ute Klein (2001): Der Geflügelhof. Die artgerechte Haltung von Hühnern, Enten, Gänsen und Puten, pala-verlag

Claudia Lorenz-Ladener (Hrsg.) (2012): Trocknen & Dörren mit der Sonne. Bau und Betrieb von Solartrocknern, Ökobuch

Claudia Lorenz-Ladener (Hrsg.) (2012): Naturkeller. Neubau und Umbau von Räumen zur Kühllagerung von Obst und Gemüse, Ökobuch

Claudia Lorenz-Ladener (2012): Kleine Grüne Archen. Passivsolare (Erd-)Gewächshäuser selbst gebaut, Ökobuch

Gernot Minke (2016, 5. Auflage): Dächer begrünen. Planung, Ausführung, Praxistipps, Ökobuch

Marlies Ortner (2011): Essbare Wildpflanzen aus dem Hausgarten. 150 Arten: Obst, Kräuter, Gemüse, Ökobuch

Marlies Ortner (2013): Permakultur beginnt im Garten. Selbstversorgung mit Gemüse, Permakultur-Akademie im Alpenraum

Marlies Ortner (2010): Saatgut aus dem Hausgarten. Blumen-, Kräuter- und Gemüsesamen selbst gewinnen, Ökobuch

Thomas D. Seeley. (2014, 4. Auflage): Bienendemokratie, S. Fischer

Agens Pahler. (2016): Das Kompostbuch. Gartenpraxis für Selbstversorger und Hobbygärtner, pala-verlag

Günter Pritsch (2007): Bienenweide, Kosmos

Siegfried Tatschl (2015): 555 Obstsorten für den Permakulturgarten und -balkon, Löwenzahn Verlag

Jana Spitzer, Reiner Dittrich (2012): Backöfen in Haus und Garten selbst gebaut, Ökobuch

Terre Vivante (Hrsg.) (2005): Natürlich konservieren, Ökobuch

Michael Weiler (2000): Der Mensch und die Bienen. Betrachtungen über die Lebensäußerungen des Bien, Verlag Lebendige Erde

Uwe Westphal (2011): Hecken – Lebensräume in Garten und Landschaft, pala-verlag

Reinhard Witt, Berndt Dittrich (1996): Blumenwiesen. Anlage. Pflege. Praxisbeispiele,
BLV

Reinhard Witt (2006): Nachhaltige Pflanzungen und Ansaaten. Kräuter, Stauden und Sträucher. Für Jahrzehnte erfolgreich gärtnern, Naturgarten Verlag Ottenhofen

Die Autorin

» ist Mitwirkende der Permakultur-Akademie im Alpenraum (PIA), die ökologische Weiterbildung für Erwachsene und Jugendliche anbietet. In einem vielseitigen Kursangebot werden hier die Grundlagen der Permakultur gelehrt (Permakultur-Grundkurs). Es wird zudem in Spezialkursen AnwenderInnen-Wissen vermittelt und eine Ausbildung zur Permakultur-Fachkraft sowie zum/r diplomierten Permakultur-Gestalter/in angeboten.
www.permakultur-akademie.com

» betreibt mit ihrem Partner und einem kleinen Team den Bio-Bauernhof Sonnentor Frei-Hof – einen permakulturell bewirtschafteten kleinstrukturierten Bauernhof und Ausbildungsbetrieb im Waldviertel, der mit Methoden der klimapositiven Landwirtschaft vielfältige Produkte wie Gemüse, Kräuter, Ackerfrüchte, Obst, Beeren, Jungpflanzen, Pilze und Sämereien vorwiegend in Handarbeit produziert und hauptsächlich ab Hof verkauft. Der Permakultur-Schaugarten des Hofes ist öffentlich zugänglich, der Hof kann bei Führungen besichtigt werden. Durch die Zusammenarbeit mit Andreas Voglgruber von der Ökoagentur GrünErd (www.grünerd.at) können am Hof auch permakulturelle Garten-Beratungen in Anspruch genommen werden. Dank einer Kooperation mit der Demeter-Imkerei APIS-Z (www.apis-z.at) beherbergt der Garten auch wesensgemäß betreute Honigbienen. In Zusammenarbeit mit der PIA und Sonnentor Erlebnis finden am Hof auch vielseitige Permakultur-Seminare statt.
www.sonnentor.com/de-at/besuchen/bio-bauernhof

» ist Gründungsmitglied des Vereins Una cum terra – Permakulturkreative, der in Wien und Umgebung Saatgut- & Jungpflanzen-Tauschfeste veranstaltet und den Permakulturgarten am Sonnberg betreibt.
unacumterra@riseup.net

291

Register

Mauerbiene 270
Maulwurf 84, 133, 157
Maulwurfserde 133, 157
Meisen 184
Melde 79, 94, 125, 152, 187, 260
Melissen 78, 140f., 145, 158, 172f., 274
Melonen 107f.
Mikroklima 43, 47f., 77, 104, 139, 159, 167, 170, 194, 198f., 208ff., 250ff.
Mikroorganismen 11, 23, 57, 68, 77ff., 99ff., 107, 122, 138, 142, 151, 157ff., 165, 177, 183, 249, 278
Milbenbefall 274
Miniteich 77, 84, 199f., 237
Minzen 78, 141ff., 145, 158, 172
Mirabelle 167, 185
Mispel 165, 170, 251
Mist 11f., 128, 132, 157, 177, 272f., 280
Mistkompost 132
Mittelzehrer 80, 107, 148, 159
Mohn 153, 184, 245
Molch 82, 204
Moos 80, 156, 219, 237
Mücken 203f.
Mulchwiese 52, 102, 145, 183
Muscheln 129, 141
Mykorrhizapilze 81

N

Nachkultur 99, 103
Nachtkerze 72, 145, 149, 153, 160, 184, 189, 260
Nachtschattengewächse 80, 135, 158, 160, 275
Nachtviole 184
Nacktschnecken 27, 57, 83f., 103, 176, 272ff.
Nährstoffkreislauf 29, 83, 98, 121f., 128ff., 159, 165, 174ff., 187, 272, 275
Nahrungsnetz 83, 119ff., 226
Naschhecke 70, 219
Natternkopf 153, 184
Naturspielplatz 50, 53, 70, 213, 217, 219
Naturwaben 268
Nektar 79, 99, 102, 142, 146, 168, 180ff., 270
Niederstamm 164
Nistplatz 168
Nüsse 48, 53, 56, 119, 149, 167, 217ff.
Nützlingsbiotope 103, 237

Nutztiere 48, 68ff., 76f., 83f., 267, 271

O

Oberboden 104, 124
Oberflächenwasser 250, 254
Obstbaumschnitt 62, 132, 167
Obstwiese 50ff., 70, 77, 84, 102, 156, 165ff., 187, 231, 273
Odermennig 125
Ofenraum 223f.
Oleander 112
Oliven 119, 145
Olivenkraut 145
Oregano 80, 140, 145, 158
Ortsanalyse 35, 40f., 44, 239

P&Q

Paprika 79, 89, 90, 100, 104, 106, 112, 160, 261f.
Parasiten 81, 138, 268, 274
Pastinake 79, 94, 103, 107, 152, 188,
Patrick Whitefield 33, 40, 43ff., 211
Peperoni 90, 99, 107
Permakulturelement 70, 77, 210, 273
Permakultur-Grundkurs = Permaculture Design Course 13
Permakultursystem 14, 18, 20, 22, 25, 33, 36, 40, 47, 50, 52, 54, 58f., 62, 65, 67, 69f., 72f., 77, 96, 159, 166, 177, 231, 250, 265, 267
Pesto 71f., 119
Petersilie 112, 140f., 148, 158, 160
Pfaffenhütchen 251
Pfefferkraut 145, 149
Pfeifengraswiesen 180
Pferde 85, 112, 157
Pferdemist 111, 280
Pfingstrose 153, 183
Pfirsich 119, 167, 262
Pflanzengesundheit 25, 157, 161
Pflanzenläuse 27, 57, 84
Pflanzenorgane 151
Pflanzerde 111, 140, 157f.
Pflücksalat 103, 112, 173
Pheromone 268
Phlox 158, 183

Photosynthese 118, 152, 174, 176, 210

Pilze 45, 48f., 77, 84, 119, 122f., 128, 132, 165, 176, 228

Pilzmyzel 48

Pimpinelle 145

Planung 14, 17, 23, 33-43, 47, 52, 64f., 83, 94, 96, 101, 104, 113, 115, 142, 146, 148, 155, 201f., 223, 235, 253f.

Planungsphase 35, 62

Pollen 79, 99, 142, 154, 168, 180ff., 185, 270

Polykultur 159

Poren 122, 126, 192

Posthornschnecken 199

Preiselbeeren 165, 168

Primärproduzenten 118f., 151, 174, 176

Produktion 24, 49, 69f., 84f., 99, 102, 118, 227, 138, 174, 176

Produktivität 67f., 118f., 159, 174ff., 192, 250

Prunkwinde 85

Pseudogetreide 79

Quecke 108, 125, 245

Quendel 125, 140, 145, 158, 237

Quitte 167

R

Radieschen 52, 89, 90, 99f., 103, 111f., 148, 159

Randzone 58, 145f., 181, 199, 201,202,249 f.

Randzoneneffekt 58, 250

Rankhilfen 52

Raps 119

Rasen 17, 38, 60f., 83, 183, 185, 187, 269, 278

Rasenmäher 17, 31, 187

Rauchabzug 223

Raupen 82, 84, 102f.

Rechen 218f., 239

Recycling 57

Regen 31, 44, 65, 146, 187, 193, 202, 209, 223, 240

Regentonne 29, 65, 161, 197, 199, 205

Regenwasser 29, 39, 50, 56, 99, 102, 107, 112, 156, 193f., 197, 200f., 202, 205, 278

Regenwurm 57, 73, 83, 84, 101, 108, 123f., 157, 195

Reptilien 30, 81, 166, 250

Reservestoffe 118

Ressourcen 9, 11, 13, 24ff., 29, 31, 35, 38f., 44f., 47, 50, 52, 57, 60ff., 64, 69f., 76, 83, 103f., 131, 139, 141, 157, 159, 165, 177, 228, 235, 243f., 246, 262, 277f., 280

Ressourcenkaskade 278, 280

Rettich 90, 99

Revolution 14, 23, 50, 61

Rhabarber 78, 94, 108, 135

Rhizom 153

Rinde 128, 134

Ringelblume 80, 103, 129, 138, 148 f., 153, 158, 173, 184, 189

Ringelwürmer 119, 128

Rispengras 125

Robinie 246

Robinienholz 96

Rohrglanzgras 187

Rohstoffe 49, 76, 118, 122, 129, 177

Rosen 171, 237

Rosmarin 112, 140, 143, 145, 158

Rote Rübe 79, 80, 94, 103, 107, 159f.

Rote Wegschnecke 176

Rotkohl 103, 107, 153

Ruchgras 188

Rückenschwimmer 84, 199, 204

Rückführungsphase 36

Rucola 78, 147f.

S

Saatbeet 148, 183

Saatgut 50, 73, 99, 101 f., 105, 187, 237, 259 f., 262

Saft 119, 166 f.

Sägewerk 99

Salate 31, 38, 53, 56, 65, 70, 78ff., 90, 99, 101, 103, 107, 111 ff., 115, 147 ff., 153, 158 f., 189, 214, 261, 262, 271

Salbei 78, 80, 125, 140, 143, 145, 173, 180

Sandbad 273 f.

Sandbiene 270

Sanddorn 80, 154, 165, 170, 252

Sauerstoff 76, 109, 118, 126

Schachtelhalmtee 161

Schafe 40, 85, 166, 186

Schafgarbe 17, 78, 140, 145, 158

Schafwolle 142, 157f.

Scharren 271, 273

Schatten 56, 80, 131, 133, 164, 166, 189, 250f.

Schaukel 219

Schichtmulchbeet 53, 70, 87, 91, 93, 95, 101, 108f., 170, 183

Schildampfer 148

Y

Z

4. Auflage 2021
© 2019 by Löwenzahn in der Studienverlag Ges.m.b.H.,
Erlerstraße 10, A–6020 Innsbruck
E-Mail: loewenzahn@studienverlag.at
Internet: www.loewenzahn.at

Konzept:
Löwenzahn Verlag/Katharina Schaller, Anita Winkler

Art Direction:
Löwenzahn Verlag/Katharina Schaller, Anita Winkler

Lektorat:
Löwenzahn Verlag/Magdalena Venier

**Umschlag- und Buchgestaltung, Illustration
sowie grafische Umsetzung:**
Tina Radulovic – Atelier für Design & Kommunikation

Fotos Umschlag:
Nadja Hudovernik, www.nadja-hudovernik.com

Fotos Innenteil:
Alle von Sigrid Drage, bis auf:

Nadja Hudovernik, www.nadja-hudovernik.com: S4, S8, S10 (alle 4), S12, S15, S16 oben links und unten rechts, S19, S21 unten links und rechts, S22, S24 rechts, S15 oben links, S26, S27, S28 unten links und rechts, S34, S41 oben, S43, S44, S48, S60, S61, S64, S73, S77 oben rechts, S86, S88, S97, S98 unten rechts, S100, S110 unten rechts, S113, S117, S120, S124 oben links und rechts, S127 rechts, S129 links, S136, S138, S141, S143, S150, S162, S164, S167 oben, S169 oben links, S171, S175, S178, S186 oben rechts , S196, S200, S205 rechts, S208, S211, S217 oben links, S218 oben, S219, S221, S229, S240 oben, S242, S259, S264, S275, S277, S279 oben links, S281 (beide), S283, S291

Fabian Weiss, www.fabianweiss.com: S11, S16 oben rechts, S24 links, S36, S42, S62, S68, S. 71 oben rechts und unten rechts, S119, S202, S203 oben links und unten links, S215 oben links, rechts und unten, S221, S222 oben rechts und unten links, S225, S231, S260, S266 unten links, S273 oben, S279 oben rechts

Hauke Harder: S71 oben links, S79, S123 oben rechts , S127 oben links, S157 unten, S165, S169 oben rechts, S189, S217 oben und unten rechts, S218 Mitte, S257 oben, S272 Mitte links

Andreas Weidinger: S105 oben links und rechts, S105 Mitte links und rechts

Andreas Voglgruber: S110 oben links und unten links, S123 oben links, S126 oben, S218 unten, S222 Mitte rechts, S224 unten, S109 unten

Gedruckt auf umweltfreundlichem, chlor- und säurefrei gebleichtem Papier.

Bibliografische Information der Deutschen Nationalbibliothek
Die Deutsche Nationalbibliothek verzeichnet diese Publikation in der Deutschen Nationalbibliografie; detaillierte bibliografische Daten sind im Internet über http://dnb.dnb.de abrufbar.

ISBN 978-3-7066-2650-7